초판 발행일 | 2024년 9월 20일
지은이 | 해람북스 기획팀
발행인 | 최용섭
책임편집 | 이준우
기획진행 | 송지효

㈜해람북스　**주소** | 서울시 용산구 한남대로 11길 12, 6층
문의전화 | 02-6337-5419
팩스 | 02-6337-5429
홈페이지 | https://class.edupartner.co.kr

발행처 | (주)미래엔에듀파트너
출판등록번호 | 제2020-000101호

ISBN 979-11-6571-206-8 (13000)

이 책은 저작권법에 따라 보호받는 저작물이므로 무단전재와 무단복제를 금지하며,
이 책 내용의 전부 또는 일부를 이용하려면 반드시 저작권자와 (주)미래엔에듀파트너의 서면동의를 받아야 합니다.

※ 잘못된 책은 바꾸어 드립니다.
※ 책 가격은 뒷면에 있습니다.

토독토독 타자 미션

차시	날짜	빠르기	정확도	확인	차시	날짜	빠르기	정확도	확인
1	월 일				13	월 일			
2	월 일				14	월 일			
3	월 일				15	월 일			
4	월 일				16	월 일			
5	월 일				17	월 일			
6	월 일				18	월 일			
7	월 일				19	월 일			
8	월 일				20	월 일			
9	월 일				21	월 일			
10	월 일				22	월 일			
11	월 일				23	월 일			
12	월 일				24	월 일			

05 ▶030	06 ▶036	07 ▶042	08 ▶050
내 친구 로봇	데칼코마니	나만의 표지판	지구의 날 안내 포스터

12 076◀	11 070◀	10 064◀	09 056◀
지폐 속 인물들	마트에 가면	생태계 피라미드	뉴스 기자가 된다면

21 ▶130	22 ▶136	23 ▶144	24 ▶150
화면 속 동화책	뮤직비디오	명화 감상 중	작품 전시회

▶ 보너스 게임! 레벨업 끝판왕 퀘스트도 있어요!

GAME 01 올림포스 12신

| 학습목표 |
- 레이아웃을 설정할 수 있습니다.
- 프레젠테이션을 저장하고 불러올 수 있습니다.
- 슬라이드 디자인을 적용할 수 있습니다.

오늘의 도착지점

예제 파일 : 없음   완성 파일 : 1강_완성.pptx

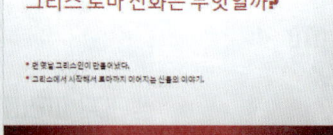
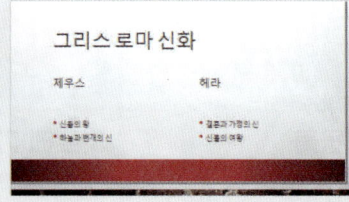
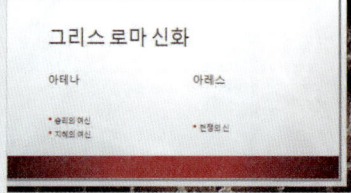
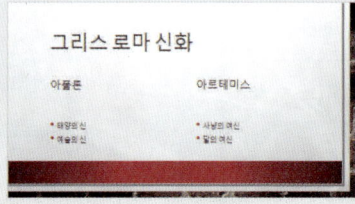

도착지 정보

먼 옛날 그리스 사람들은 올림푸스 산 꼭대기에 12신이 살고 있다고 믿었습니다. 결정하기 어려운 일이 생기거나 이해하기 어려운 일이 생기면 신들의 도움으로 어려움을 이겨냈다고 생각했습니다. 올림포스의 12신을 소개해 봅니다.

Step 01 슬라이드 삽입하고 레이아웃 적용하기

프레젠테이션을 생성하여 슬라이드를 삽입하고 레이아웃을 적용해 봅니다.

① 파워포인트 2021 프로그램을 실행한 후 [새로 만들기]를 클릭하고 [새 프레젠테이션]을 클릭하여 프레젠테이션을 생성합니다.

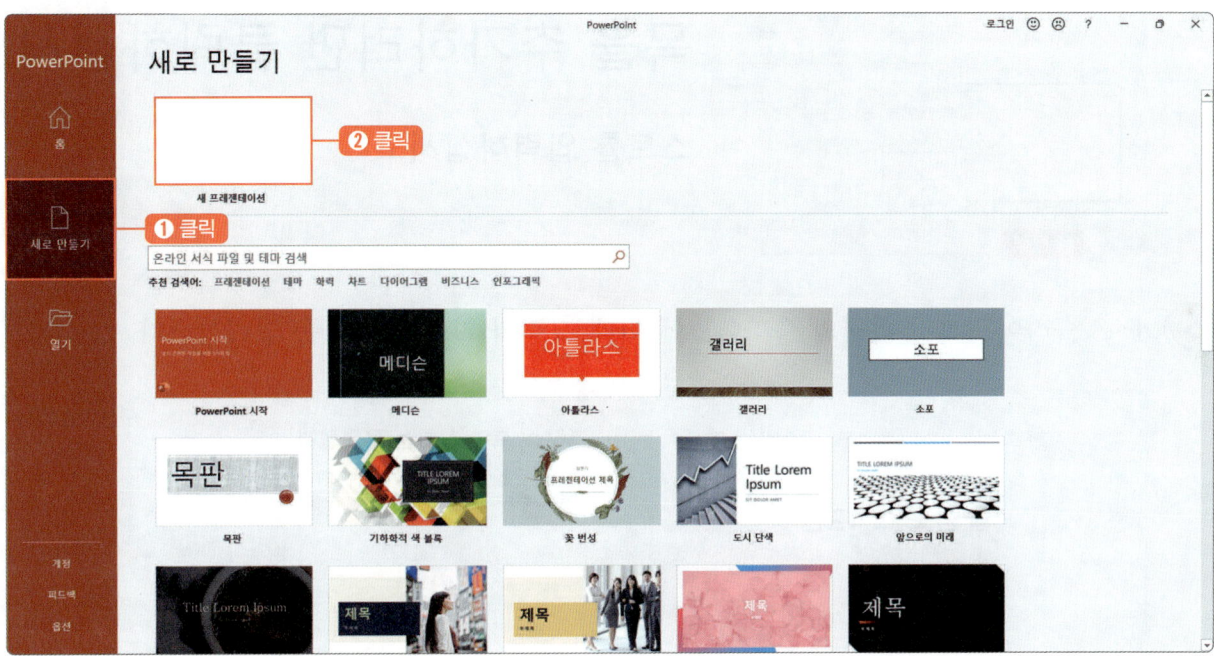

② 이어서 [홈] 탭-[슬라이드] 그룹-[새 슬라이드]를 클릭하고 [Office 테마]-[비교]를 클릭합니다.

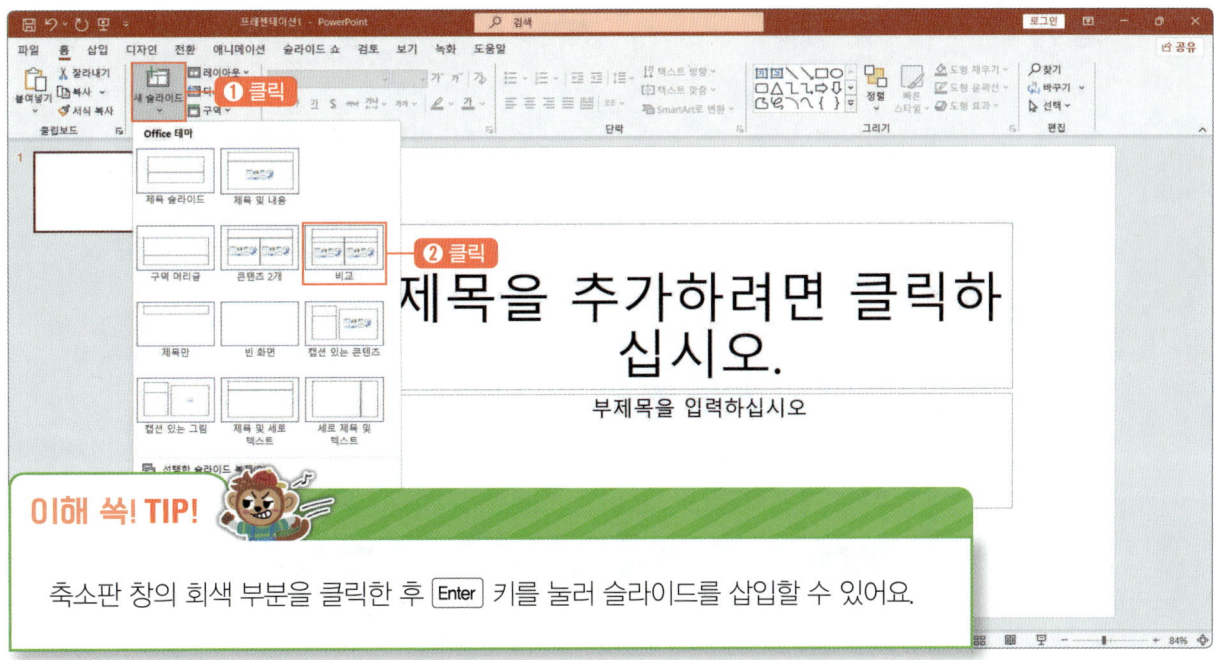

이해 쏙! TIP!
축소판 창의 회색 부분을 클릭한 후 Enter 키를 눌러 슬라이드를 삽입할 수 있어요.

③ ②와 같은 방법으로 7개의 슬라이드를 삽입합니다.

④ 2 슬라이드를 클릭한 후 [홈] 탭-[슬라이드] 그룹-[레이아웃]을 클릭하고 [Office 테마]-[제목 및 내용]을 클릭합니다.

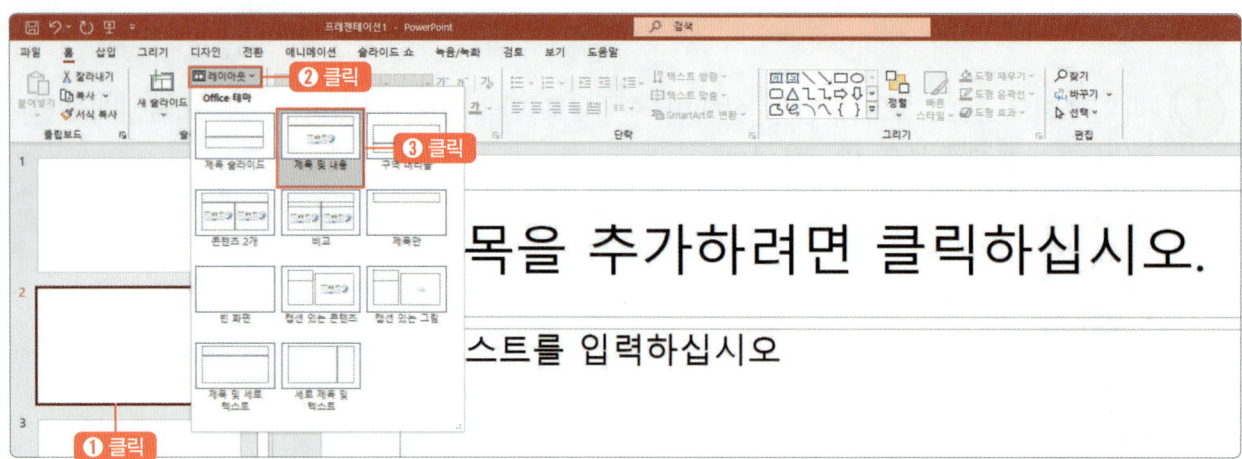

⑤ 1~8 슬라이드까지 각각의 슬라이드에 아래 그림과 같이 텍스트를 입력합니다.

Step 02 프레젠테이션을 저장하고 불러오기

프레젠테이션을 저장하고, 저장한 프레젠테이션을 불러옵니다.

① [파일]을 클릭하고 [다른 이름으로 저장]을 클릭합니다. [찾아보기]를 클릭하고 저장 위치를 지정하여 파일 이름을 입력한 후 [저장]을 클릭합니다.

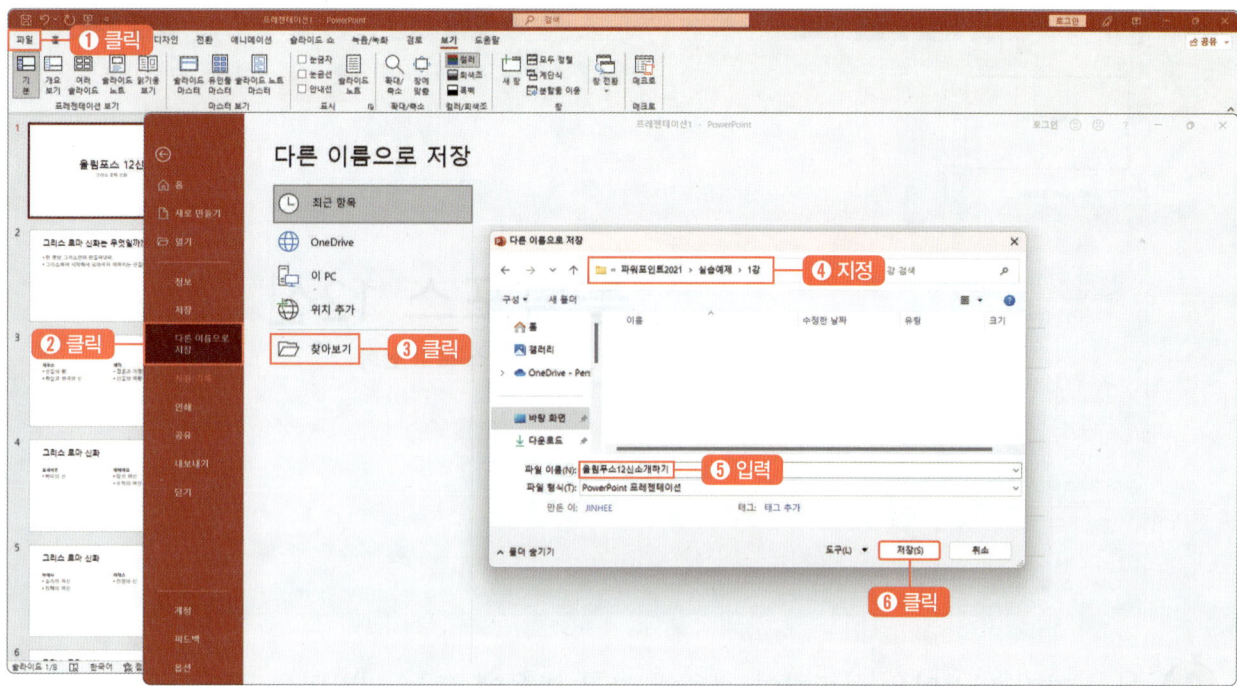

② 파워포인트 2021 프로그램을 종료합니다.

③ 파워포인트 2021 프로그램을 다시 실행한 후 [열기]를 클릭합니다. [찾아보기]를 클릭하고 불러올 위치를 지정하여 파일을 선택한 후 [열기]를 클릭합니다.

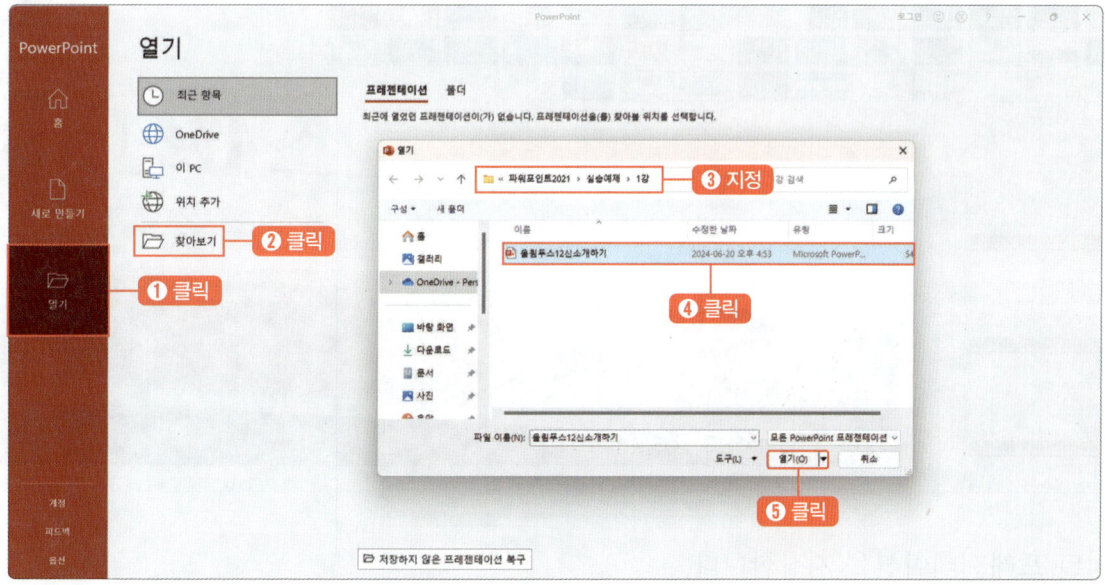

Step 03 슬라이드 디자인 적용하기

텍스트를 입력한 슬라이드 전체에 자동으로 디자인을 적용해 봅니다.

① [디자인] 탭을 클릭한 후 [테마] 그룹의 자세히(▽)를 클릭합니다.

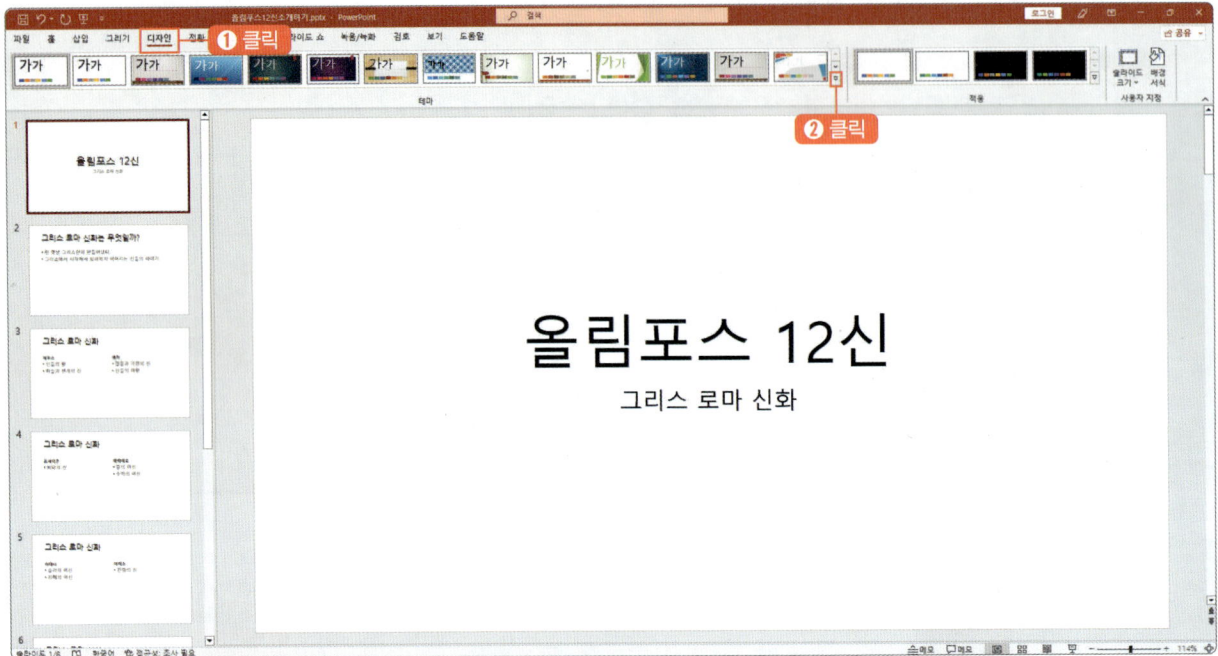

② 여러 가지 디자인을 클릭하여 적용해 보고 마음에 드는 디자인을 선택하여 프레젠테이션을 완성합니다.

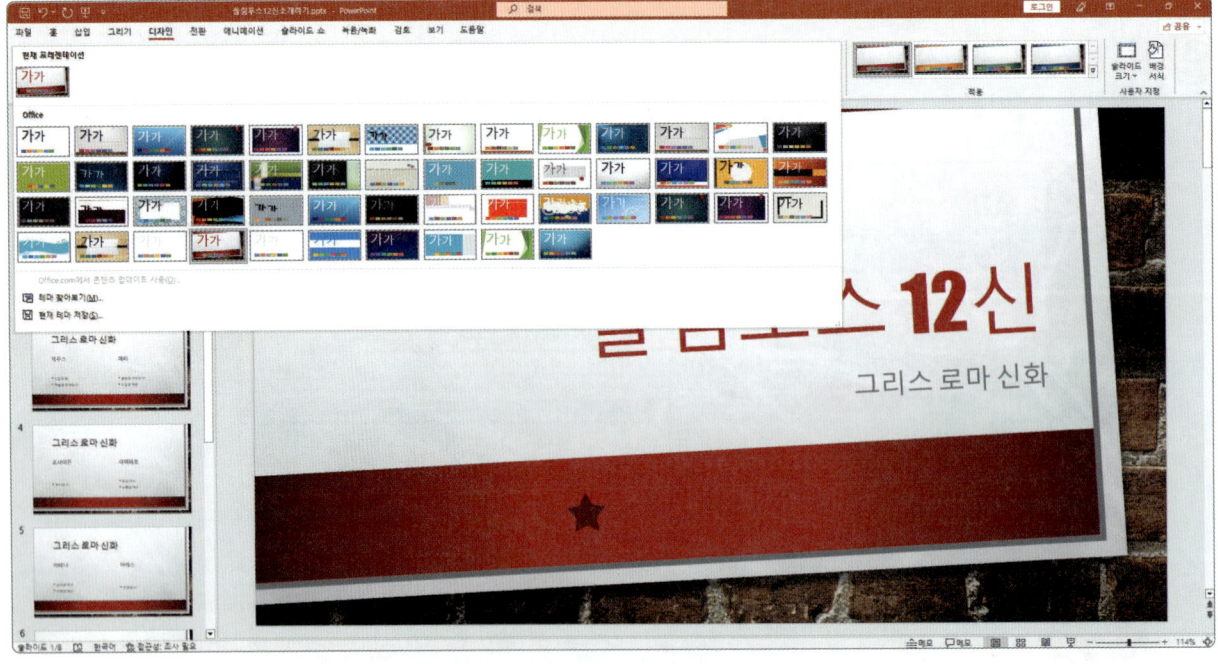

③ 완성된 프레젠테이션을 저장합니다.

실력 UP! 한칸 더 GO! GO!

1 새 프레젠테이션을 만들고 그림과 같이 슬라이드 레이아웃을 적용한 후 저장해 보세요.

🔑 예제 파일 : 없음   🔑 완성 파일 : 1강_실력1(완성).pptx

🎲 **Hint**

① 1 슬라이드: 제목 슬라이드   ② 2 슬라이드: 콘텐츠 2개   ③ 3 슬라이드: 캡션 있는 콘텐츠   ④ 4 슬라이드: 빈 화면

2 파일을 불러와 슬라이드 디자인을 적용하고 저장해 보세요.

🔑 예제 파일 : 1강_실력2(예제).pptx   🔑 완성 파일 : 1강_실력2(완성).pptx

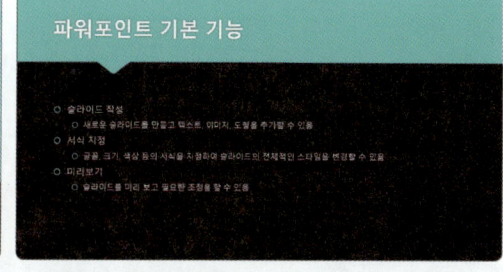
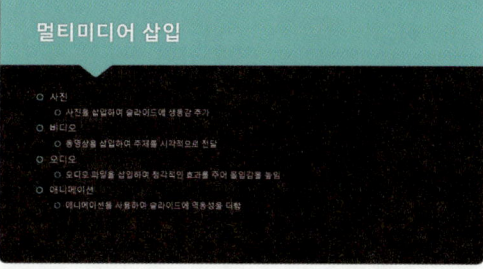

🎲 **Hint**

① 테마: 명언

GAME 02 제주여행지

| 학습목표 |
- 텍스트를 직접 입력하여 삽입할 수 있습니다.
- 텍스트를 복사하여 삽입할 수 있습니다.
- 텍스트 서식을 변경하여 꾸밀 수 있습니다.

오늘의 도착지점

🔑 예제 파일 : 2강_예제.pptx 🔑 완성 파일 : 2강_완성.pptx

도착지 정보

제주도는 과거 화산 활동으로 만들어진 섬입니다. 화산으로 생겨난 오름, 주상절리, 현무암 등 육지에서 볼 수 없는 독특한 자연 환경이 아름답기로 유명합니다. 자연경관이 수려한 세계적 휴양 관광지인 제주도의 여러 여행지를 소개해봅니다.

Step 01 텍스트를 입력하여 삽입하기

텍스트를 직접 입력하여 삽입해 봅니다.

① [열기]-[찾아보기]를 클릭하여 '2강_예제.pptx' 파일을 불러옵니다.

② 1 슬라이드의 제목 텍스트 창과 내용 텍스트 창에 그림과 같이 입력합니다.

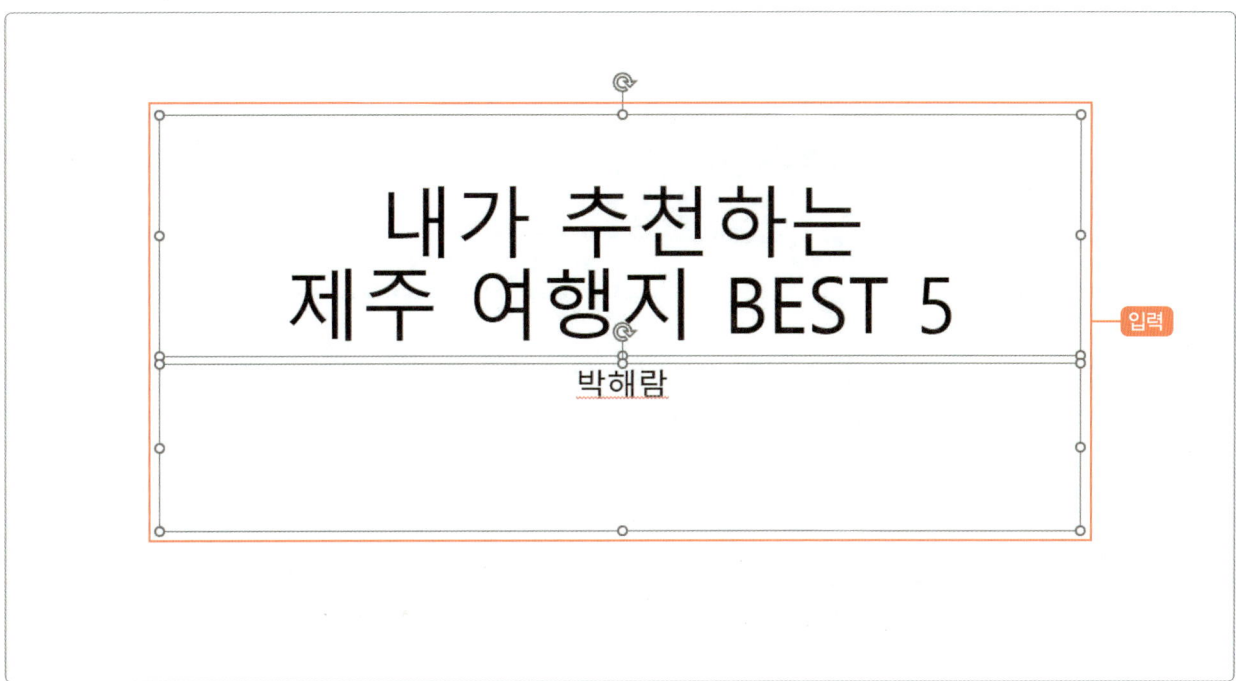

③ 2 슬라이드의 내용 텍스트 창을 클릭하여 그림과 같이 '섭지코지'에 대한 정보를 입력합니다.

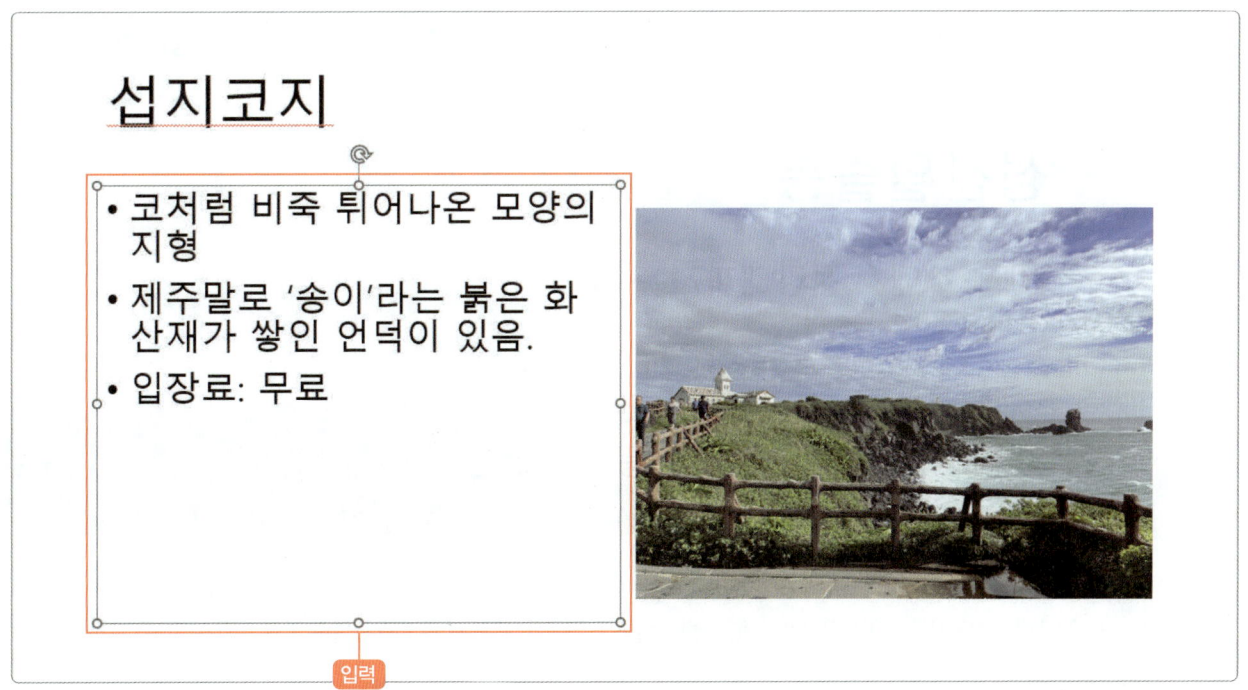

GAME 02 제주여행지 _ 013

Step 02 텍스트를 복사하여 삽입하기

인터넷에서 정보를 검색한 후 텍스트를 복사하여 삽입해 봅니다.

① 파워포인트를 최소화한 후 인터넷 프로그램을 실행하여 '성산일출봉'에 대한 정보를 검색합니다. 사용할 텍스트를 드래그하여 마우스 오른쪽 버튼을 클릭한 후 [복사]를 클릭합니다.

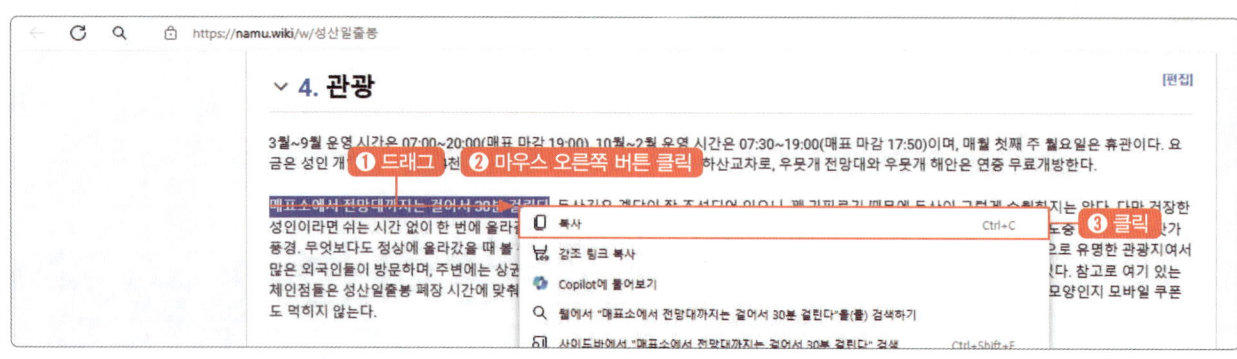

② 3 슬라이드의 텍스트 창을 클릭하고 마우스 오른쪽 버튼을 클릭한 후 붙여넣기 옵션에서 텍스트만 유지(📄)를 클릭합니다. 추가로 작성할 내용도 복사하여 그림과 같이 슬라이드를 완성해 봅니다.

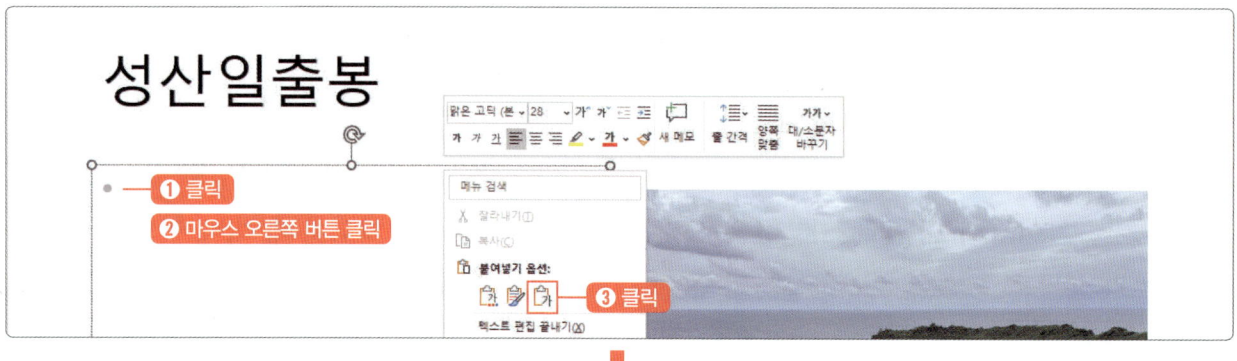

이해 쏙! TIP!

- 인터넷 자료/웹페이지를 이용했을 때는 URL과 접속 날짜를 정확하게 표기하여 출처를 밝혀야 해요.
- 예 "웹페이지명",사이트명,####년 ##월 ##일 수정, ####년 ##월 ##일 접속, URL 주소.

Step 03 텍스트 꾸미기

글꼴과 글꼴 색, 크기를 변경하여 텍스트를 꾸며 봅니다.

① 1 슬라이드 제목 텍스트 창의 텍스트를 드래그한 후 [홈] 탭-[글꼴] 그룹-[글꼴] 목록 상자를 클릭하여 적용하고 싶은 글꼴을 클릭합니다.

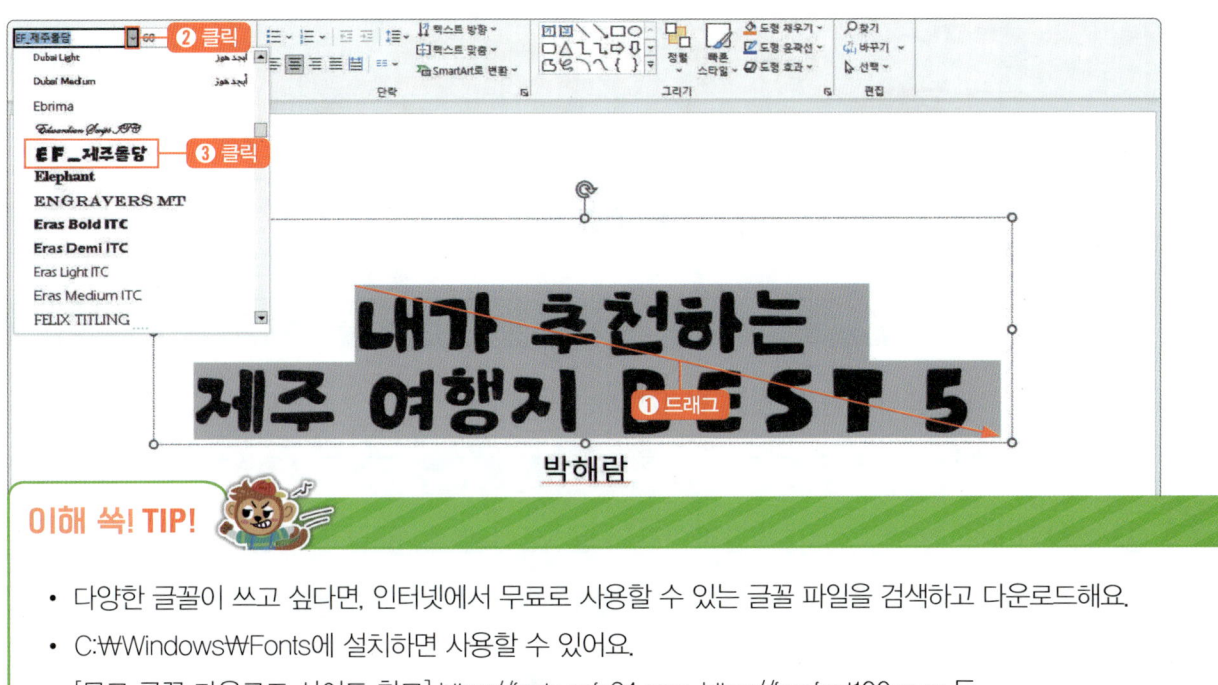

이해 쏙! TIP!

- 다양한 글꼴이 쓰고 싶다면, 인터넷에서 무료로 사용할 수 있는 글꼴 파일을 검색하고 다운로드해요.
- C:₩Windows₩Fonts에 설치하면 사용할 수 있어요.
- [무료 글꼴 다운로드 사이트 참고] https://fonts.cafe24.com, https://freefont100.com 등

② 1 슬라이드 제목 텍스트를 드래그한 후 [홈] 탭-[글꼴] 그룹-[글꼴 색]을 클릭하여 적용하고 싶은 색상을 클릭합니다.

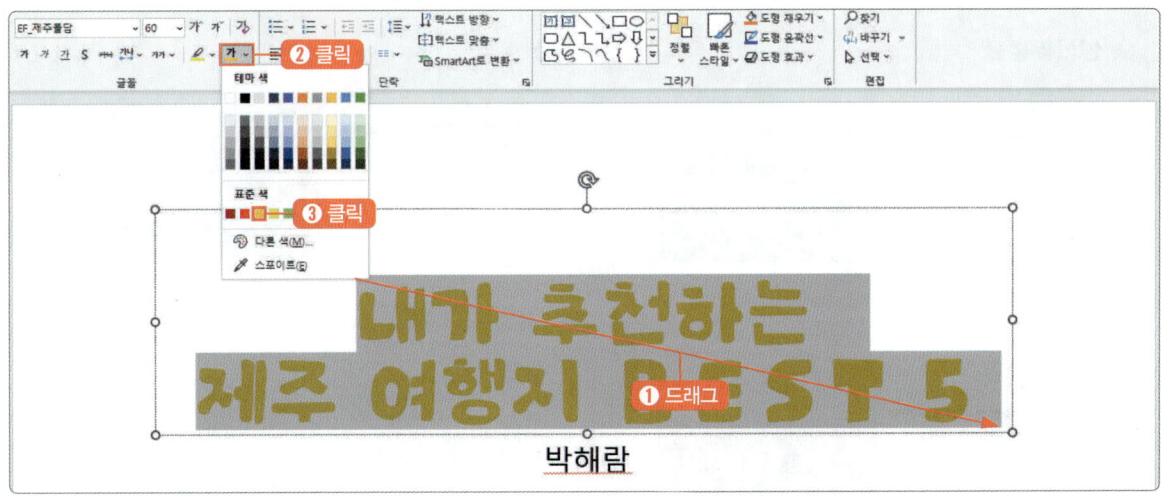

③ ①~②와 같은 방법으로 이름 텍스트를 드래그한 후 [홈] 탭-[글꼴] 그룹에서 글꼴과 글꼴 색을 변경합니다.

④ 이름 텍스트 창을 클릭한 후 [홈] 탭-[글꼴] 그룹-[글꼴 크기]에서 원하는 크기로 변경합니다.

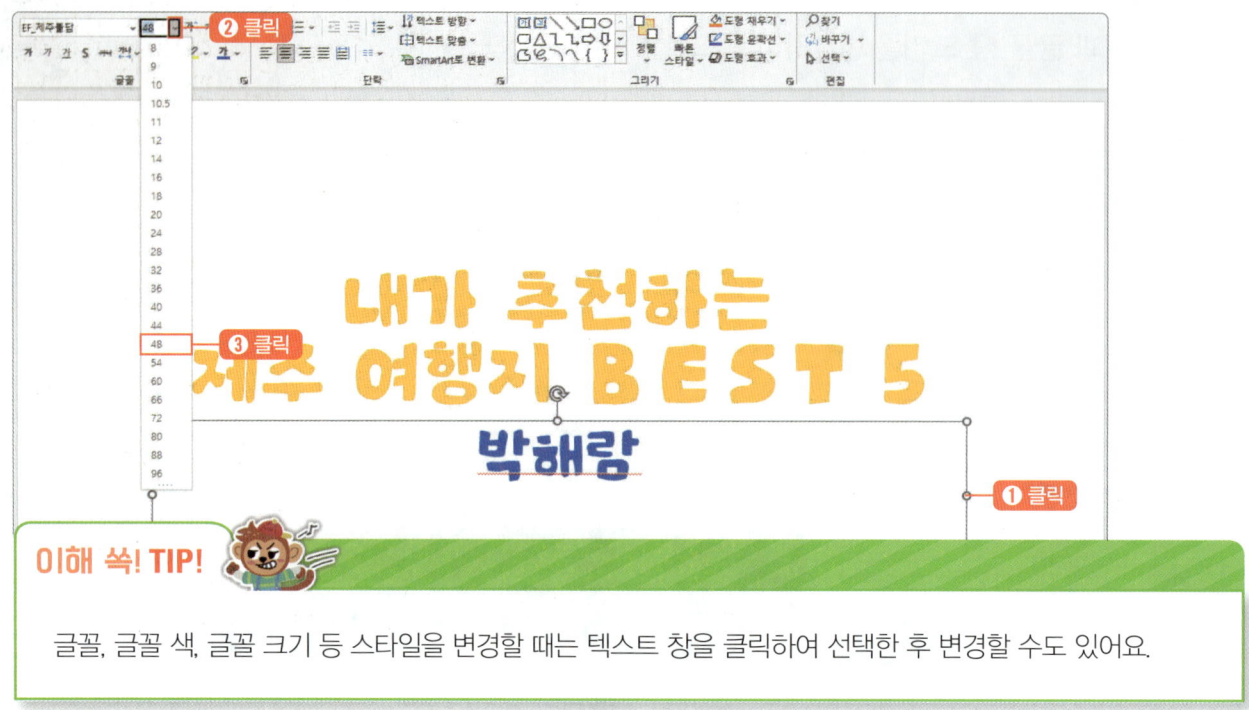

이해 쏙! TIP!

글꼴, 글꼴 색, 글꼴 크기 등 스타일을 변경할 때는 텍스트 창을 클릭하여 선택한 후 변경할 수도 있어요.

⑤ ①~④와 같은 방법으로 2~6 슬라이드의 글꼴, 글꼴 색, 글꼴 크기를 변경합니다.

1 파일을 불러와 텍스트를 입력하고 글꼴 서식을 변경하여 완성해 보세요.

🔑 예제 파일 : 2강_실력1(예제).pptx   🔑 완성 파일 : 2강_실력1(완성).pptx

Hint

① [1 슬라이드] 글꼴: '휴먼모음T', 색: '검정, 텍스트1', '파랑, 강조5', 글꼴 크기: '60pt', '44pt'
② [2~5 슬라이드] 글꼴: '휴먼모음T', 색: '검정, 텍스트1', '주황' '연한 파랑', '빨강', '파랑', 글꼴 크기: '44pt', '28pt'

2 파일을 불러와 인터넷 정보 검색으로 텍스트를 붙여 넣고 글꼴 서식을 변경하여 완성해 보세요.

🔑 예제 파일 : 2강_실력2(예제).pptx   🔑 완성 파일 : 2강_실력2(완성).pptx

Hint

① [1 슬라이드] 글꼴: '휴먼엑스포', 글꼴 색: '검정, 텍스트1', '연한 파랑', '주황', 글꼴 크기: '60pt', '24pt'
② [2~5 슬라이드] 글꼴: '휴먼엑스포', 글꼴 색: '검정, 텍스트1', '파랑', '빨강', 글꼴 크기: '44pt', '28pt'

GAME 03 대한민국의 행정구역

| 학습목표 |
- 글머리 기호를 적용할 수 있습니다.
- 글머리 번호를 적용할 수 있습니다.
- 목록의 수준을 변경할 수 있습니다.

오늘의 도착지점

예제 파일 : 없음   완성 파일 : 3강_완성.pptx

대한민국의 행정구역

- ✓ 1개의 특별시
  - ① 서울특별시
- ✓ 6개의 광역시
  - ② 인천광역시
  - ③ 대전광역시
  - ④ 대구광역시
  - ⑤ 광주광역시
  - ⑥ 울산광역시
  - ⑦ 부산광역시
- ✓ 1개의 특별자치시
  - ⑧ 세종특별자치시
- ✓ 3개의 특별자치도
  - ⑨ 강원특별자치도
  - ⑩ 제주특별자치도
  - ⑪ 전북특별자치도
- ✓ 6개의 도
  - ⑫ 경기도
  - ⑬ 충청남도
  - ⑭ 충청북도
  - ⑮ 전라남도
  - ⑯ 경상남도
  - ⑰ 경상북도

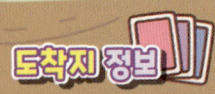

행정구역이란 나라를 편리하게 다스리기 위해 나누어 놓은 땅을 뜻합니다. 대한민국은 1개의 특별시, 6개의 광역시, 1개의 특별자치시, 3개의 특별자치도, 6개의 도로 총 17개의 넓은 지역으로 나누어 볼 수 있습니다. 대한민국의 행정구역을 소개해 봅니다.

Step 01 글머리 기호 적용하기

텍스트에 글머리 기호를 적용해 봅니다.

1 새 프레젠테이션을 생성한 후 [레이아웃]-[콘텐츠 2개]를 변경합니다. 그 다음 제목 텍스트 창에 그림과 같이 텍스트를 입력합니다.

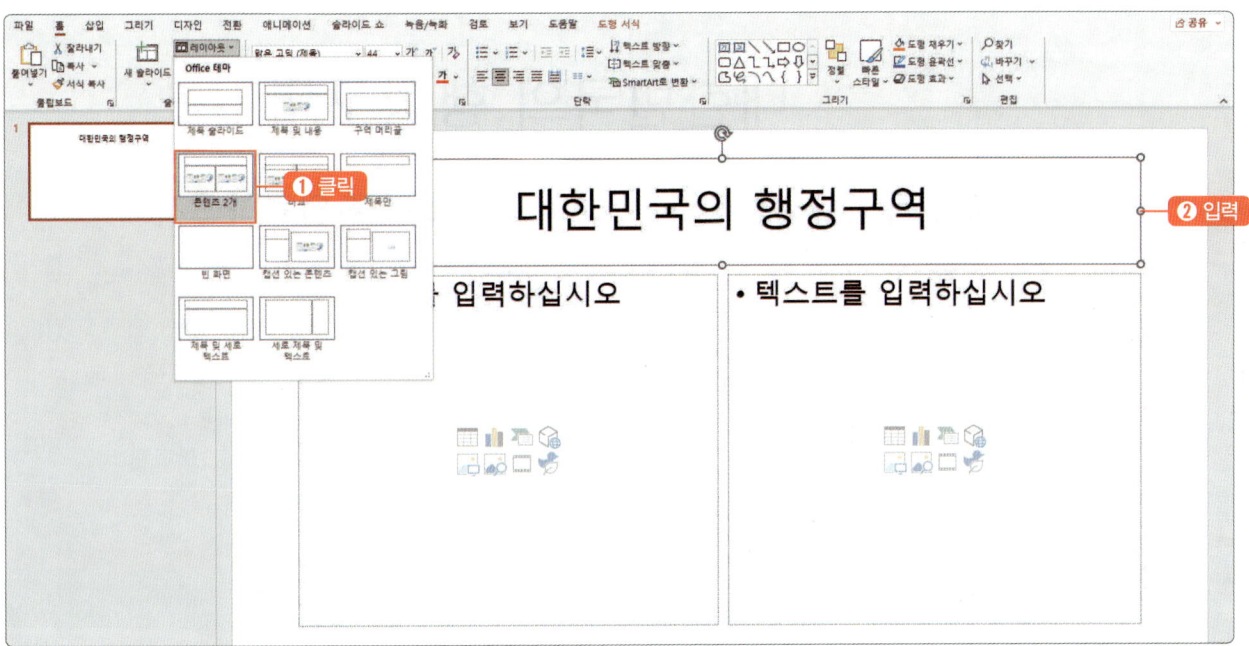

2 내용 텍스트 창을 클릭하고 [홈] 탭-[단락] 그룹-[글머리 기호]의 자세히(▼)를 클릭한 후 [글머리 기호 및 번호 매기기]를 클릭합니다. 원하는 기호를 선택하고 [확인]을 클릭합니다.

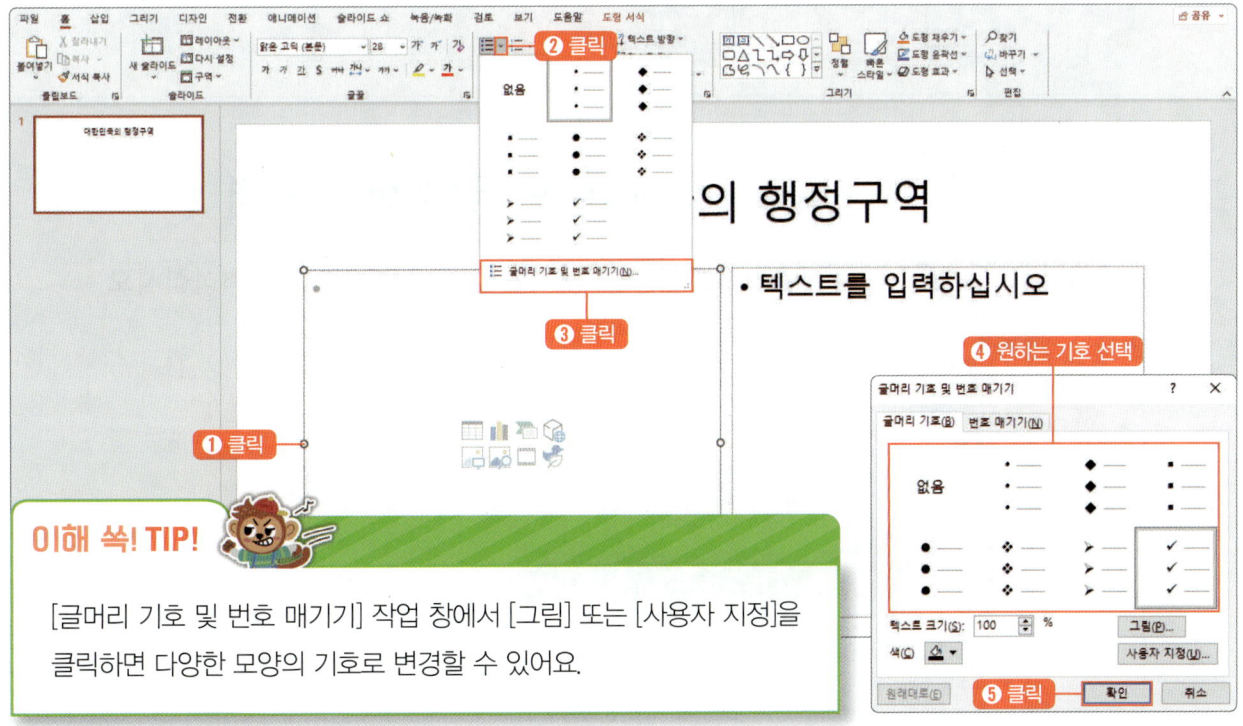

이해 쏙! TIP!

[글머리 기호 및 번호 매기기] 작업 창에서 [그림] 또는 [사용자 지정]을 클릭하면 다양한 모양의 기호로 변경할 수 있어요.

Step 02 글머리 기호 및 번호 목록 수준 변경하기

글머리 기호 및 번호 목록의 수준을 변경해 봅니다.

1 앞서 변경한 글머리 기호에 텍스트('1개의 특별시')를 입력한 후 Enter 키를 누르고 다음 문단으로 커서를 이동합니다.

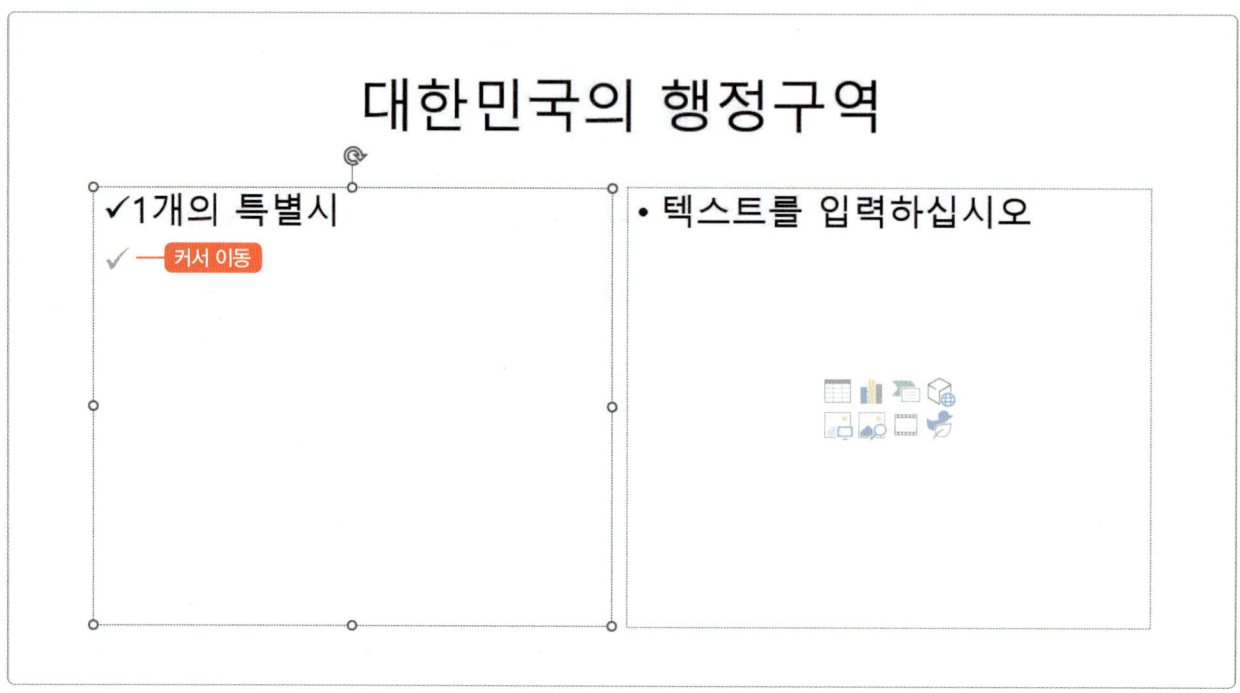

2 [홈] 탭-[단락] 그룹-[목록 수준 늘림()]을 클릭합니다.

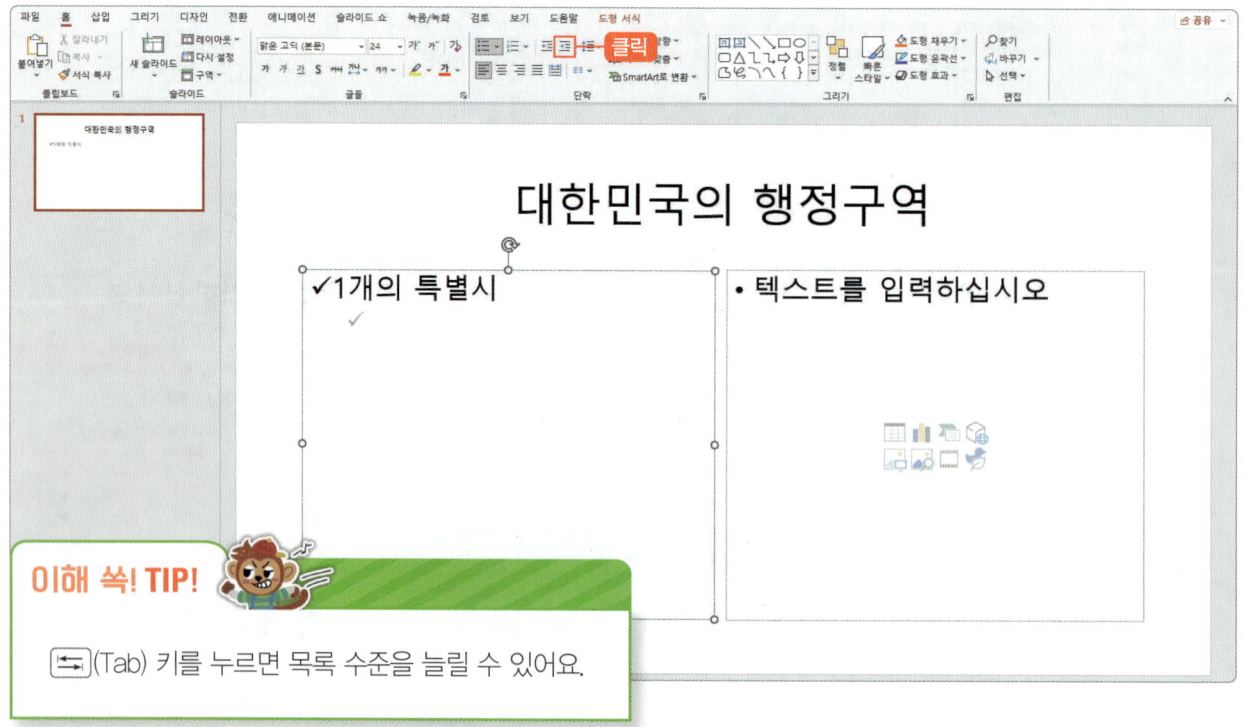

이해 쏙! TIP!

(Tab) 키를 누르면 목록 수준을 늘릴 수 있어요.

Step 03 글머리 번호 적용하기

텍스트에 글머리 번호를 적용해 봅니다.

① 목록 수준 늘림을 한 문단에서 [홈] 탭-[단락] 그룹-[번호 매기기]의 자세히(▼)를 클릭한 후 원하는 번호 모양을 선택하여 적용하고 텍스트('서울특별시')를 입력합니다.

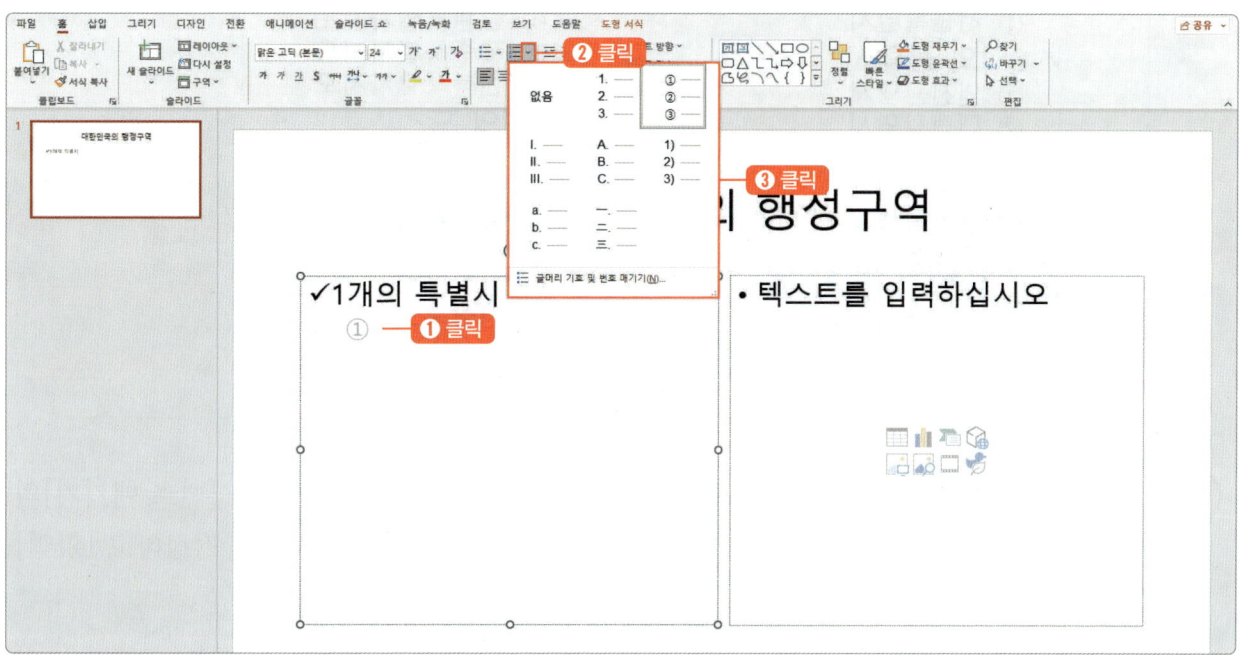

② Enter 키를 누르고 다음 문단에 커서를 위치시킨 후 [홈] 탭-[단락] 그룹-[목록 수준 줄임(⇐)]을 클릭합니다.

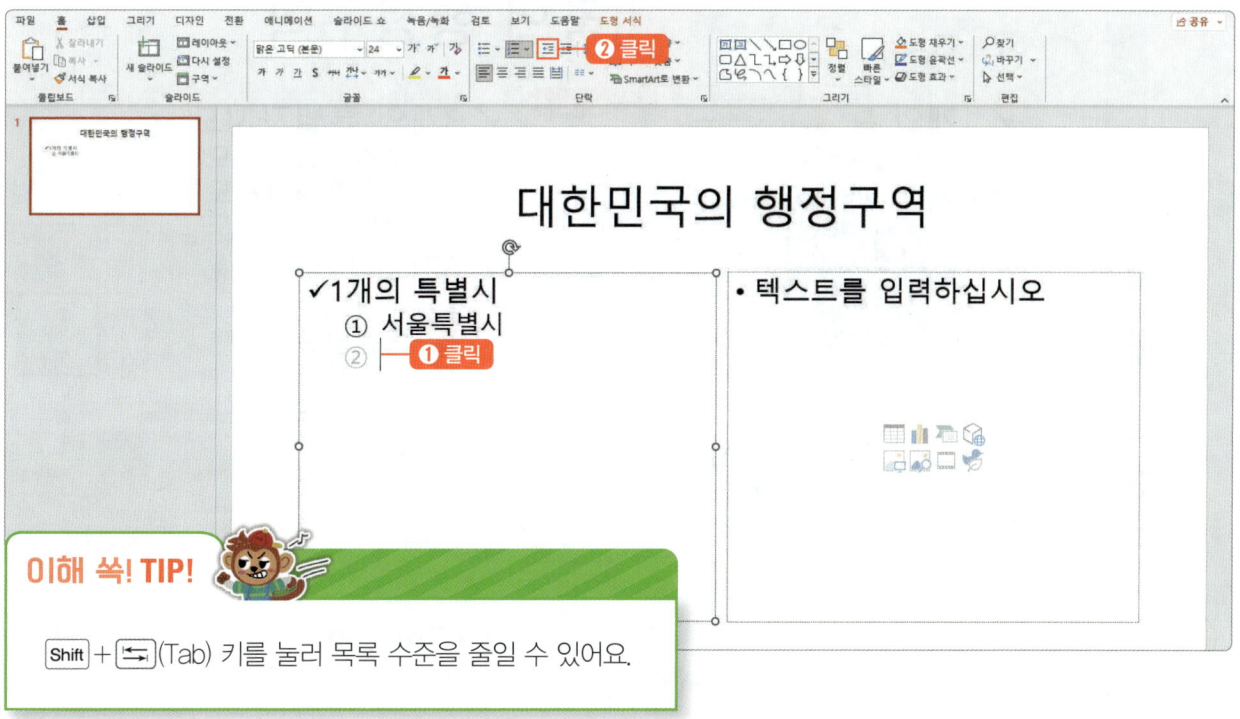

> **이해 쏙! TIP!**
> Shift + ⇥(Tab) 키를 눌러 목록 수준을 줄일 수 있어요.

③ [글머리 기호 및 번호 매기기], [목록 수준 늘림], [목록 수준 줄임]을 이용하여 그림과 같이 텍스트를 입력합니다.

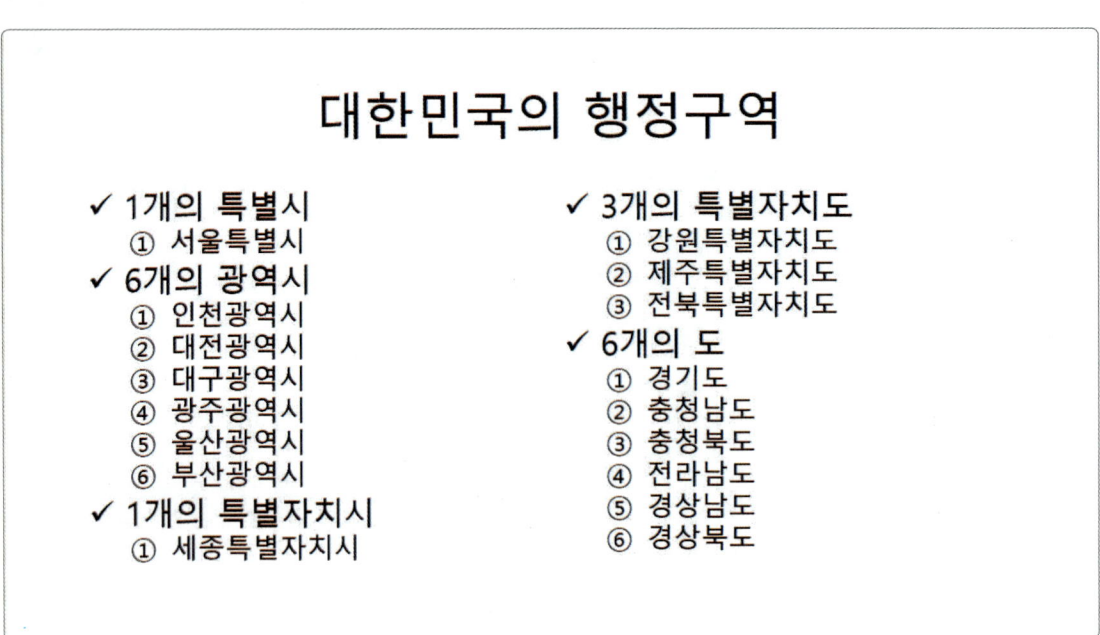

④ 그림과 같이 번호가 적용된 텍스트를 드래그한 후 [홈] 탭-[단락] 그룹-[번호 매기기]의 자세히 (▼)-[글머리 기호 및 번호 매기기]를 클릭합니다. [시작 번호]를 '2'로 지정하고 [확인]을 클릭합니다.

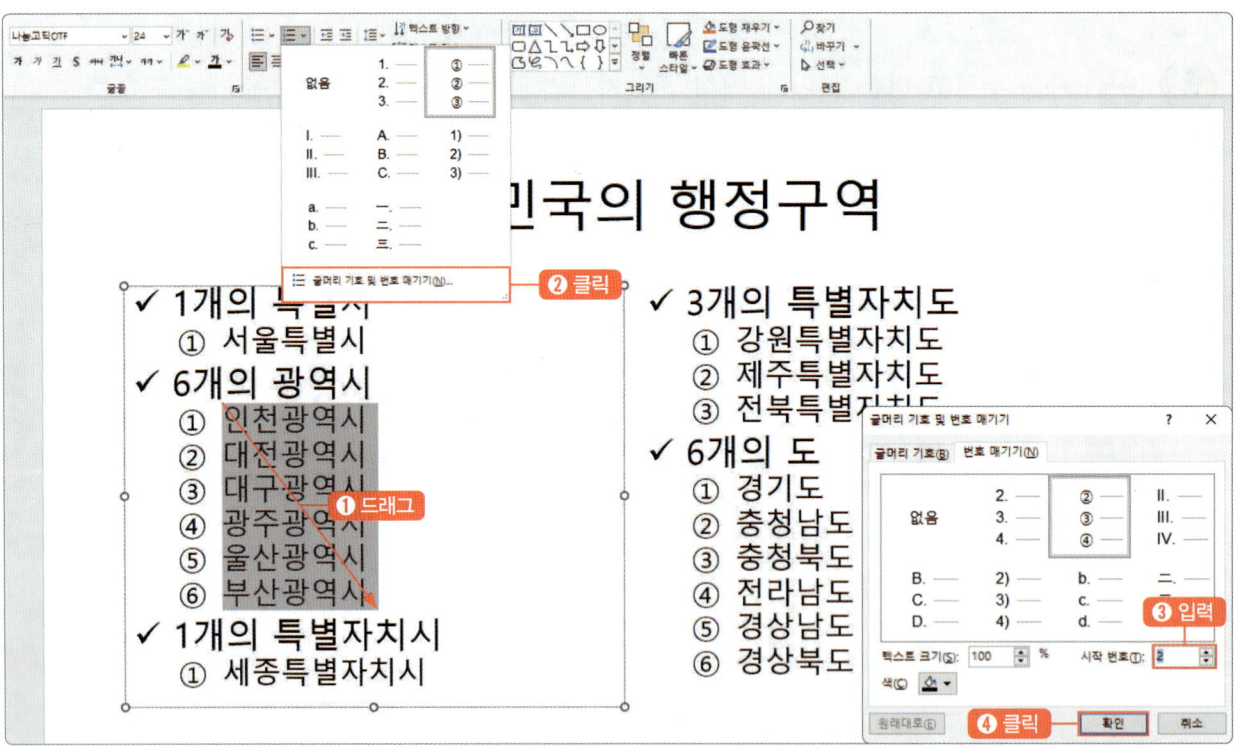

⑤ ④와 같은 방법으로 번호가 적용된 텍스트를 드래그하여 시작번호를 변경하고 글꼴, 글꼴 색 등을 꾸민 후 슬라이드를 완성해 봅니다.

1 글머리 기호와 목록 수준을 변경하고 텍스트를 꾸민 후 완성해 보세요.

예제 파일 : 없음   완성 파일 : 3강_실력1(완성).pptx

종이류 분리수거 방법

❖ 책
  ▪ 종이가 아닌 표지나, 플라스틱 스프링, 커버 등을 모두 제거한 후 배출
❖ 신문
  ▪ 반듯하게 펴서 쌓은 후 납작하게 묶어서 배출
❖ 컵&팩
  ▪ 내용물을 모두 비우고 물로 행군 뒤 부피를 줄여서 배출
❖ 상자
  ▪ 스티커, 테이프 등 이물질을 제거한 후 납작하게 부피를 줄여서 배출

Hint

① [1 수준] 글머리 기호: '별표 글머리 기호', 글꼴: '휴먼엑스포'
② [2 수준] 글머리 기호: '속이 찬 정사각형 글머리 기호', 글꼴: '휴먼엑스포'

2 글머리 기호와 목록 수준을 변경하고 텍스트를 꾸민 후 완성해 보세요.

예제 파일 : 없음   완성 파일 : 3강_실력2(완성).pptx

MBTI 유형

A. 분석가형
  ① INTJ : 전략가
    • 의지가 강하고, 독립적이다.
  ② INTP : 논리술사
    • 지적 호기심이 높다.
  ③ ENTJ : 통솔자
    • 철저한 준비를 하며, 활동적이다.
  ④ ENTP : 변론가
    • 박학다식하고, 독창적이다.

B. 외교관형
  ① INFJ : 옹호자
    • 공동체의 이익을 중요시한다.
  ② INFP : 중재자
    • 성실하고 이해심이 많다.
  ③ ENFJ : 선도자
    • 타인의 의견을 존중한다.
  ④ ENFP : 활동가
    • 상상력이 풍부하다.

MBTI 유형

C. 관리자형
  ① ISTJ : 현실주의자
    • 책임감이 강하며, 현실적이다.
  ② ISFJ : 수호자
    • 차분하고 헌신적이다.
  ③ ESTJ : 경영자
    • 체계적이고 규칙을 준수한다.
  ④ ESFJ : 집정관
    • 친절하며, 동정심이 많다.

D. 탐험가형
  ① ISTP : 장인
    • 과묵하고 분석적이다.
  ② ISFP : 모험가
    • 온화하고 겸손하다.
  ③ ESTP : 사업가
    • 느긋하고, 타협을 잘 한다.
  ④ ESFP : 연예인
    • 호기심이 많으며, 개방적이다.

 Hint

① 레이아웃: 콘텐츠 2개
② [1 수준] 글머리 번호: 'A. B. C.', 글꼴 색: '녹색, 강조6', '굵게'
③ [2 수준] 글머리 번호: '원 숫자', '굵게'
④ [3 수준] 글머리 기호: '속이 찬 둥근 글머리 기호'

GAME 03 대한민국의 행정구역 _ **023**

04 도형 판다

| 학습목표 |
- 도형을 삽입하고 서식을 지정할 수 있습니다.
- 도형을 복사할 수 있습니다.
- 도형을 정렬할 수 있습니다.

오늘의 도착지점

예제 파일 : 없음   완성 파일 : 4강_완성.pptx

원으로 그리는 판다

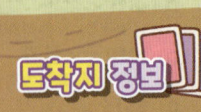

수많은 점들이 모여 선이 되고, 선으로 둘러싸인 부분을 면이라고 합니다. 도형이란 점, 선, 면 등으로 이루어진 모양으로, 우리 주변에서 볼 수 있는 삼각형, 사각형, 원 등을 말합니다. 원 도형을 이용해서 판다를 만들어 봅니다.

Step 01 도형 삽입하고 서식 지정하기

도형을 삽입하고 서식을 지정해 봅니다.

① 새 프레젠테이션을 생성한 후 [레이아웃]-[제목만]으로 변경합니다. 그 다음 제목 텍스트 창에 그림과 같이 텍스트를 입력하고 [단락]-'가운데 맞춤'을 클릭합니다.

② [삽입] 탭-[일러스트레이션] 그룹-[도형]을 클릭하고 '타원(○)'을 삽입합니다.

③ 삽입한 도형을 클릭하고 [도형 서식] 탭-[도형 스타일] 그룹-[도형 채우기]와 [도형 윤곽선]을 이용하여 도형 서식을 변경합니다.

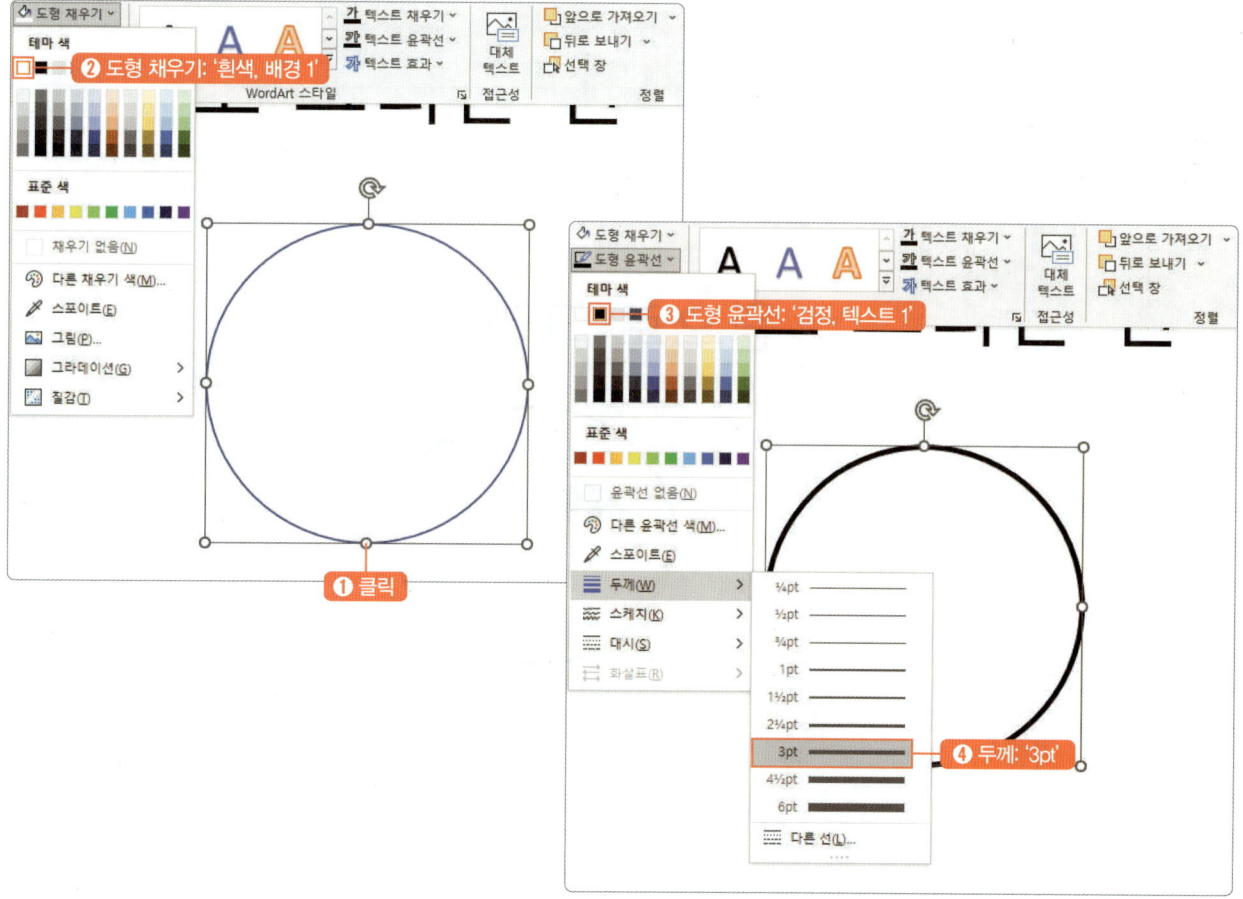

GAME 04 도형 판다 _ 025

Step 02 도형을 복사하고 회전하기

도형을 복사하고 회전하여 정렬해 봅니다.

① [삽입] 탭-[일러스트레이션] 그룹-[도형]-[타원]을 클릭한 후 드래그하여 삽입하고 [도형 서식] 탭-[도형 스타일] 그룹에서 [도형 채우기]-'검정, 텍스트 1', [도형 윤곽선]-[윤곽선 없음]을 지정합니다.

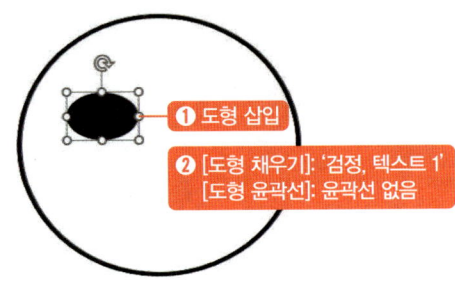

② 삽입한 도형을 클릭하여 선택한 후 회전 핸들(↻)을 드래그하며 움직여 회전합니다.

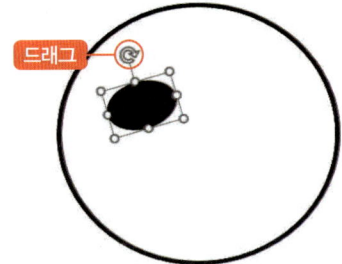

③ 회전한 도형을 선택하고 마우스 오른쪽 버튼을 클릭한 후 [복사]를 클릭합니다. 다른 위치에서 마우스 오른쪽 버튼을 누르고 [붙여넣기 옵션:]의 대상 테마 사용()을 클릭합니다.

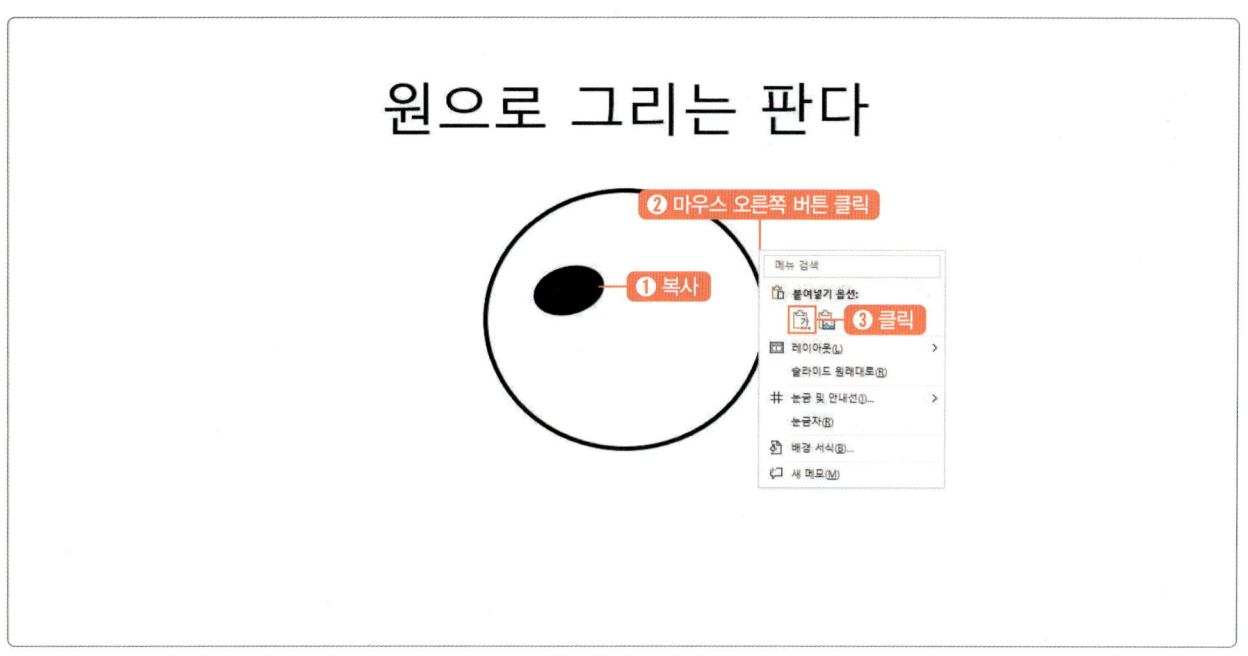

이해 쏙! TIP!

- 도형을 누른 후 Ctrl 키+드래그: 복사
- 도형을 누른 후 Ctrl 키+ Shift 키+드래그: 드래그한 방향에 따라 같은 높이 혹은 같은 위치로 복사

④ 복사한 도형을 원하는 위치로 이동하고 [도형 서식] 탭-[정렬] 그룹에서 [회전]을 클릭하고 [좌우 대칭]을 클릭합니다.

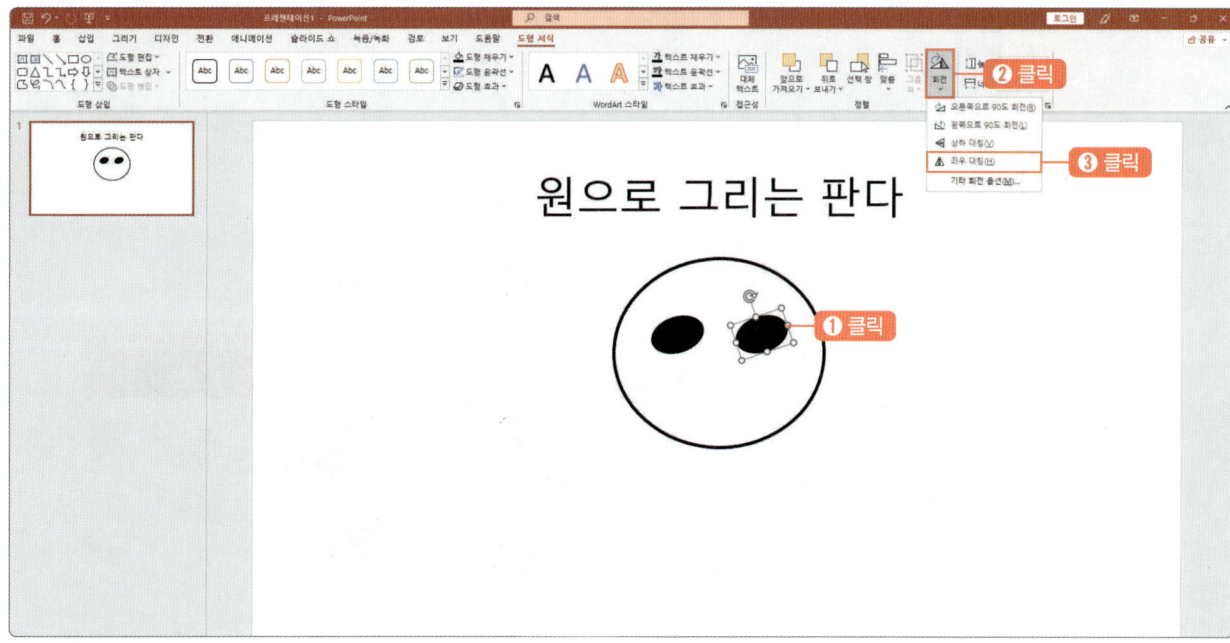

GAME 04 도형 판다 _ **027**

Step 03 도형 정렬하기

도형의 배치 순서를 변경하여 정렬해 봅니다.

① 큰 타원 도형을 선택하고 Ctrl 키를 누른 채로 드래그하며 도형을 복사합니다. 복사한 도형을 선택한 후 [도형 서식] 탭-[정렬] 그룹에서 [뒤로 보내기]를 클릭하고 [맨 뒤로 보내기]를 클릭합니다.

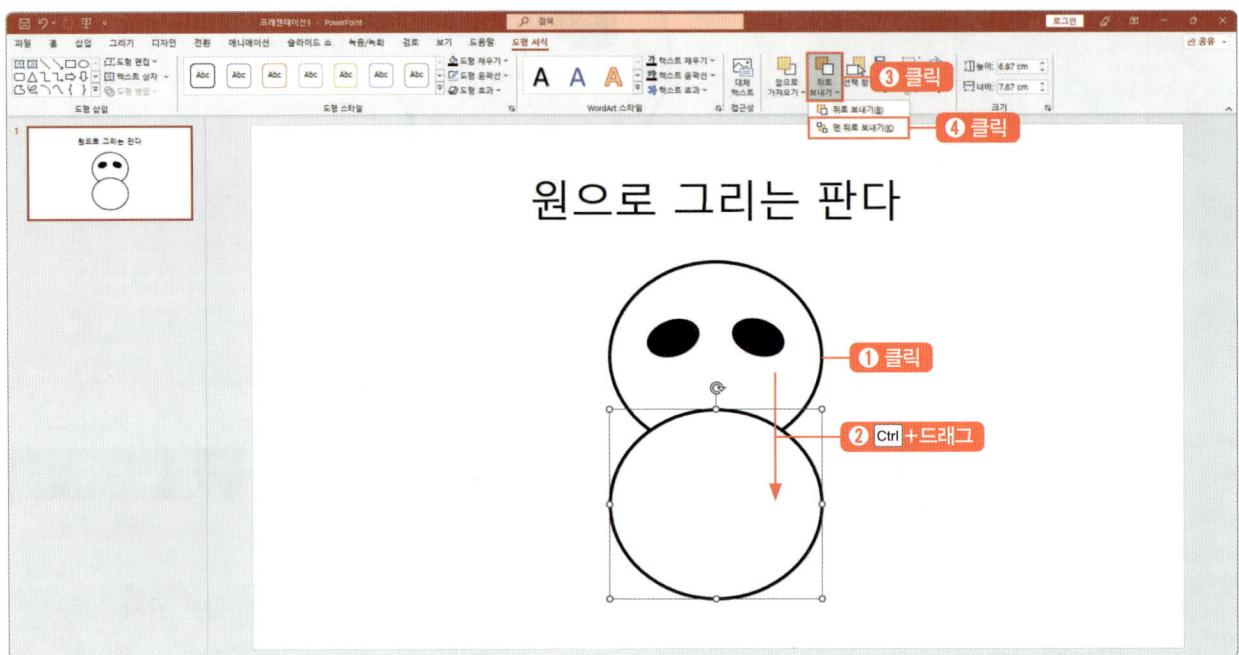

② '타원' 도형을 복사하여 크기와 위치를 조절하고 회전합니다. 그 다음 배치 순서를 변경하고 [도형 채우기]로 색상을 변경하여 아래의 그림처럼 '판다'를 완성합니다.

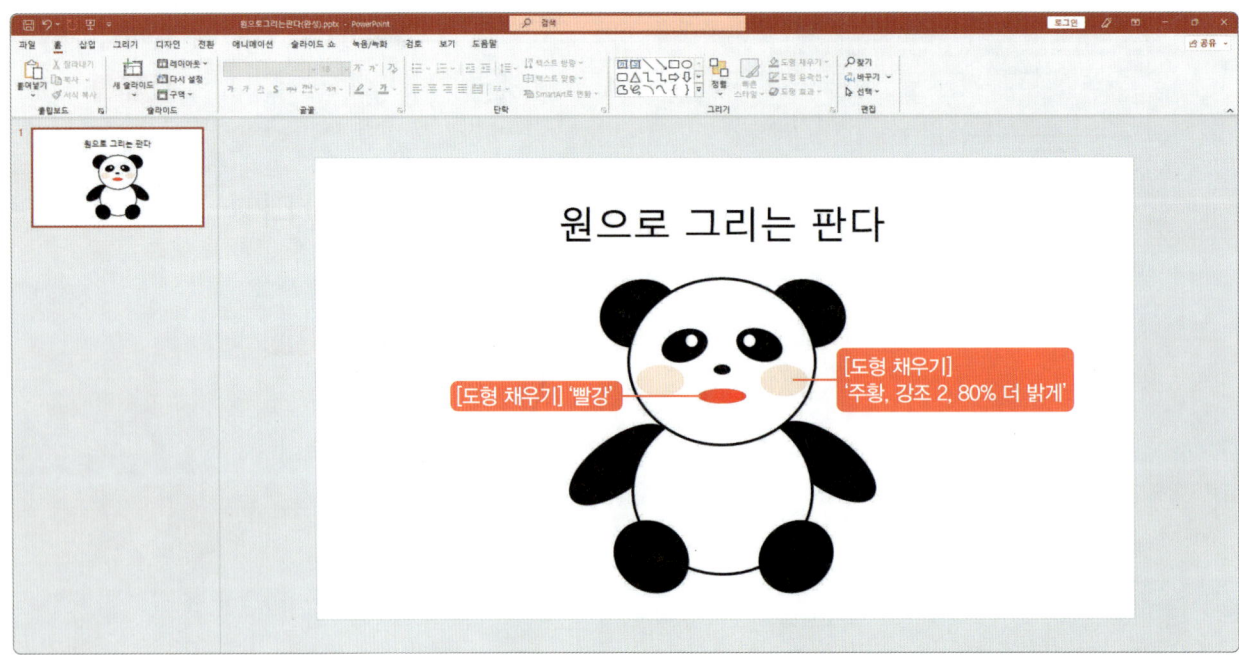

1 도형을 삽입한 후 복사하고 회전, 대칭하여 아래의 그림처럼 '여우'를 완성해 보세요.

🔑 예제 파일 : 없음   🔑 완성 파일 : 4강_실력1(완성).pptx

 Hint

① 도형: '이등변 삼각형', '타원'
② 도형 채우기: '주황', '주황, 강조 2, 25% 더 어둡게', '검정, 텍스트 1', '흰색, 배경 1', '빨강'
③ 도형 윤곽선: '3 pt', '검정, 텍스트 1'

2 도형을 삽입한 후 복사하고 회전, 대칭하여 아래의 그림처럼 '원숭이'를 완성해 보세요.

🔑 예제 파일 : 없음   🔑 완성 파일 : 4강_실력2(완성).pptx

 Hint

① 도형: '타원', '하트'
② 도형 채우기: '황금색, 강조 4, 25% 더 어둡게', '황금색, 강조 4, 80% 더 밝게', '주황, 강조 2, 40% 더 밝게', '검정, 텍스트 1', '흰색, 배경 1'
③ 도형 윤곽선: '3 pt', '검정, 텍스트 1'

GAME 05 내 친구 로봇

| 학습목표 |
- 슬라이드의 배경을 변경할 수 있습니다.
- 도형의 모양을 변경할 수 있습니다.
- 도형의 채우기 서식을 변경할 수 있습니다.

오늘의 도착지점

🔑 예제 파일 : 5강_예제.png 🔑 완성 파일 : 5강_완성.pptx

도착지 정보

로봇이란 제어장치의 프로그래밍을 통해 명령어에 따라 작업을 자동으로 하는 장치를 의미합니다. 산업 현장에서 어렵고 위험한 일을 대신 하던 로봇은 이제 우리 주변에서 도움을 주는 용도로 가까이 다가와 있습니다. 내 친구 로봇을 만들어 봅니다.

Step 01 배경 서식 변경하기

슬라이드 배경을 그라데이션 채우기를 이용하여 변경해 봅니다.

① 새 프레젠테이션을 생성한 후 [빈 화면]으로 변경하고 [배경 서식] 창을 엽니다.

② [배경 서식]-'그라데이션 채우기'를 클릭한 후 '그라데이션 중지점'에서 중지점을 선택하고 그라데이션 중지점 제거()를 클릭하여 '2'개의 중지점을 제거합니다.

③ '중지점 1/2'를 클릭하고 '색'을 '파랑, 강조 5', '위치'를 '0%'로 지정합니다. 이어서 '중지점 2/2'를 클릭하고 '색'을 '흰색, 배경 1', '위치'를 '100%'로 지정합니다.

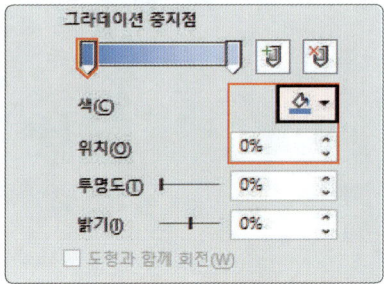 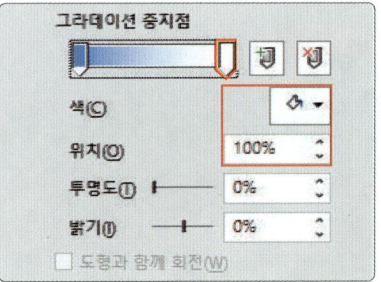

이해 쏙! TIP!

- 배경 서식은 단색, 그라데이션, 그림 또는 질감, 패턴 등으로 변경할 수 있어요.
- 그라데이션 채우기는 종류, 방향, 각도를 다양하게 변경할 수 있어요.

Step 02 도형 모양 변경하기

노란 조절점을 드래그하여 도형의 모양을 변경해 봅니다.

① [삽입] 탭-[일러스트레이션] 그룹-[도형]-'사각형: 둥근 모서리(□)' 도형을 삽입합니다. 그 다음 노란 조절점을 좌우로 드래그하며 모양을 변경합니다.

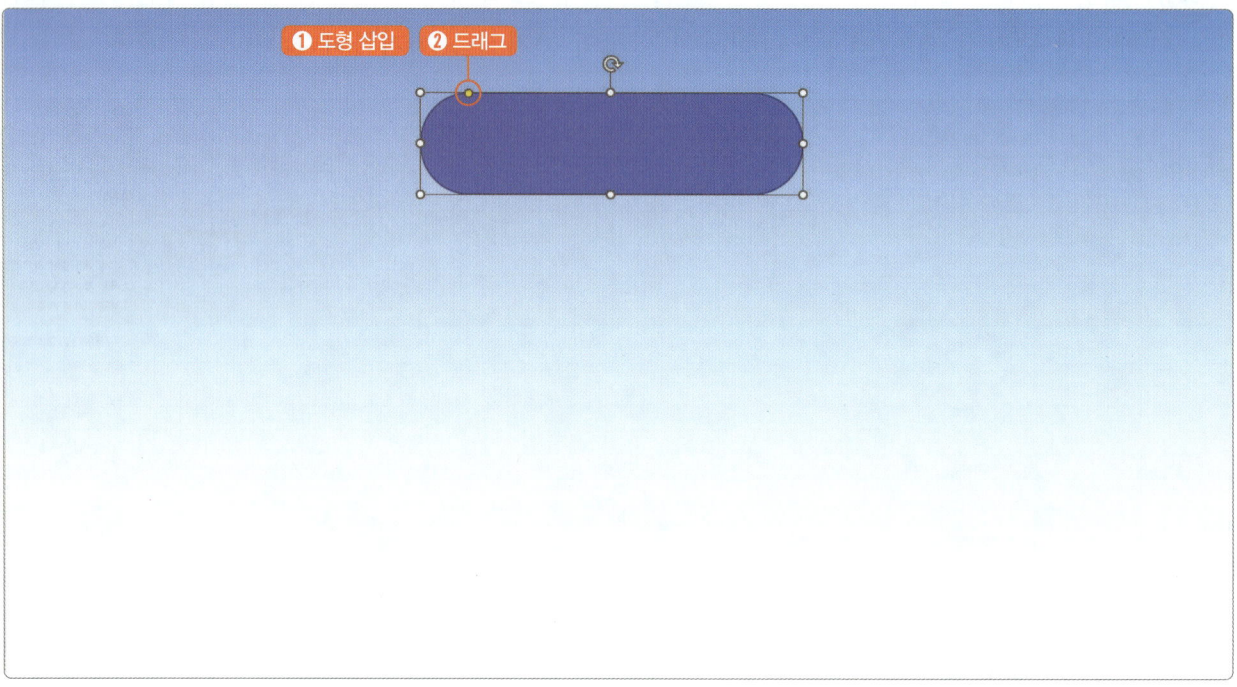

② ①과 같은 방법으로 도형을 삽입하고 노란 조절점을 드래그하여 모양을 변경하고 그림과 같이 배치합니다.

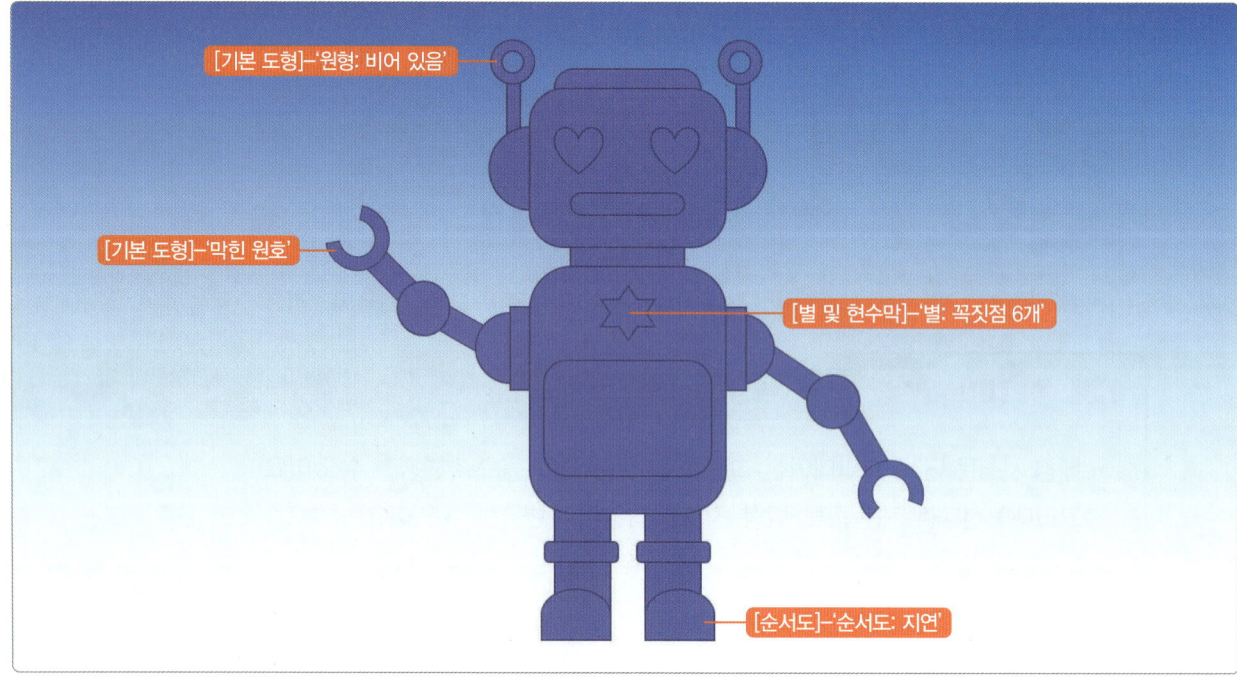

Step 03 도형 서식 변경하기

도형의 서식을 변경해 봅니다.

① 삽입한 도형을 선택하고 [도형 서식] 탭-[도형 스타일] 그룹에서 [도형 채우기]와 [도형 윤곽선]을 이용하여 그림처럼 자유롭게 변경합니다.

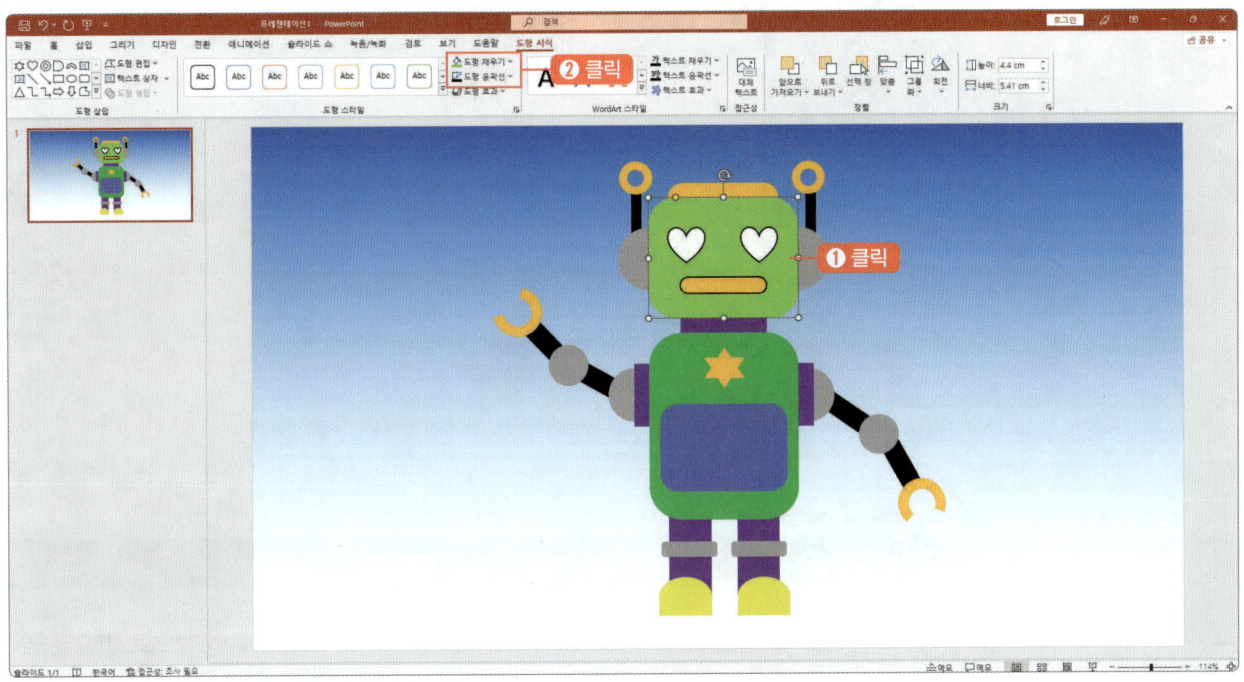

② 로봇의 몸 가운데 그린 도형을 선택하고 마우스 오른쪽 버튼을 클릭한 후 [도형 서식]을 클릭합니다.

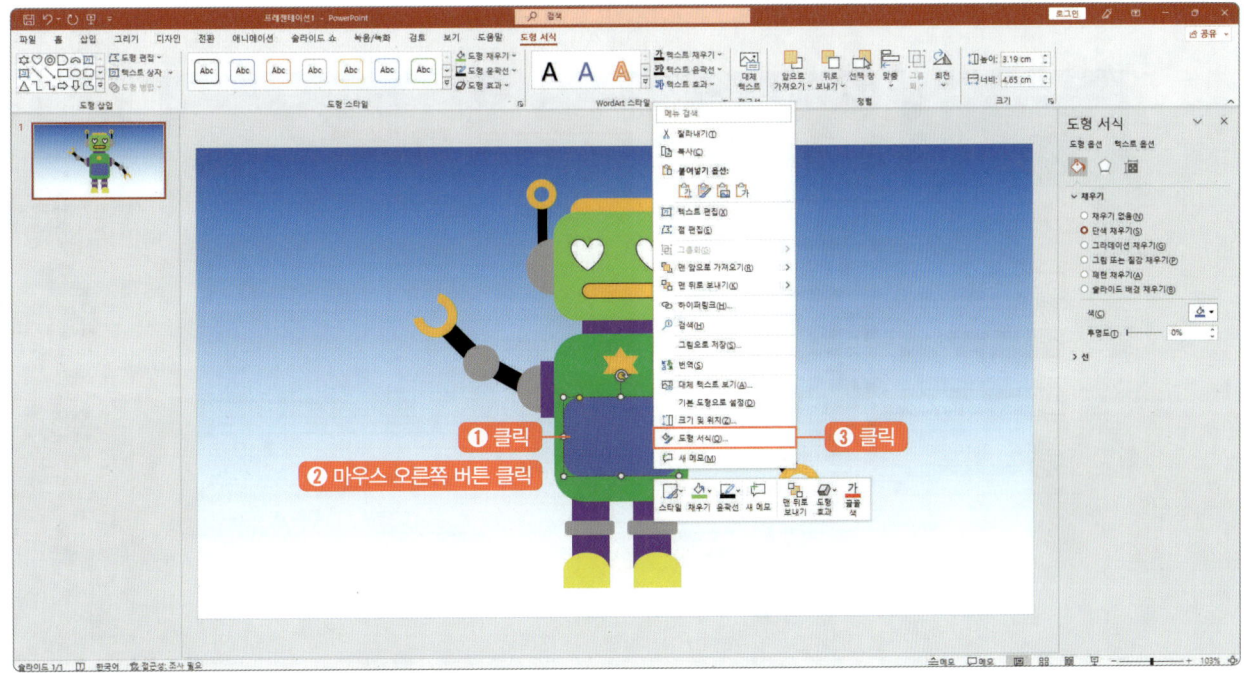

GAME 05 내 친구 로봇 _ **033**

③ [도형 옵션]-[채우기]-'그림 또는 질감 채우기'를 선택하고 [삽입]을 클릭한 후 [그림 삽입]-[파일에서]를 클릭합니다.

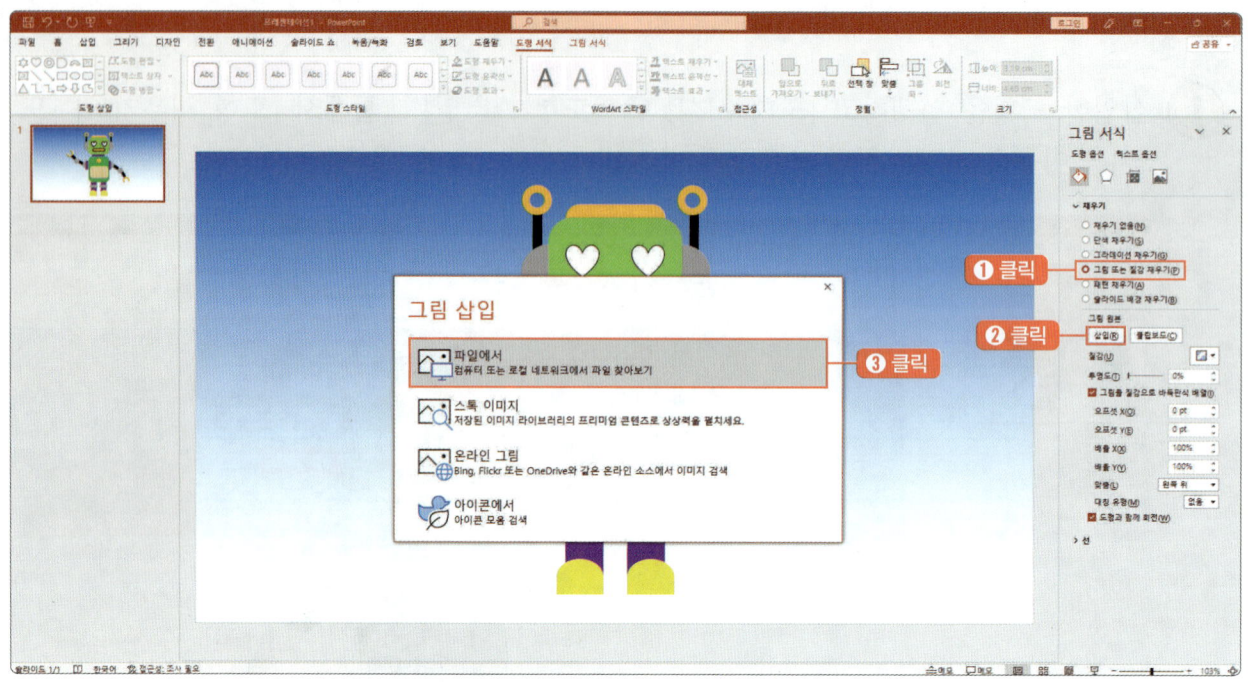

화면 오른쪽 [도형 서식] 창에서 '그림 또는 질감 채우기' 메뉴를 클릭하면 [그림 서식] 창으로 변경돼요.

④ [그림 삽입] 창이 실행되면 그림을 불러올 경로를 지정한 후 그림을 선택하고 [삽입]을 클릭합니다.

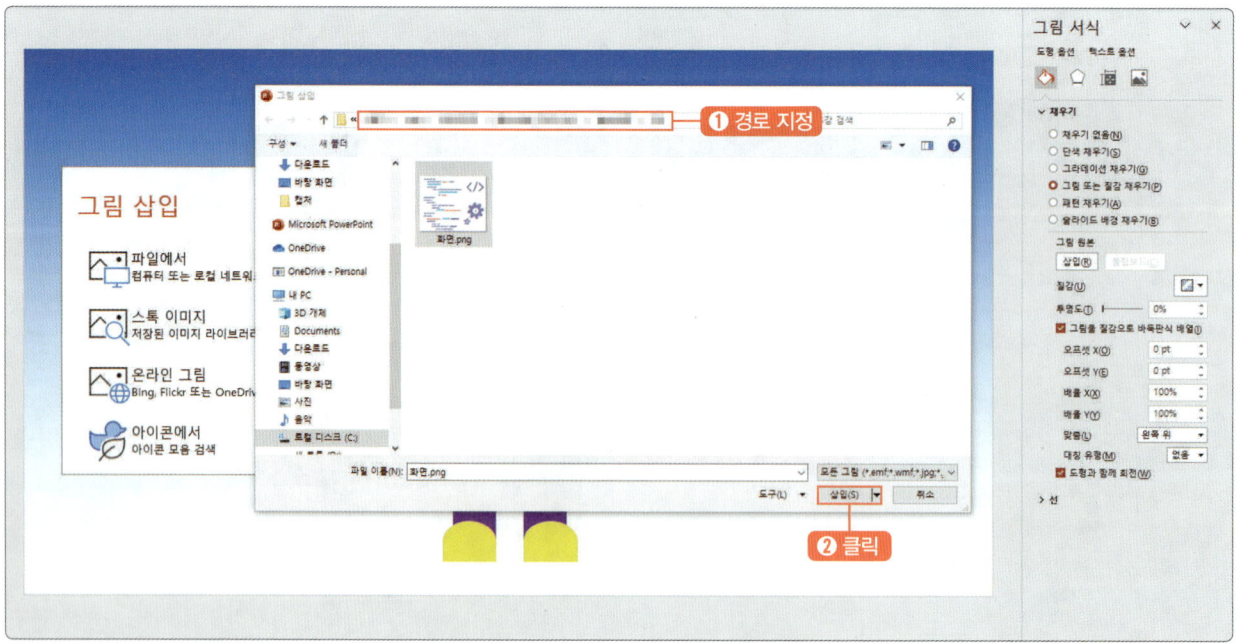

1 슬라이드의 배경을 지정하고 도형의 모양과 서식을 변경하여 '캠핑카'를 완성해 보세요.

🔑 예제 파일 : 없음   🔑 완성 파일 : 5강_실력1(완성).pptx

 Hint

① 도형: '사다리꼴', '직사각형', '타원', '사각형: 둥근 모서리', '대각선 줄무늬', '별: 꼭짓점 10개'
   [패턴 채우기]-'대각선 줄무늬: 넓은 하향', '빨강'
② 배경: [그라데이션 채우기]-중지점1/2: '연한 파랑', '0%', 중지점2/2: '녹색', '100%'

2 슬라이드의 배경을 지정하고 도형의 모양과 서식을 변경하여 '우주선'을 완성해 보세요.

🔑 예제 파일 : 5강_실력2(예제).png   🔑 완성 파일 : 5강_실력2(완성).pptx

 Hint

① 도형: '달', '직사각형', '타원', '별: 꼭짓점 5개', '사다리꼴', [그림 및 질감 채우기]
② 배경: [그라데이션 채우기]-중지점1/2: '검정, 텍스트 1', '0%', 중지점2/2: '흰색, 배경 1, 25% 더 어둡게', '100%'

GAME 06 데칼코마니

| 학습목표 |
- 슬라이드 안내선을 표시할 수 있습니다.
- 도형을 병합할 수 있습니다.
- 개체를 그룹화 할 수 있습니다.

오늘의 도착지점

예제 파일 : 6강_예제.png   완성 파일 : 6강_완성.pptx

도착지 정보

데칼코마니는 종이에 물감을 짜 놓은 후 반으로 접거나 다른 종이로 덮는 미술 기법으로, 하나의 기준선을 두고 양쪽의 모양이 동일한 대칭의 아름다움을 잘 보여줍니다. 나만의 디지털 데칼코마니 작품을 만들어 봅니다.

Step 01 안내선 표시하기

슬라이드에 안내선을 표시해 봅니다.

① 새 프레젠테이션을 생성한 후 [빈 화면]으로 변경하고 [배경 서식]-'그림 또는 질감 채우기'를 통해 '6강_예제.png'를 삽입합니다.

② [보기]탭-[표시]그룹-[안내선]의 체크박스를 클릭합니다.

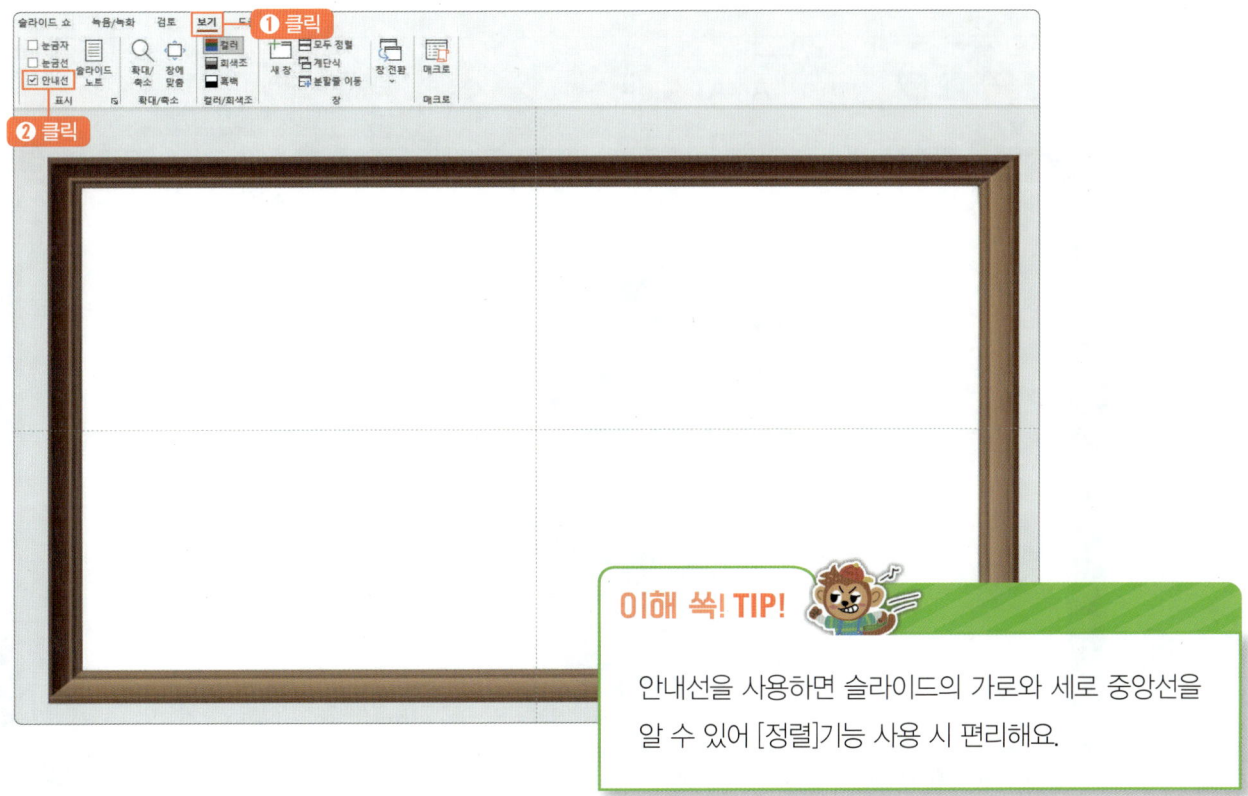

> **이해 쏙! TIP!**
> 안내선을 사용하면 슬라이드의 가로와 세로 중앙선을 알 수 있어 [정렬]기능 사용 시 편리해요.

Step 02 도형 병합하기

도형 병합 기능을 사용하여 2개의 도형을 병합해 봅니다.

① [삽입] 탭-[일러스트레이션]그룹-[도형]-'눈물 방울(◯)' 도형을 클릭하고 세로 안내선에 맞추어 삽입합니다.

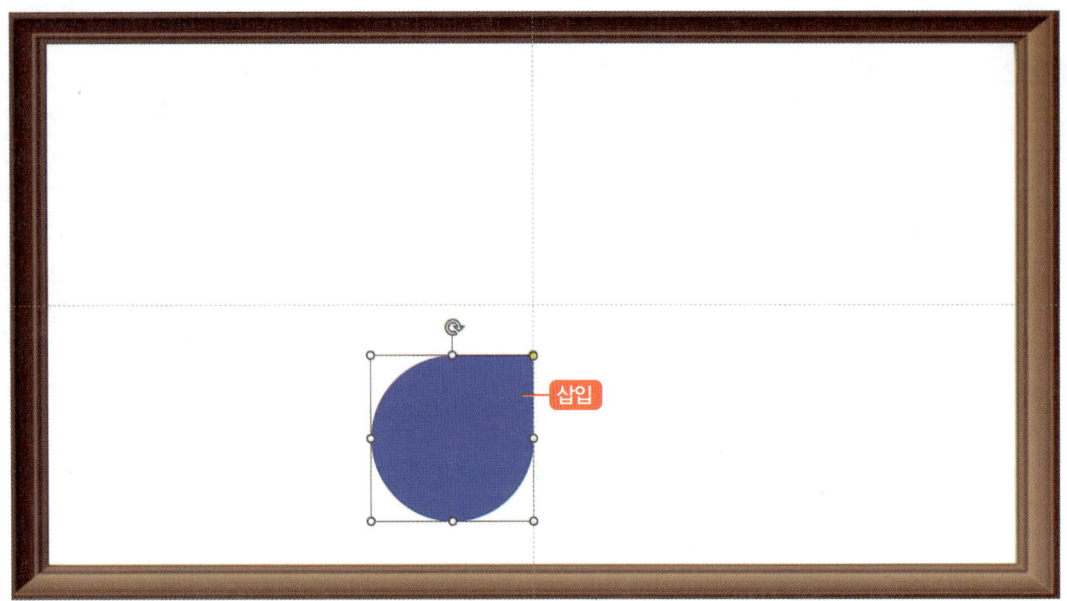

② 삽입한 도형을 복사하여 크기를 조절하고, [도형 서식] 탭-[정렬] 그룹-[회전]-[상하 대칭]을 클릭합니다.

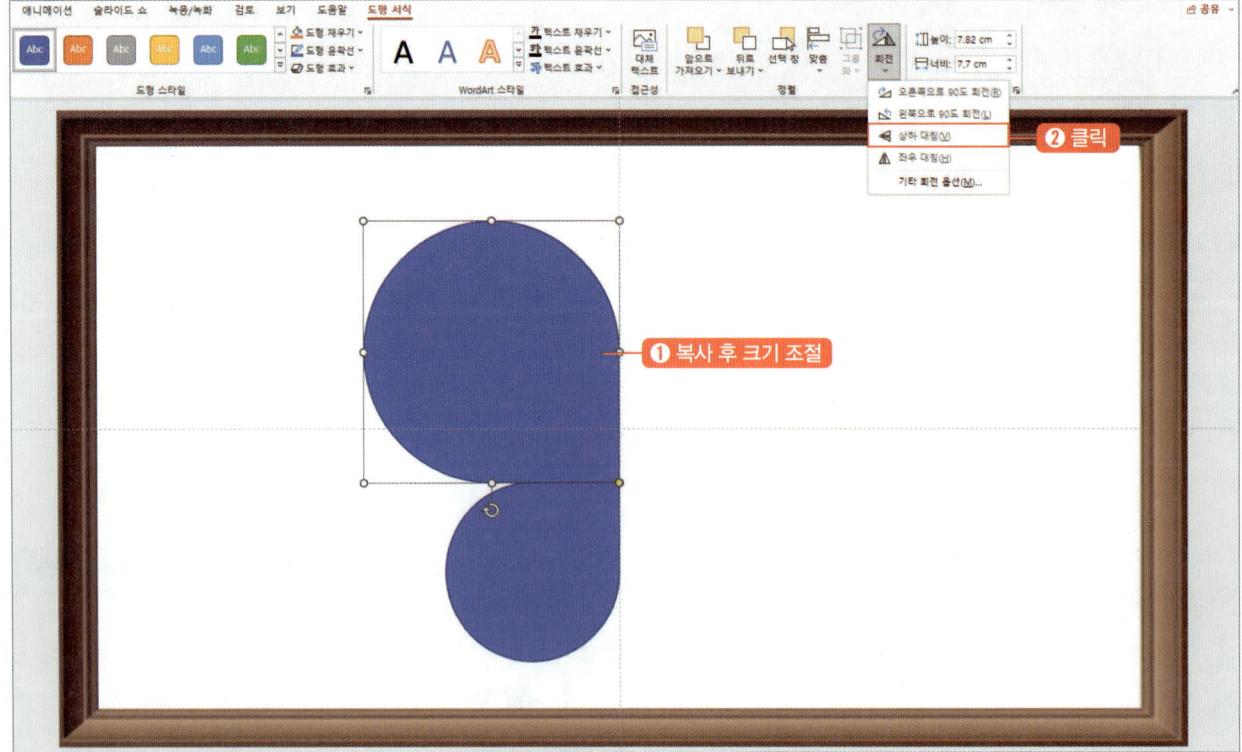

③ Ctrl 키를 누른 상태로 2개의 도형을 선택하고 [도형 서식] 탭-[도형 삽입] 그룹-[도형 병합]-[통합]을 클릭합니다.

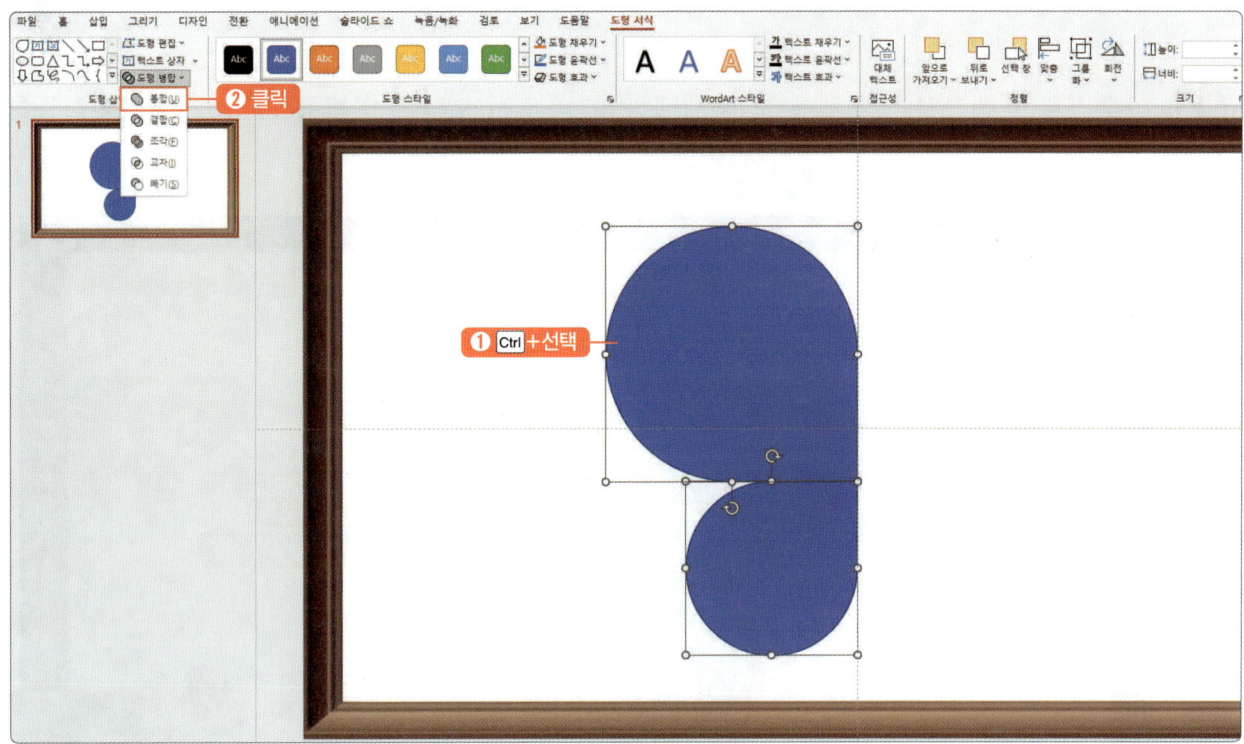

④ 통합한 도형을 클릭한 후 마우스 오른쪽 버튼을 클릭하여 [도형 서식]을 클릭합니다. [도형 서식] 작업창에서 [채우기]와 [선]을 자유롭게 변경합니다.

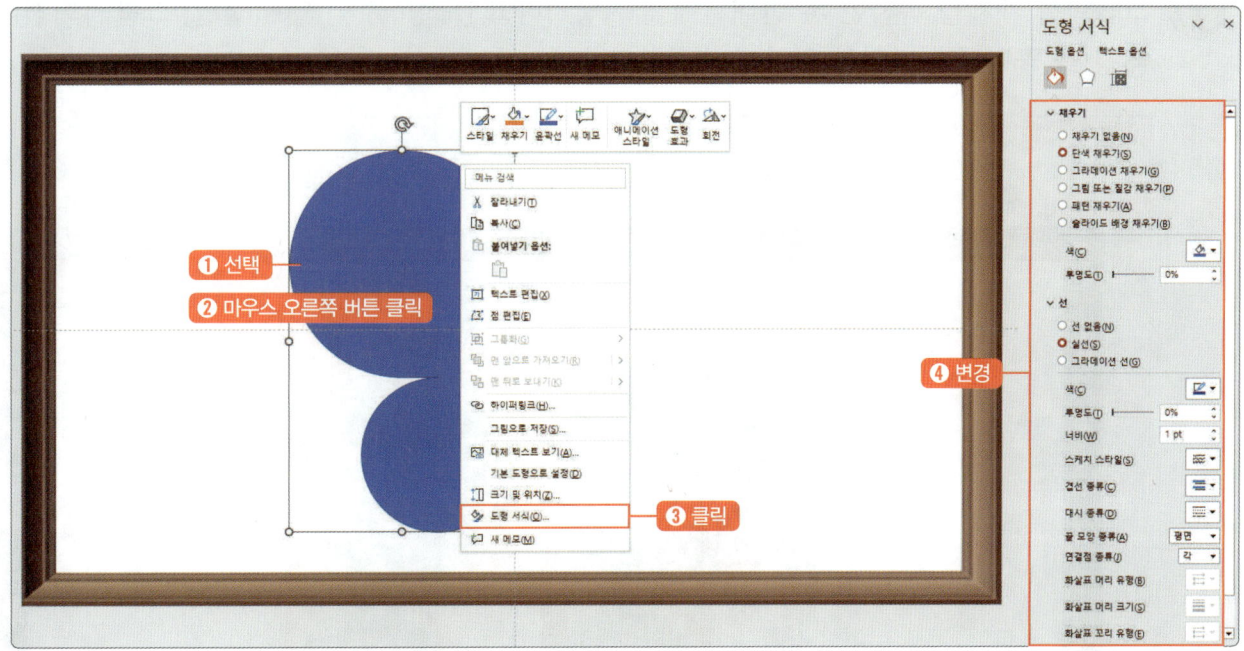

⑤ 여러 가지 도형을 삽입한 후 크기와 위치를 조절하여 '나비'의 한쪽 날개를 자유롭게 꾸며 봅니다.

Step 03 그룹화하기

여러 개의 개체를 선택하여 그룹화해 봅니다.

① 마우스로 드래그하여 개체를 모두 선택한 후 마우스 오른쪽 버튼을 클릭하고 [그룹화]-[그룹]을 클릭합니다.

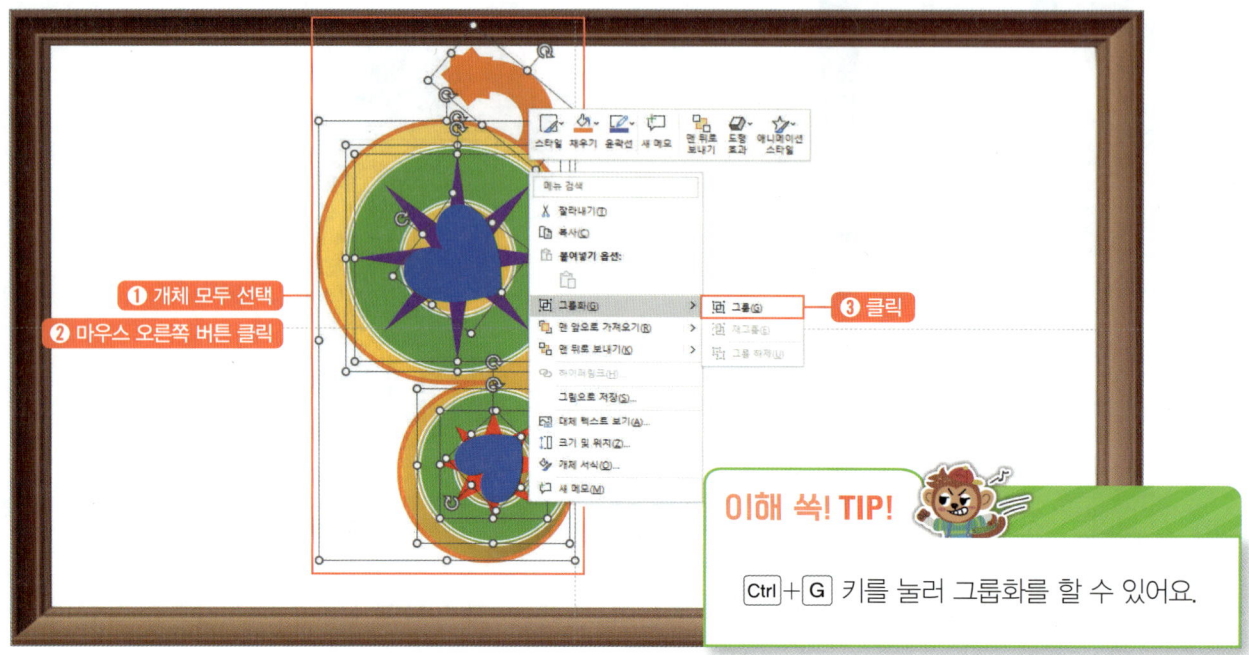

이해 쏙! TIP!

Ctrl + G 키를 눌러 그룹화를 할 수 있어요.

② 그룹화한 개체를 복사한 후 반대편에 붙여넣기하고 [도형 서식] 탭-[정렬] 그룹-[회전]-[좌우 대칭]을 클릭하여 적절한 위치에 배치합니다.

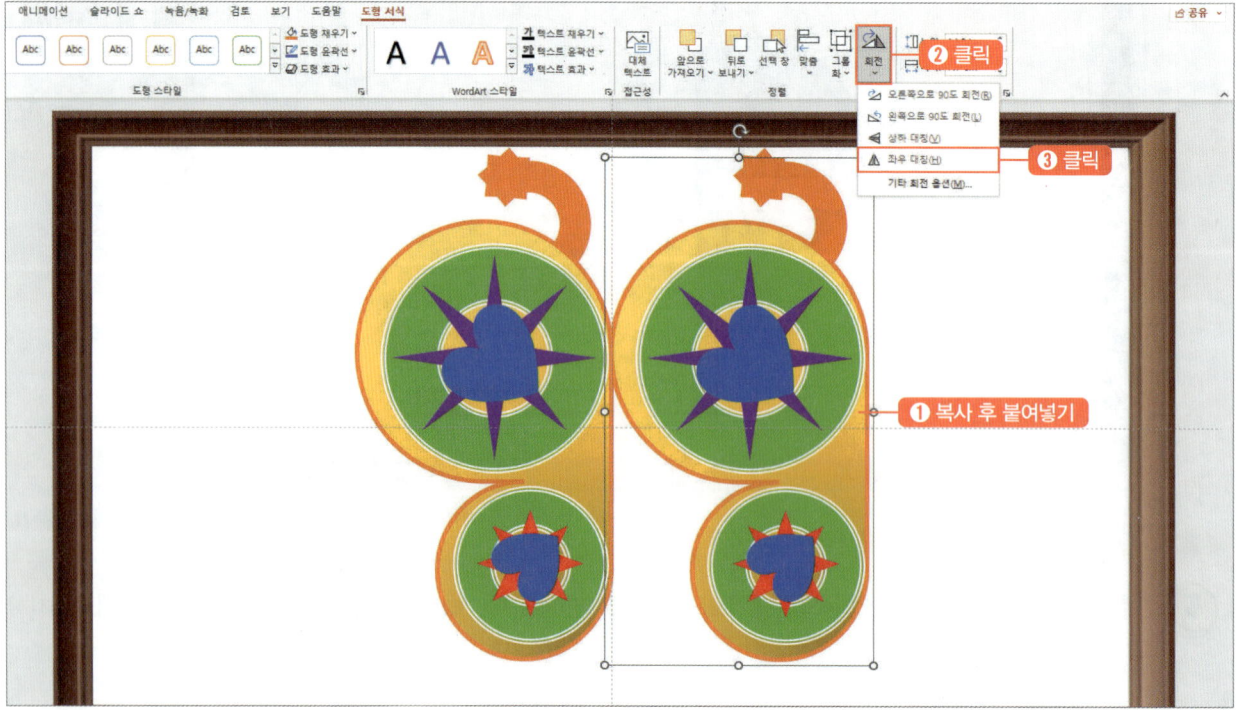

1 도형을 그룹화하여 복사하고 회전하여 '무지개'를 완성해 보세요.

🔑 예제 파일 : 6강_실력1(예제).png 🔑 완성 파일 : 6강_실력1(완성).pptx

 Hint
① 도형: '막힌 원호', '구름', '가로 텍스트 상자 그리기'
② 배경: [그림 또는 질감 채우기]

2 도형을 병합하고 그룹화한 후 복사, 회전하여 '캐릭터'를 완성해 보세요.

🔑 예제 파일 : 6강_실력2(예제).jpg 🔑 완성 파일 : 6강_실력2(완성).pptx

 Hint
① 도형: '부분 원형', '타원', '직각 삼각형', '달'
② 배경: [그림 또는 질감 채우기]

 **이해 쏙! TIP!**

  '부분 원형'의 노란 조절점을 움직이면 반원 모양으로 사용할 수 있어요.

07 나만의 표지판

| 학습목표 |
- 맞춤 기능으로 개체를 정렬할 수 있습니다.
- 아이콘을 삽입할 수 있습니다.
- 슬라이드 쇼를 시작할 수 있습니다.

오늘의 도착지점

예제 파일 : 없음   완성 파일 : 7강_완성.pptx

규제 표지판

주의 표지판   지시 표지판

도착지 정보

표지판은 어떤 사람이 보더라도 같은 의미로 통할 수 있는 간단한 그림 혹은 글자로 표현한 안내 도구입니다. 주로 규제, 지시, 주의하는 내용을 담습니다. 내가 표현하고 싶은 내용을 담은 표지판을 만들어 봅니다.

Step 01 맞춤 기능으로 정렬하기

여러 개의 개체를 삽입하고 가운데로 맞춤을 합니다.

① [새 프레젠테이션]을 클릭하여 프레젠테이션을 생성합니다. [홈] 탭-[슬라이드] 그룹-[레이아웃]을 클릭하고 [Office 테마]-[제목만]을 클릭합니다.

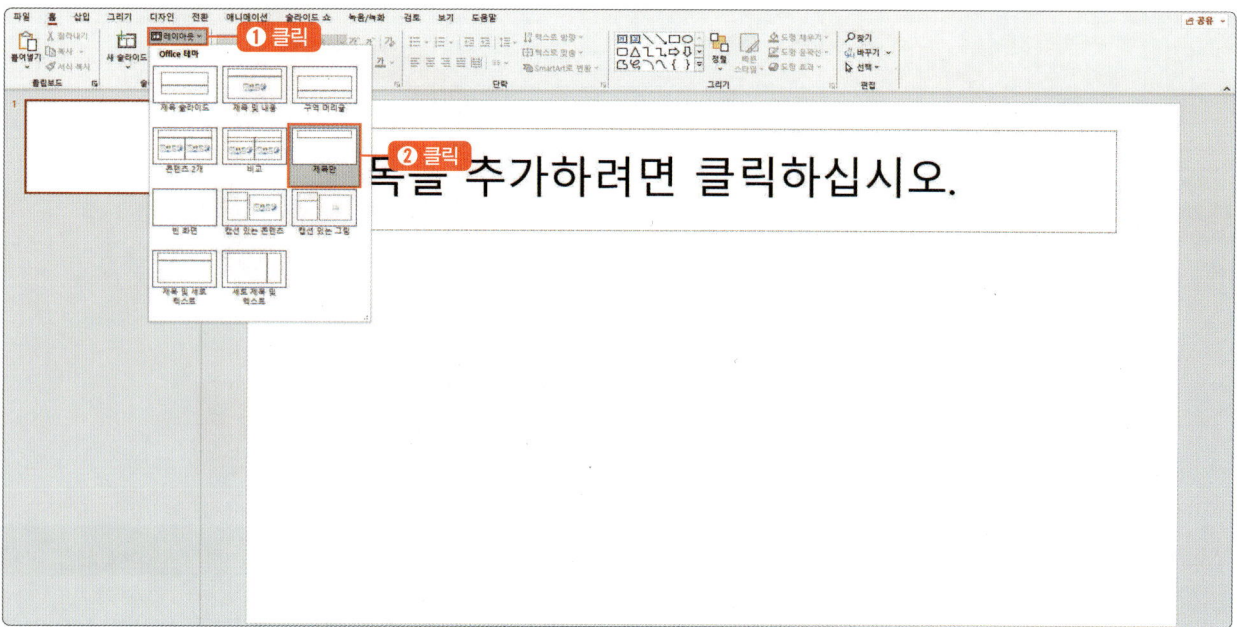

② [홈] 탭-[슬라이드] 그룹-[새 슬라이드]-[제목만]을 클릭하여 '2'개의 슬라이드를 추가하고 각각의 슬라이드 제목창에 텍스트('규제 표지판', '주의 표지판', '지시 표지판')를 입력한 후 글꼴('굵게') 및 정렬('가운데 정렬')을 변경합니다.

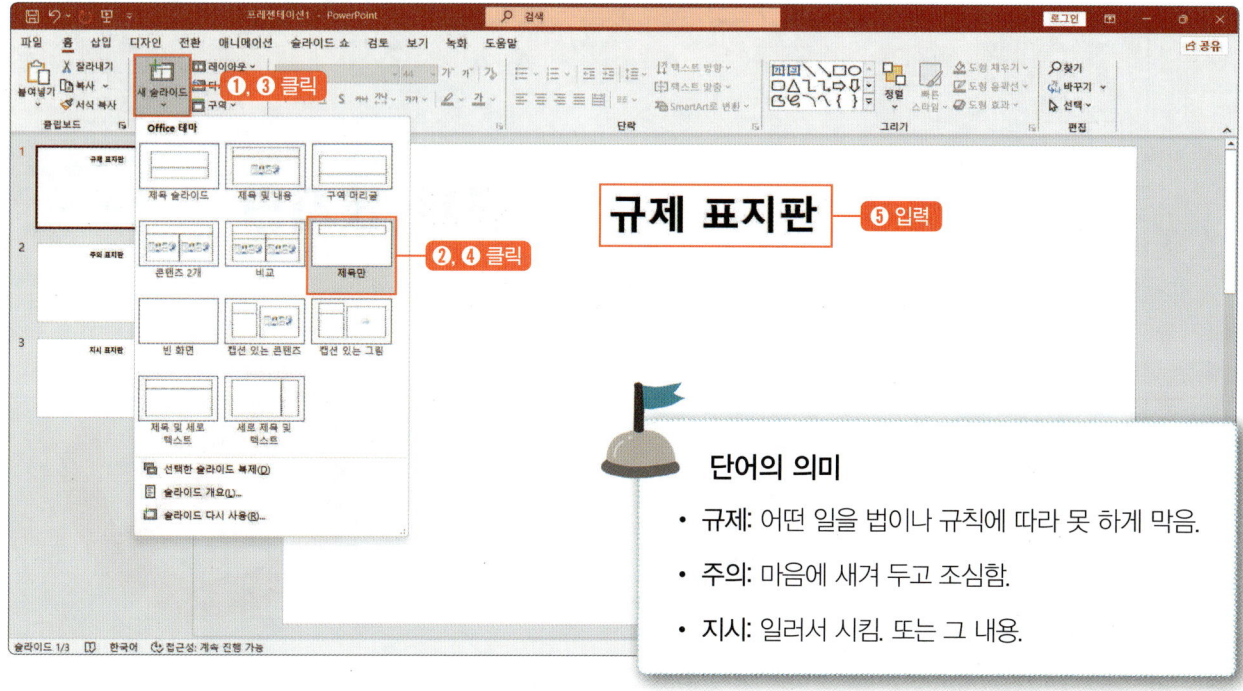

단어의 의미
- 규제: 어떤 일을 법이나 규칙에 따라 못 하게 막음.
- 주의: 마음에 새겨 두고 조심함.
- 지시: 일러서 시킴. 또는 그 내용.

③ 1 슬라이드를 클릭한 후 [삽입] 탭-[일러스트레이션] 그룹-[도형]-[기본 도형]에서 '타원(○)'과 '"허용 안 됨" 기호(🚫)'를 클릭하여 Shift 키를 누른 채로 드래그하며 삽입하고 서식을 변경합니다.

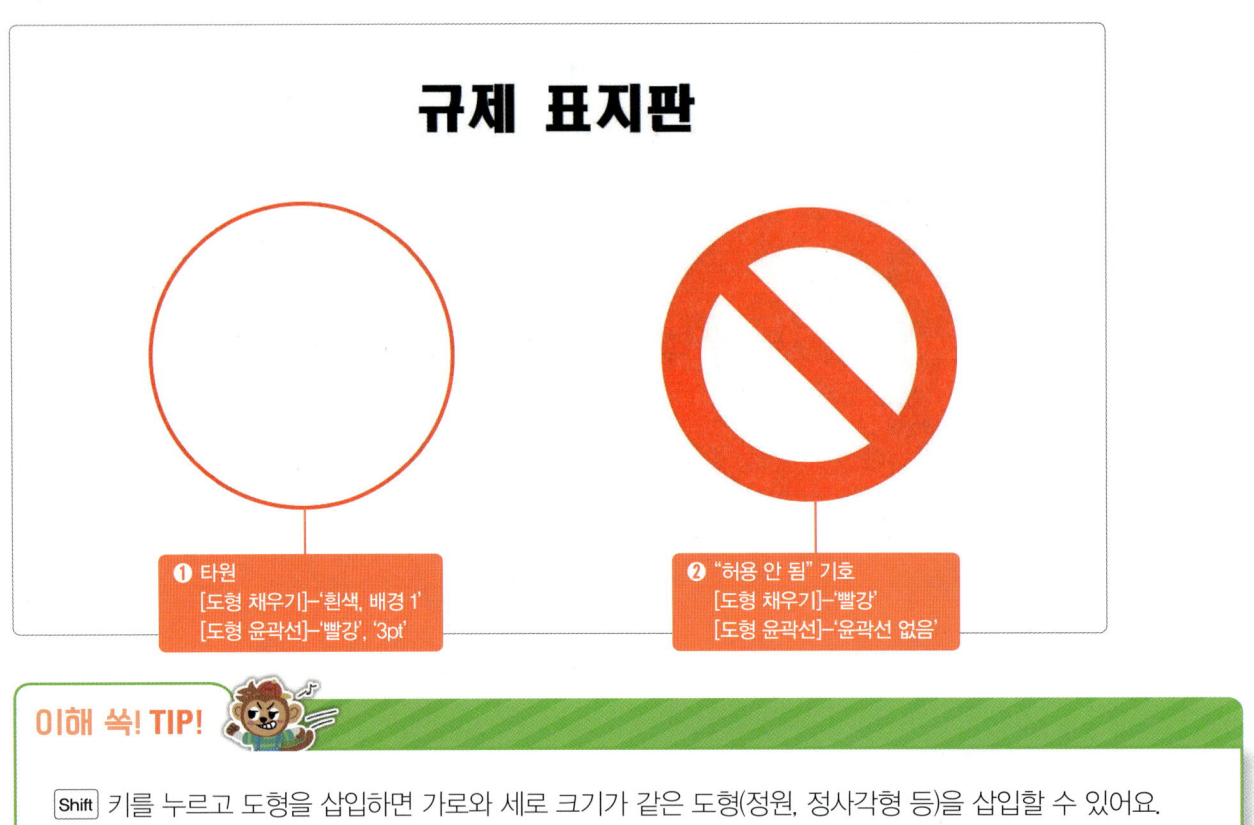

❶ 타원
[도형 채우기]-'흰색, 배경 1'
[도형 윤곽선]-'빨강', '3pt'

❷ "허용 안 됨" 기호
[도형 채우기]-'빨강'
[도형 윤곽선]-'윤곽선 없음'

이해 쏙! TIP!

Shift 키를 누르고 도형을 삽입하면 가로와 세로 크기가 같은 도형(정원, 정사각형 등)을 삽입할 수 있어요.

④ 2개의 도형을 모두 선택하고 [도형 서식] 탭-[정렬] 그룹-[맞춤]을 클릭하여 [가운데 맞춤]을 클릭합니다. 다시 [도형 서식] 탭-[정렬] 그룹-[맞춤]을 클릭하여 [중간 맞춤]을 클릭합니다.

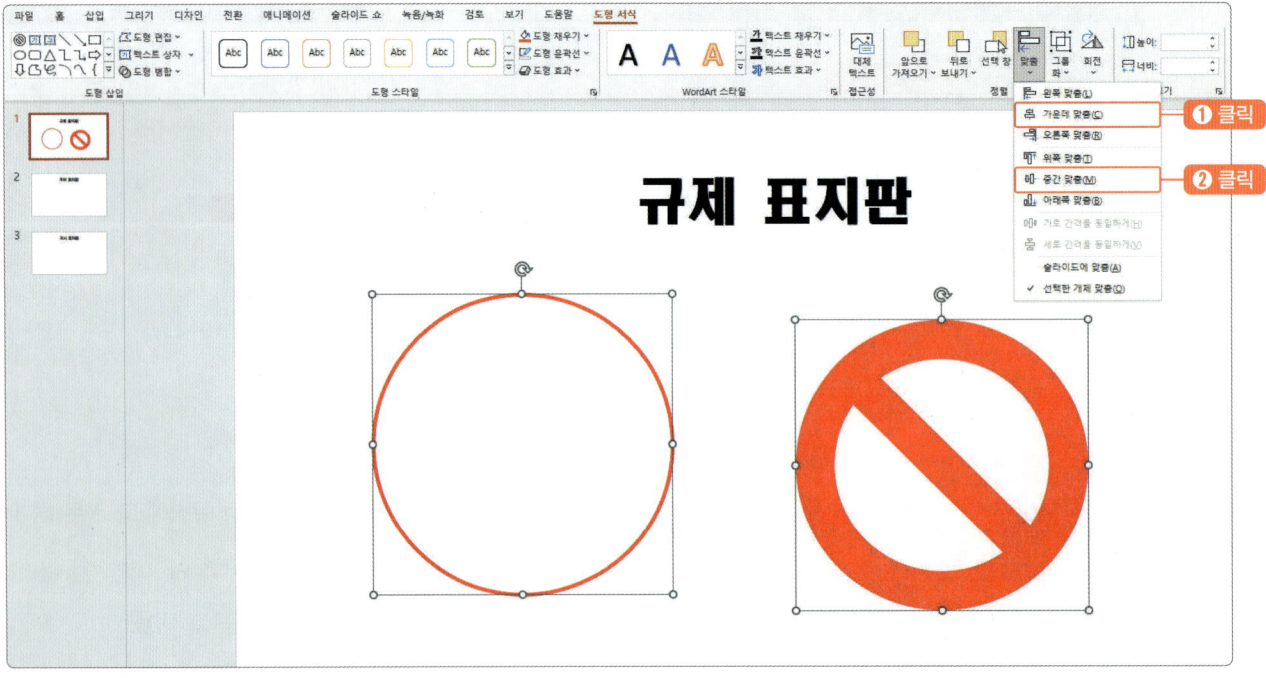

⑤ 정중앙으로 맞춤을 한 2개의 도형을 슬라이드의 왼쪽에 배치하고, 모두 선택한 후 Ctrl 키를 누른 채 드래그하여 슬라이드 오른쪽으로 복사합니다.

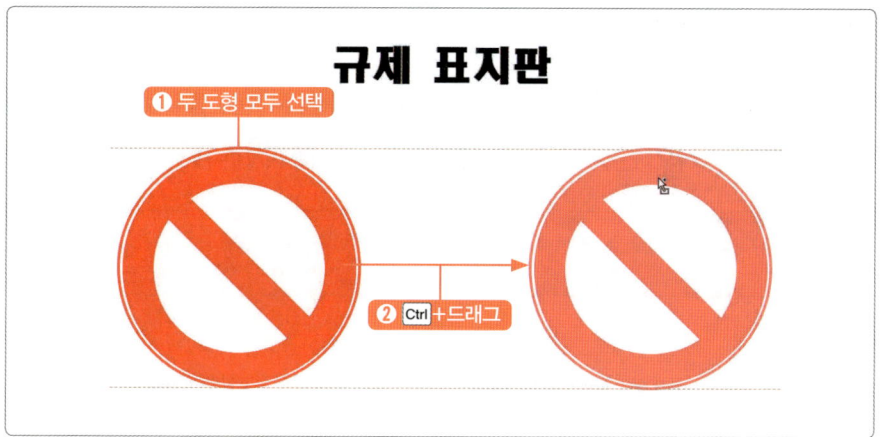

⑥ ③~⑤와 같은 방법으로 2, 3 슬라이드를 그림과 같이 완성합니다.

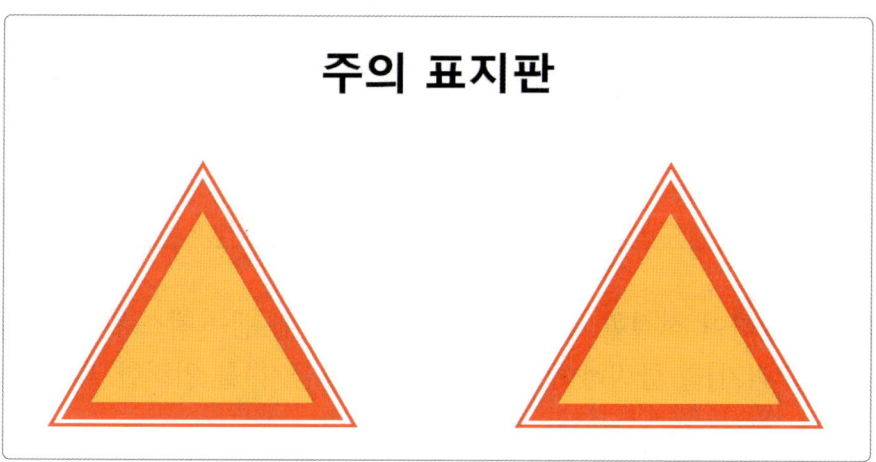

❶ 이등변 삼각형
[도형 채우기]-'흰색, 배경 1'
[도형 윤곽선]-'빨강', '3pt'

❷ 이등변 삼각형
[도형 채우기]-'빨강'
[도형 윤곽선]-'윤곽선 없음'

❸ 이등변 삼각형
[도형 채우기]-'주황'
[도형 윤곽선]-'윤곽선 없음'

이해 쏙! TIP!

정삼각형은 가로와 세로의 길이가 달라서 [가운데 맞춤]만 사용해요.

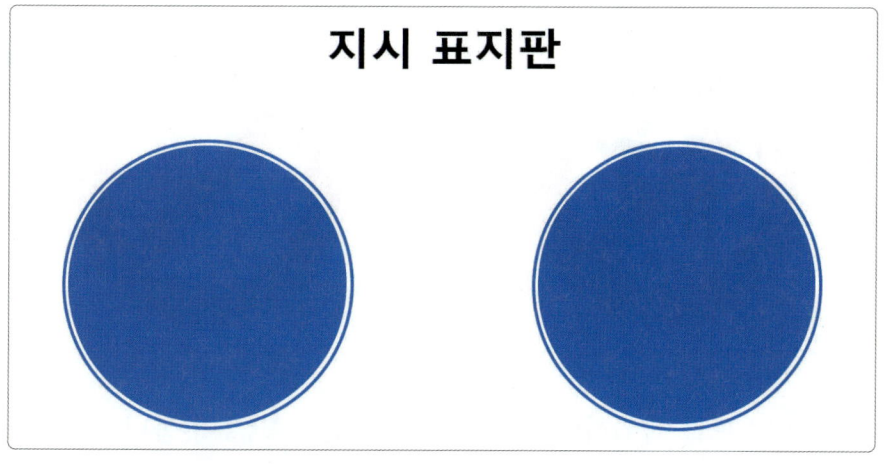

❶ 타원
[도형 채우기]-'흰색, 배경 1'
[도형 윤곽선]-'파랑', '3pt'

❷ 타원
[도형 채우기]-'파랑'
[도형 윤곽선]-'윤곽선 없음'

Step 02 아이콘 삽입하기

아이콘을 삽입하고 서식을 변경해 봅니다.

① 1 슬라이드를 클릭하고 [삽입] 탭-[일러스트레이션] 그룹-[아이콘]을 클릭하여 실행된 [스톡 이미지] 창에서 '사람'을 검색하고 아이콘을 선택한 후 [삽입]을 클릭합니다.

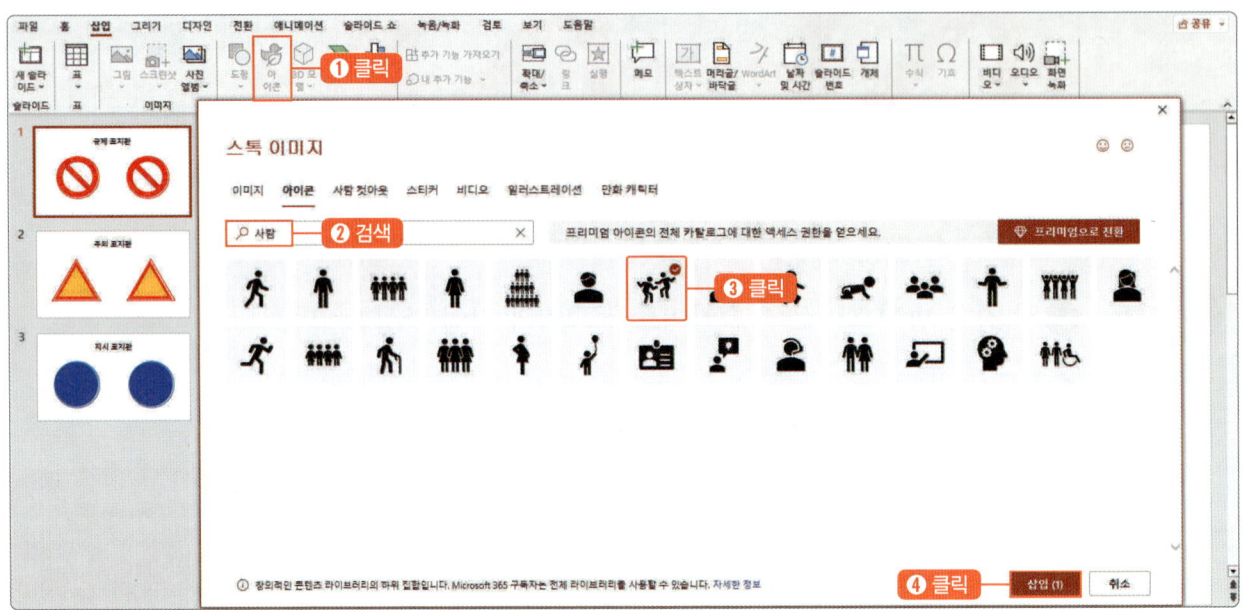

② 삽입한 아이콘을 크기를 조절하여 적절한 위치에 배치하고, [삽입] 탭-[텍스트] 그룹-[텍스트 상자]-[가로 텍스트 상자 그리기]를 클릭하여 텍스트('층간소음금지')를 입력한 후 서식('28pt', '굵게')을 변경합니다.

③ 오른쪽 도형에도 아이콘과 텍스트를 삽입하여 다른 규제 표지판을 만들어 봅니다.

④ 2 슬라이드를 클릭하고 ①~③과 같은 방법으로 그림과 같이 '주의 표지판'을 완성합니다.

⑤ 3 슬라이드를 클릭하고 ①~③과 같은 방법으로 그림과 같이 '지시 표지판'을 완성합니다.

아이콘을 선택하고 [그래픽 형식] 탭-[그래픽 채우기]를 클릭하면 색을 변경할 수 있어요.

Step 03 슬라이드 쇼 시작하기

슬라이드 쇼를 시작하고 프레젠테이션을 해 봅니다.

① [슬라이드 쇼] 탭-[슬라이드 쇼 시작] 그룹-[처음부터]를 클릭합니다.

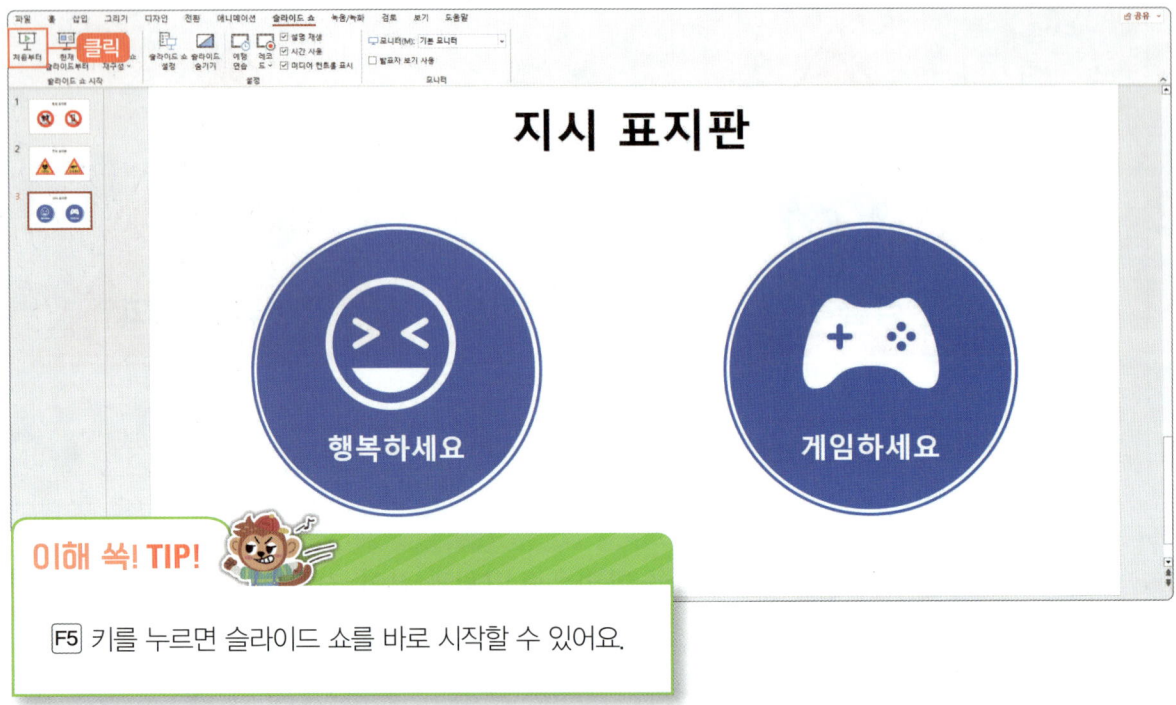

이해 쑥! TIP!

F5 키를 누르면 슬라이드 쇼를 바로 시작할 수 있어요.

② 마우스를 클릭하거나 키보드의 방향키 등을 이용하여 슬라이드를 이동하며 프레젠테이션을 합니다.

1 도형을 삽입하고 맞춤 기능으로 정렬하여 아래와 같이 '과녁판'을 완성해 보세요.

🔑 예제 파일 : 없음   🔑 완성 파일 : 7강_실력1(완성).pptx

 Hint

① 도형: '타원' 11개
② 도형 채우기: '노랑', '빨강', '파랑', '검정, 텍스트 1', '흰색, 배경 1'
③ 도형 윤곽선: '1pt', '검정, 텍스트 1', '흰색, 배경 1'
④ 가로 텍스트 상자 그리기: '11pt', '굵게', '검정, 텍스트 1', '흰색, 배경 1'

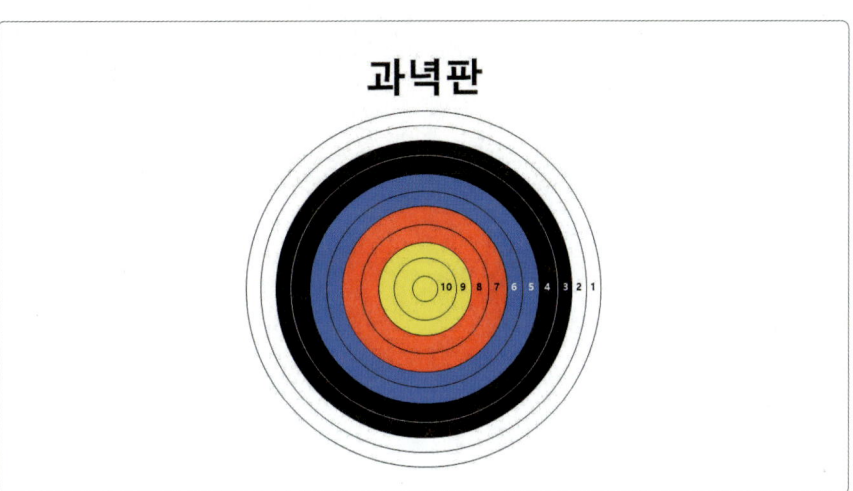

2 도형을 삽입하고 맞춤 기능으로 정렬하여 아래와 같이 '시계'를 완성해 보세요.

🔑 예제 파일 : 7강_실력2(예제).jpg   🔑 완성 파일 : 7강_실력2(완성).pptx

Hint

① 도형: '타원', '다이아몬드', '사각형: 둥근 모서리', '부분 원형'
② 도형 채우기: '주황, 회색, 강조 3', '주황, 강조 2'
③ 도형 윤곽선: '1pt', '검정, 텍스트 1'
④ 가로 텍스트 상자 그리기: '18pt', '굵게', '검정, 텍스트 1', '흰색, 배경 1'
⑤ 슬라이드 배경: 그림 또는 질감 채우기

GAME 07 나만의 표지판 _ **049**

GAME 08 지구의 날 안내 포스터

| 학습목표 |
- 슬라이드의 크기를 변경할 수 있습니다.
- 그림을 삽입할 수 있습니다.
- WordArt의 효과를 변경할 수 있습니다.

오늘의 도착지점

🔑 예제 파일 : 8강_예제 폴더   🔑 완성 파일 : 8강_완성.pptx

도착지 정보

세계 여러 나라는 환경오염의 심각성을 알리기 위해 다양한 노력을 하고 있습니다. 그 중 하나로 매년 4월 22일을 지구를 지킬 수 있는 작은 행동들을 실천하는 지구의 날로 제정하였습니다. 친구들에게 지구의 날을 알리기 위한 포스터를 만들어 봅니다.

Step 01 슬라이드 크기 변경하기

슬라이드의 크기를 변경해 봅니다.

① 새 프레젠테이션을 생성한 후 [빈 화면]으로 변경합니다.

② [디자인] 탭-[사용자 지정] 그룹-[슬라이드 크기]-[사용자 지정 슬라이드 크기]를 클릭하고 슬라이드 크기를 'A4 용지', 슬라이드 방향을 '세로'로 선택하고 [확인]을 클릭한 후 [맞춤 확인]을 클릭합니다.

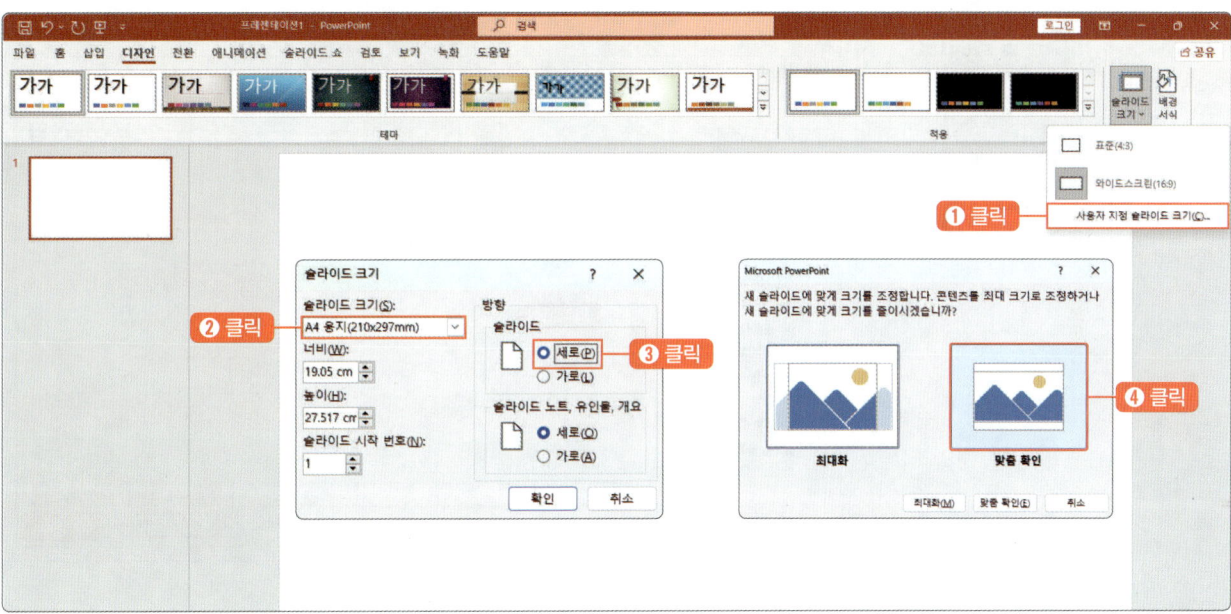

③ 슬라이드 위에서 마우스 오른쪽 버튼을 클릭하여 [배경 서식]을 클릭하고 [단색 채우기]의 색을 '밝은 회색, 배경 2'를 클릭합니다.

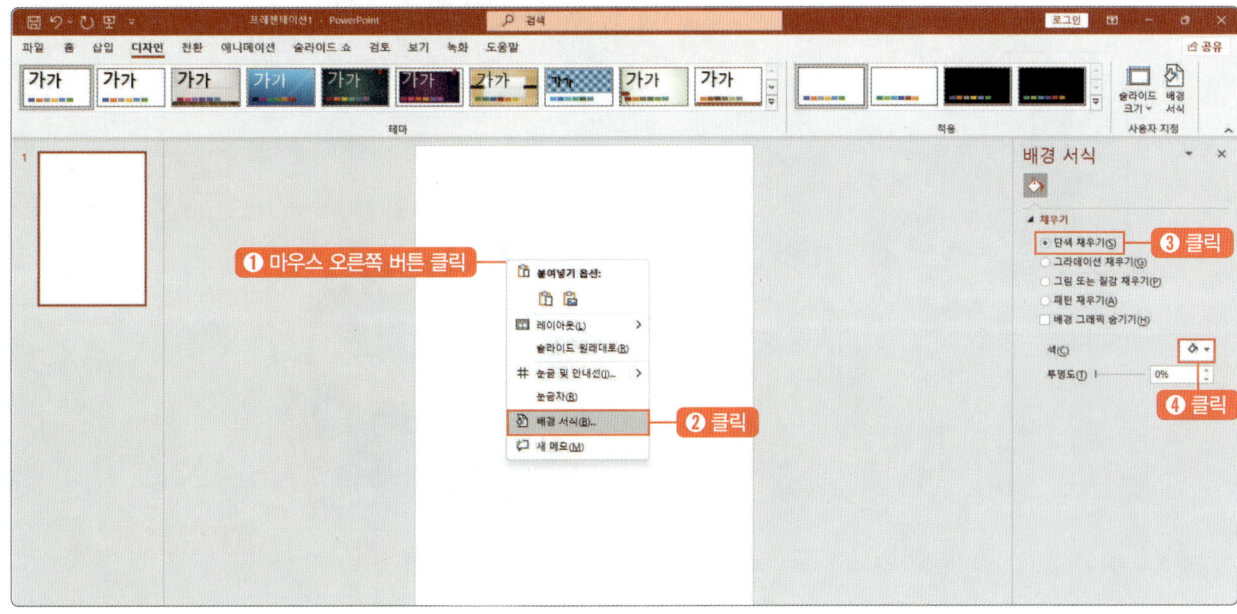

Step 02 그림 삽입하기

그림을 삽입하고 크기를 변경하여 배치를 해 봅니다.

① [삽입] 탭-[이미지] 그룹-[그림]-[이 디바이스...]를 클릭하고 경로를 지정한 후 '손.png'을 선택하고 [열기]를 클릭합니다.

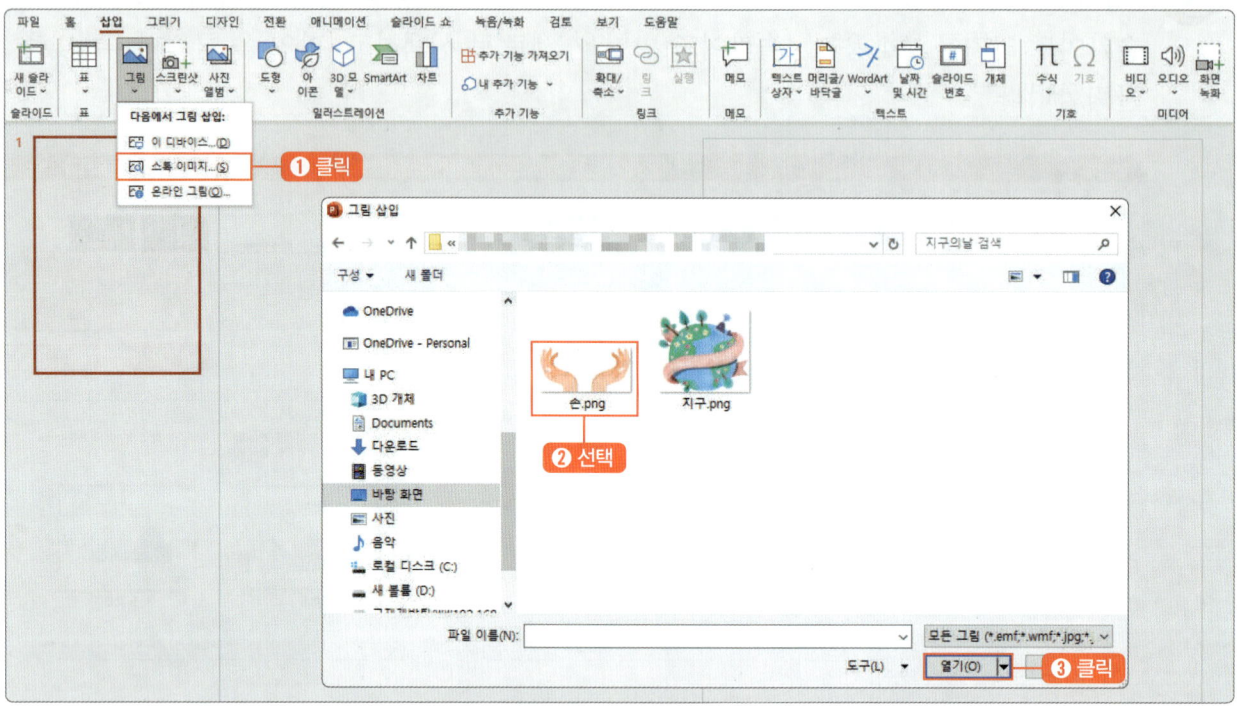

② 삽입된 '손' 그림을 클릭한 후 조절점을 이용하여 크기를 조절하고 적절한 위치로 이동합니다. 이어서 ①과 같은 방법으로 '지구.png'를 삽입하고 크기를 조절하여 배치합니다.

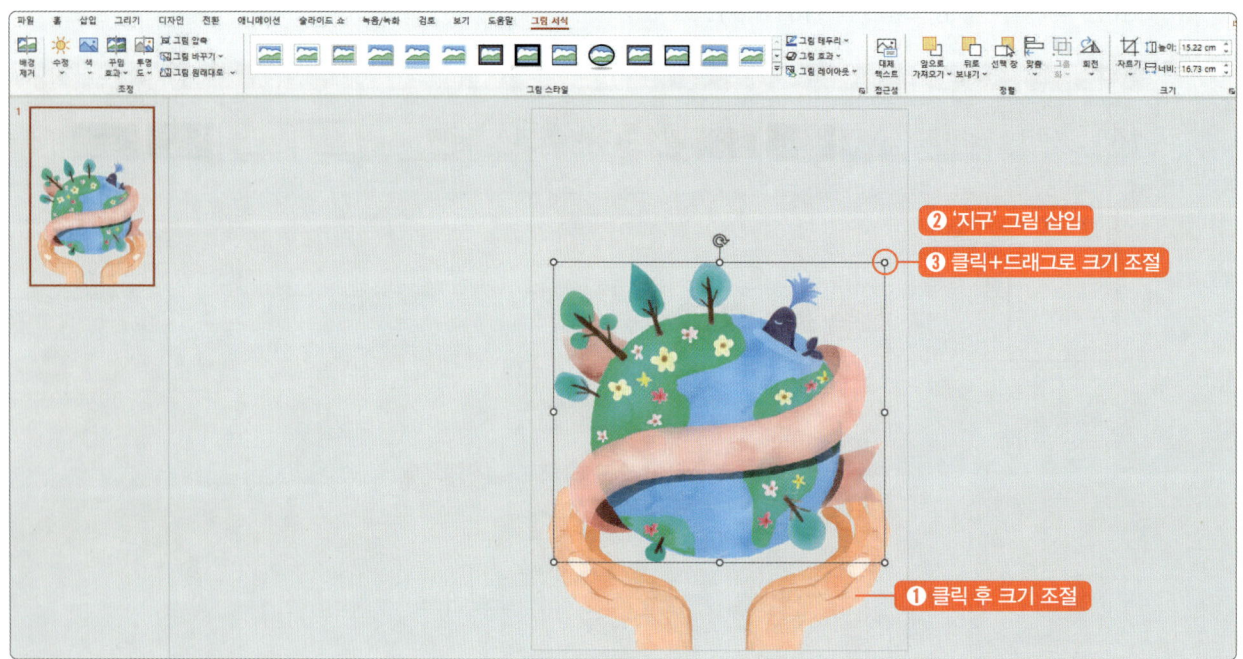

Step 03 WordArt 삽입하기

WordArt를 삽입하고 효과를 변경해 봅니다.

① [삽입] 탭-[텍스트] 그룹-[WordArt]를 클릭하여 '채우기: 황금색, 강조색 4, 부드러운 입체'를 클릭하고 텍스트('우리의 지구를 더 아껴주세요!')를 입력합니다.

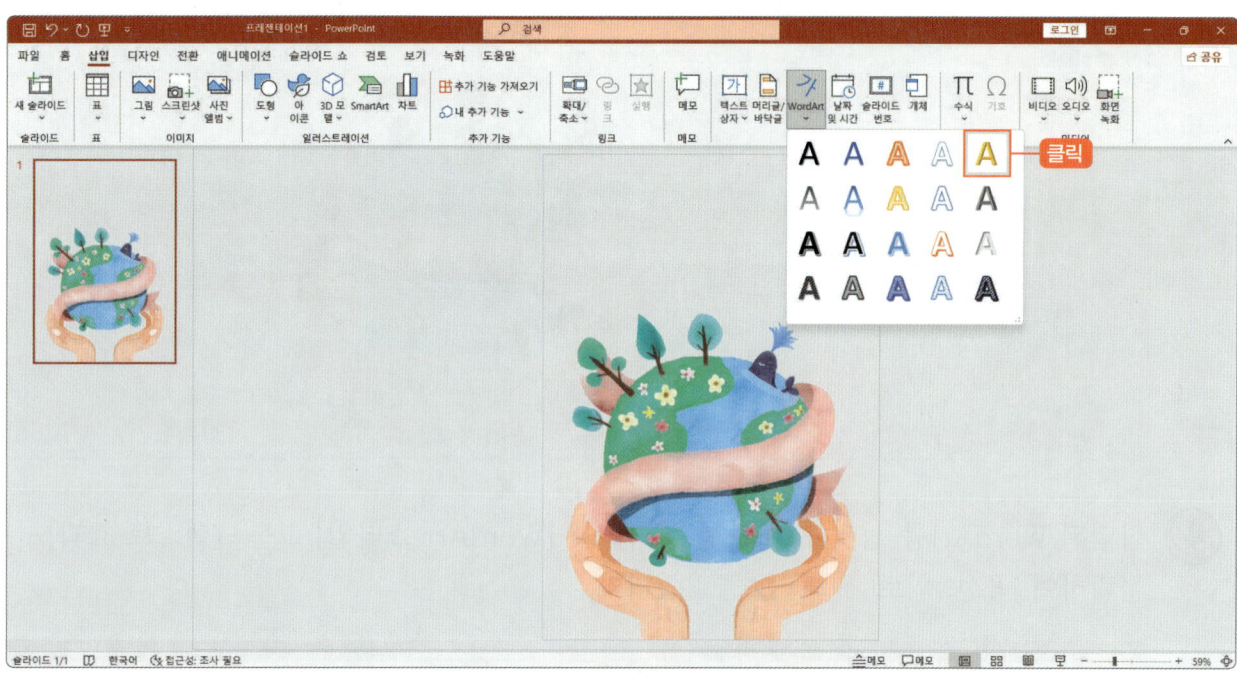

② 입력한 텍스트의 글꼴을 변경하고, 색상을 변경할 글자를 드래그하여 [도형 서식] 탭-[텍스트 채우기]를 클릭한 후 원하는 색을 클릭합니다.

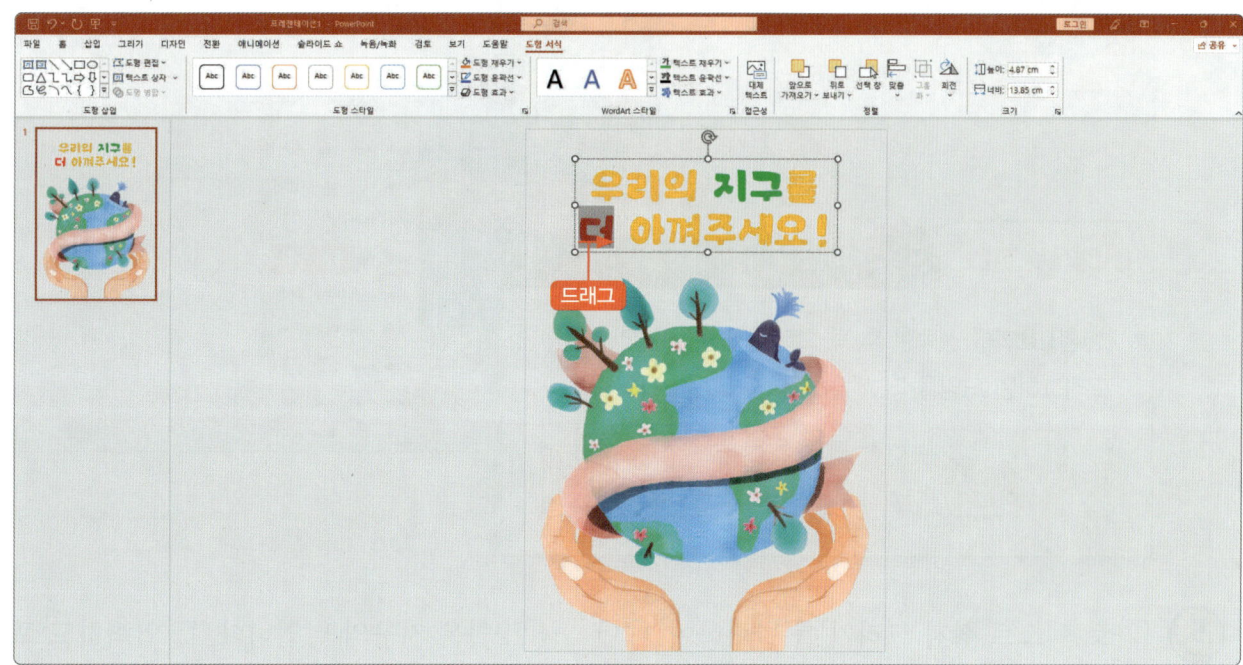

GAME 08 지구의 날 안내 포스터 _ 053

③ [삽입] 탭-[텍스트] 그룹-[WordArt]를 클릭하여 '채우기: 주황, 강조색 2, 윤곽선: 주황, 강조색 2'를 클릭하고 텍스트('지구의 날')를 입력하고 글꼴을 변경합니다.

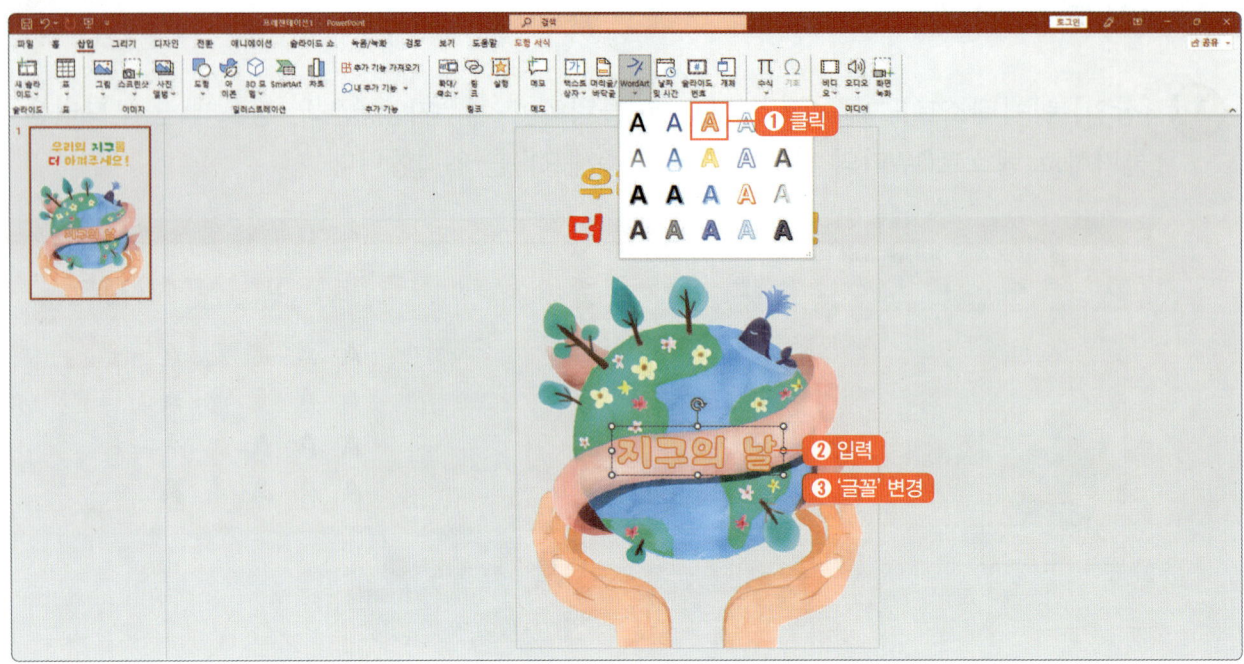

④ 삽입된 WordArt를 선택하고 [도형 서식] 탭-[WordArt 스타일] 그룹-[텍스트 효과]-[변환]을 클릭하여 '곡선: 위로(abcde)'를 클릭합니다.

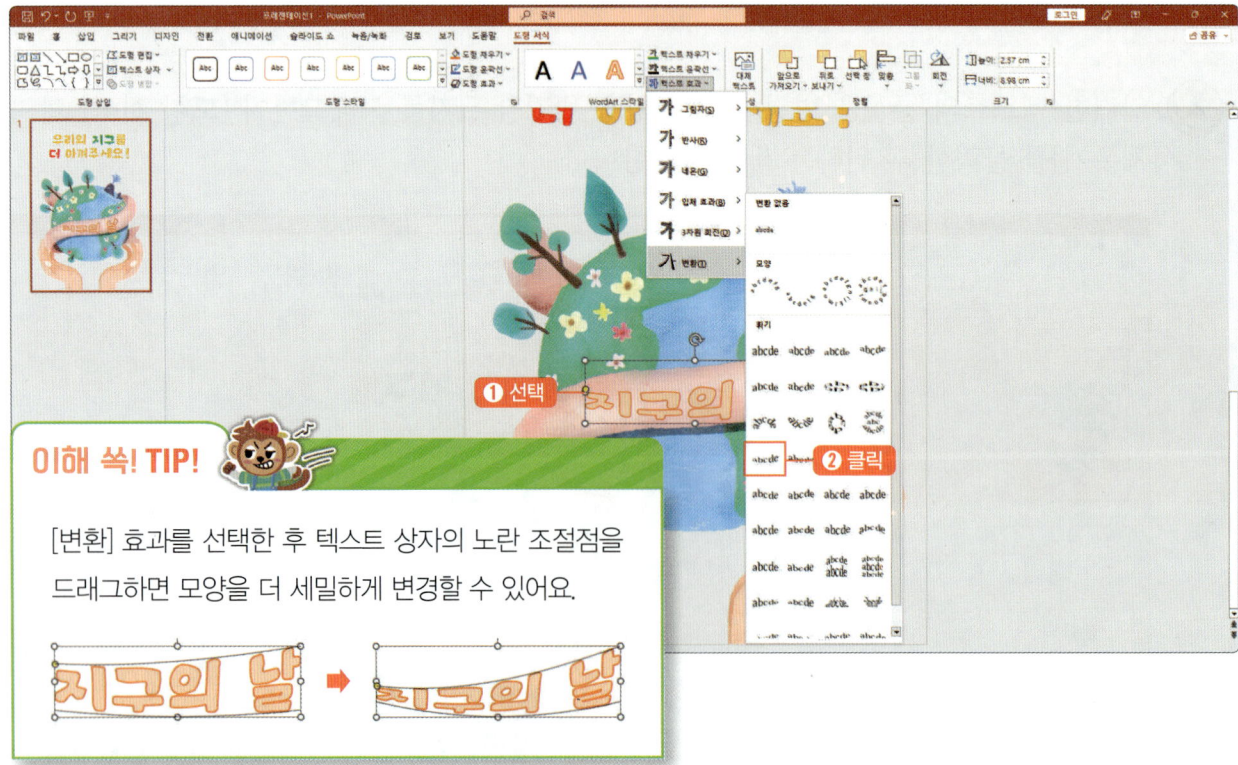

이해 쏙! TIP!

[변환] 효과를 선택한 후 텍스트 상자의 노란 조절점을 드래그하면 모양을 더 세밀하게 변경할 수 있어요.

⑤ [가로 텍스트 상자 그리기]를 클릭하여 '매년 4월 22일은 지구의 날입니다.'를 입력하고 포스터의 하단에 배치하여 완성합니다.

실력 UP! 한 칸 더 GO! GO!

1 WordArt를 삽입하고 효과를 적용하여 '아이스크림 파티 포스터'를 완성해 보세요.

🗝 예제 파일 : 8강_실력예제 폴더
🗝 완성 파일 : 8강_실력1(완성).pptx

 Hint

① 배경서식: [단색 채우기]–'주황'
② 그림: '배경'.png, '아이스크림'.png
③ WordArt
  '무늬 채우기: 청회색, 어두운 상향 대각선 줄무늬, 진한 그림자',
  '무늬 채우기: 파랑, 강조색 5, 연한 하향 대각선 줄무늬, 윤곽선: 파랑, 강조색 5', '원호: 아래쪽'

2 WordArt를 삽입하고 효과를 적용하여 '뮤직페스티벌 포스터'를 완성해 보세요.

🗝 예제 파일 : 8강_실력예제 폴더
🗝 완성 파일 : 8강_실력2(완성).pptx

 Hint

① 배경서식: [단색 채우기]–'주황, 강조 2, 60% 더 밝게'
② 그림: '디제이'.png
③ WordArt
  '채우기: 검정, 텍스트 색 1, 그림자', '팽창: 아래쪽'
④ 도형: '타원', 'HY목각파임B', '24 pt'

09 뉴스 기자가 된다면

| 학습목표 |
- 도형을 그림으로 채울 수 있습니다.
- 그림을 삽입할 수 있습니다.
- 그림에 효과를 적용할 수 있습니다.

오늘의 도착지점

🔑 예제 파일 : 9강_예제 폴더   🔑 완성 파일 : 9강_완성.pptx

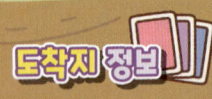 도착지 정보

뉴스란 시기와 때에 맞추어 흥미롭고 중요한 사실들을 사람들에게 알맞게 전달하는 것입니다. 뉴스에 필요한 내용을 조사하고 발표하는 사람이 기자입니다. 기자가 되어 뉴스에서 발표하고 싶은 소식을 만들어 봅니다.

Step 01 도형을 그림으로 채우기

도형을 삽입하고 그림으로 채워 봅니다.

① 새 프레젠테이션을 생성한 후 [빈 화면]으로 변경합니다.

② 슬라이드 화면에 마우스 오른쪽 클릭을 한 후 [배경 서식]을 누릅니다. [배경 서식] 창에서 [그림 및 질감 채우기]를 클릭하고 [삽입]-[파일에서]-'기자.jpg'를 삽입합니다.

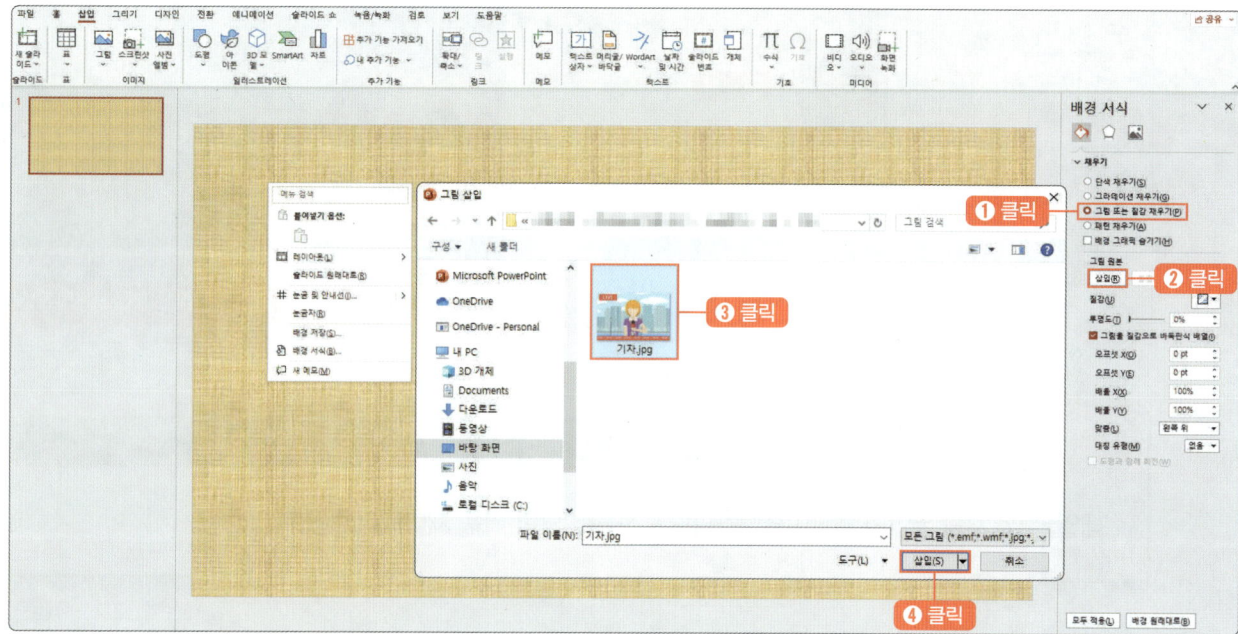

③ [삽입] 탭-[일러스트레이션] 그룹-[도형]-[기본 도형]의 '타원'을 클릭하여 삽입하고, [도형 서식] 탭-[크기] 그룹에서 높이를 '7.5cm', 너비를 '7.5cm'로 입력합니다.

GAME 09 뉴스 기자가 된다면 _ **057**

④ 삽입한 도형을 선택하고 [도형 서식] 탭-[도형 스타일] 그룹-[도형 채우기]-[그림]을 클릭하여 '내얼굴.jpg'을 선택하고 [삽입]을 클릭합니다. 이어서 [도형 윤곽선]-'윤곽선 없음'을 지정합니다.

이해 쏙! TIP!

'내얼굴.jpg'처럼 본인의 얼굴이 잘 보이는 사진을 넣으면 더욱 재미있어요.

⑤ [삽입] 탭-[일러스트레이션] 그룹-[도형]-[기본 도형]의 '직사각형'을 클릭하여 삽입하고, [도형 서식] 탭-[크기] 그룹에서 높이를 '7cm', 너비를 '11.5cm'로 입력합니다.

⑥ ④와 같은 방법으로 직사각형 도형을 '뉴스화면.jpg'으로 채우고 [도형 윤곽선]-'윤곽선 없음'을 지정합니다.

Step 02 그림을 삽입하고 효과 적용하기

그림을 삽입하고 다양한 효과를 적용해 봅니다.

① [삽입] 탭–[이미지] 그룹–[그림]–[이 디바이스…]를 클릭하고 경로를 지정한 후 '사진 1.jpg'을 선택하고 [열기]를 클릭합니다. 삽입한 그림을 이동한 후 조절점을 이용하여 크기를 변경합니다.

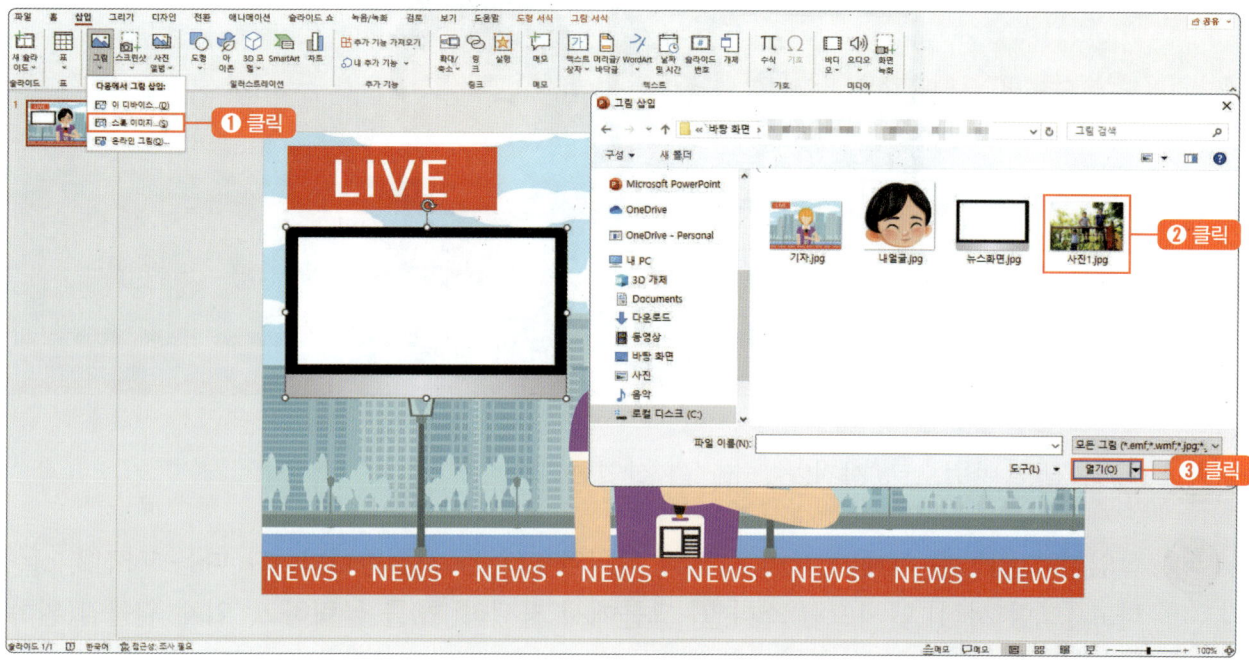

② 삽입한 그림을 클릭한 후 [그림 서식] 탭–[크기] 그룹에서 [자르기]를 클릭하고 원하는 부분을 선택하여 그림 바깥 부분을 잘라냅니다.

③ 잘라낸 사진을 클릭하고 [그림 서식] 탭–[그림 스타일] 그룹에서 '부드러운 가장자리 직사각형(▨)'을 선택합니다.

④ ①과 같은 방법으로 '사진2~5.jpg'를 삽입합니다.

⑤ 삽입한 그림들은 아래와 같이 사진의 위치와 크기를 조절합니다. 그 다음 '사진2.jpg'를 클릭하고 [그림 서식] 탭–[그림 스타일] 그룹에서 자세히(▼)를 클릭하고 '입체 원근감(왼쪽), 흰색(▨)'을 선택합니다.

이해 쏙! TIP!

[그림 스타일] 그룹에서 다양한 효과를 골라보고 사진에 어울리는 효과를 지정해 보세요.

❻ '사진3.jpg'을 클릭하고 [그림 형식] 탭–[조정] 그룹–[색]을 클릭한 후 [다시 칠하기]–'파랑, 밝은 강조색 1'을 클릭합니다.

 **[색] 효과**
- 색 채도(　): 색의 선명도를 구분하고 선명한 색과 흐린 색으로 변경할 수 있어요.
- 색조(　): 밝기와 채도를 같이 조절할 수 있어요.
- 다시 칠하기(　): 그림 위로 다른 색을 칠해 바꿀 수 있어요.

❼ [삽입] 탭–[일러스트레이션] 그룹–[도형]–[블록 화살표]의 '화살표: 오각형(▷)'을 클릭하여 삽입하고 복사하여 아래 그림과 같이 텍스트를 입력하고 서식을 지정합니다.

GAME 09 뉴스 기자가 된다면 _ **061**

⑧ '사진4.jpg'를 클릭하고 [그림 서식] 탭-[조정] 그룹-[투명도]-'투명도: 30%'를 클릭합니다.

⑨ '사진5.jpg'를 클릭한 후 [그림 서식] 탭-[크기] 그룹-[자르기]-[도형에 맞춰 자르기]를 클릭하고 '구름' 도형을 클릭합니다.

⑩ 완성한 슬라이드를 저장합니다.

1 그림을 삽입하여 '별자리표'를 완성해 보세요.

🔑 예제 파일 : 9강_실력예제 폴더   🔑 완성 파일 : 9강_실력1(완성).pptx

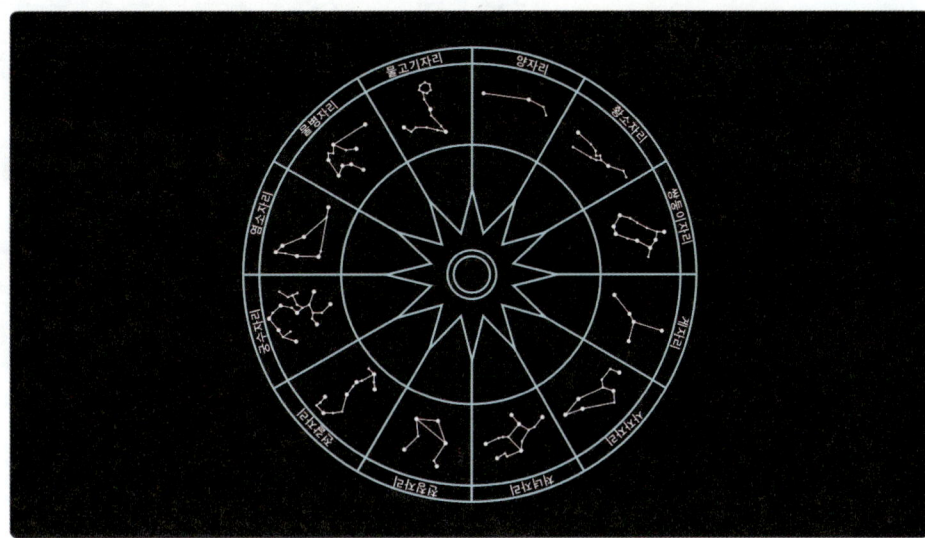

Hint
① 배경: [단색 채우기]–'검정, 텍스트 1'
② 그림 삽입
③ 텍스트 상자: '맑은 고딕', '12 pt', '굵게'

2 그림을 삽입하여 '동물영단어카드'를 완성해 보세요.

🔑 예제 파일 : 9강_실력예제 폴더   🔑 완성 파일 : 9강_실력2(완성).pptx

Hint
① 도형: '사각형: 둥근모서리', 6cm*4.5cm, 4cm*3cm
② 그림 삽입
③ 텍스트 상자: 'Elephant', '18 pt', '굵게'

GAME 10 생태계 피라미드

| 학습목표 |
- SmartArt를 삽입할 수 있습니다.
- SmartArt의 디자인을 변경할 수 있습니다.
- 그림을 삽입할 수 있습니다.

오늘의 도착지점

예제 파일 : 10강_예제 폴더   완성 파일 : 10강_완성.pptx

생태 피라미드

- 생계계 내에서 먹이사슬에 따라 생물의 수나 양을 나타내면 단계가 위로 올라갈수록 줄어드는 피라미드 모양을 이루게 됩니다. 이렇게 만들어진 피라미드 모양을 **생태 피라미드**라고 합니다.

생태계에서는 먹이 단계가 올라갈수록 생물의 수가 줄어드는 모양을 이루는데, 아래가 넓고 위가 좁아지는 피라미드와 모양이 같아 이것을 생태 피라미드 라고 합니다. 생태 피라미드를 만들어 봅니다.

Step 01 SmartArt 삽입하기

주제에 알맞은 SmartArt를 골라 삽입해 봅니다.

① 새 프레젠테이션을 생성한 후 [레이아웃]-[콘텐츠 2개]로 변경하고 제목 텍스트 창에 텍스트를 입력합니다. 그 다음 오른쪽 텍스트 창에서 [SmartArt 그래픽 삽입(📋)] 아이콘을 클릭합니다.

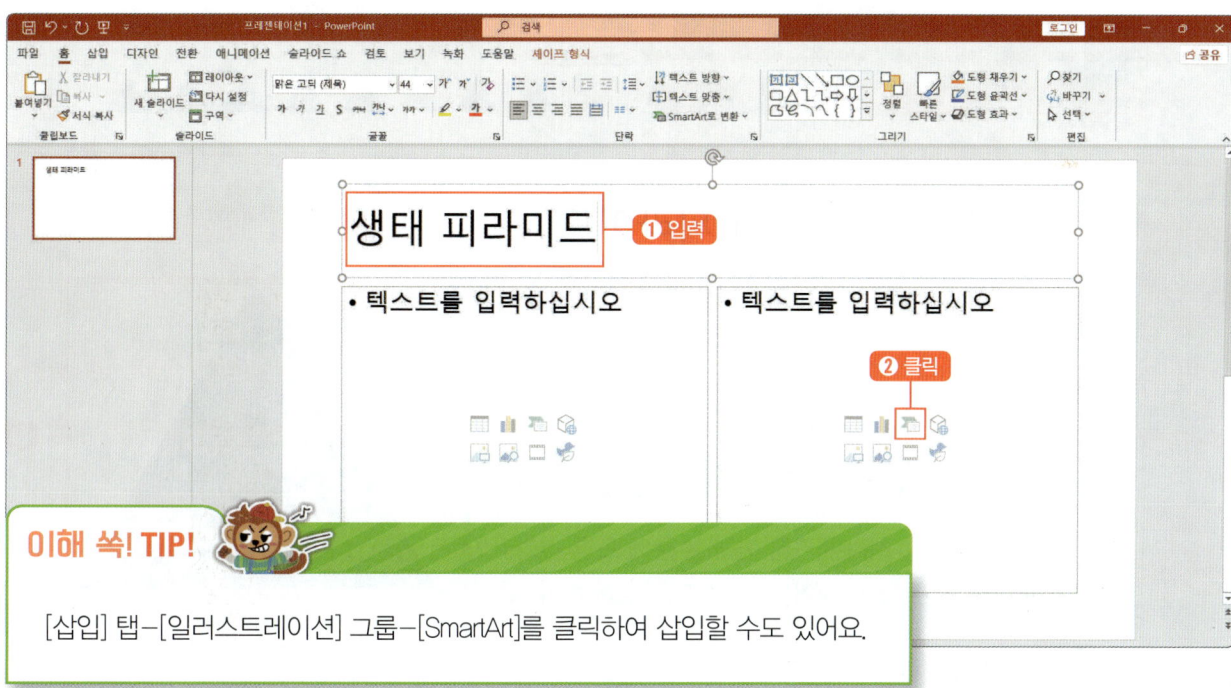

이해 쏙! TIP!

[삽입] 탭-[일러스트레이션] 그룹-[SmartArt]를 클릭하여 삽입할 수도 있어요.

② [SmartArt 그래픽 선택] 창에서 [피라미드형]을 클릭한 후 [기본 피라미드형]을 클릭하고 [확인]을 클릭합니다.

Step 02 SmartArt 디자인 변경하기

SmartArt의 디자인을 변경해 봅니다.

① 삽입한 SmartArt를 선택하고 [SmartArt 디자인] 탭-[그래픽 만들기] 그룹-[도형 추가]의 자세히(▼)를 클릭하여 [뒤에 도형 추가]를 클릭합니다.

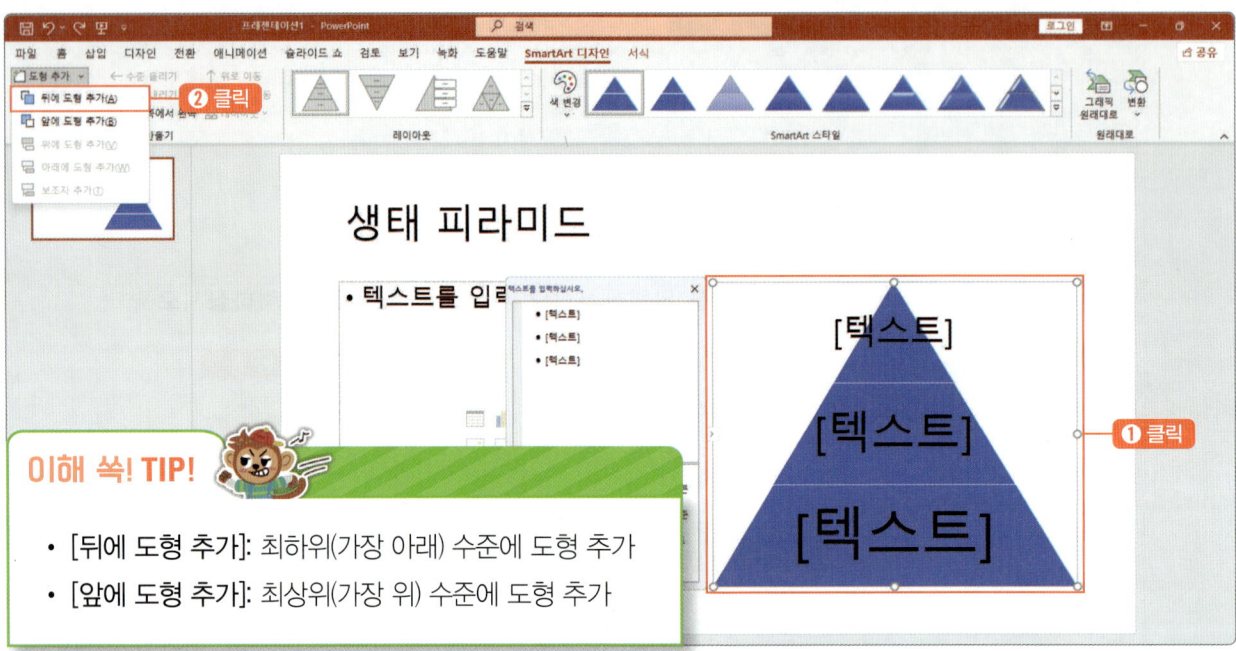

이해 쏙! TIP!
- [뒤에 도형 추가]: 최하위(가장 아래) 수준에 도형 추가
- [앞에 도형 추가]: 최상위(가장 위) 수준에 도형 추가

② 삽입한 SmartArt를 선택한 후 [SmartArt 디자인] 탭-[SmartArt 스타일] 그룹-[색 변경]을 클릭하고 '색상형 범위 - 강조색 5 또는 6'을 클릭합니다. 이어서 [SmartArt 스타일] 그룹에서 자세히(▼)를 클릭하고 [3차원]의 '벽돌'을 클릭합니다.

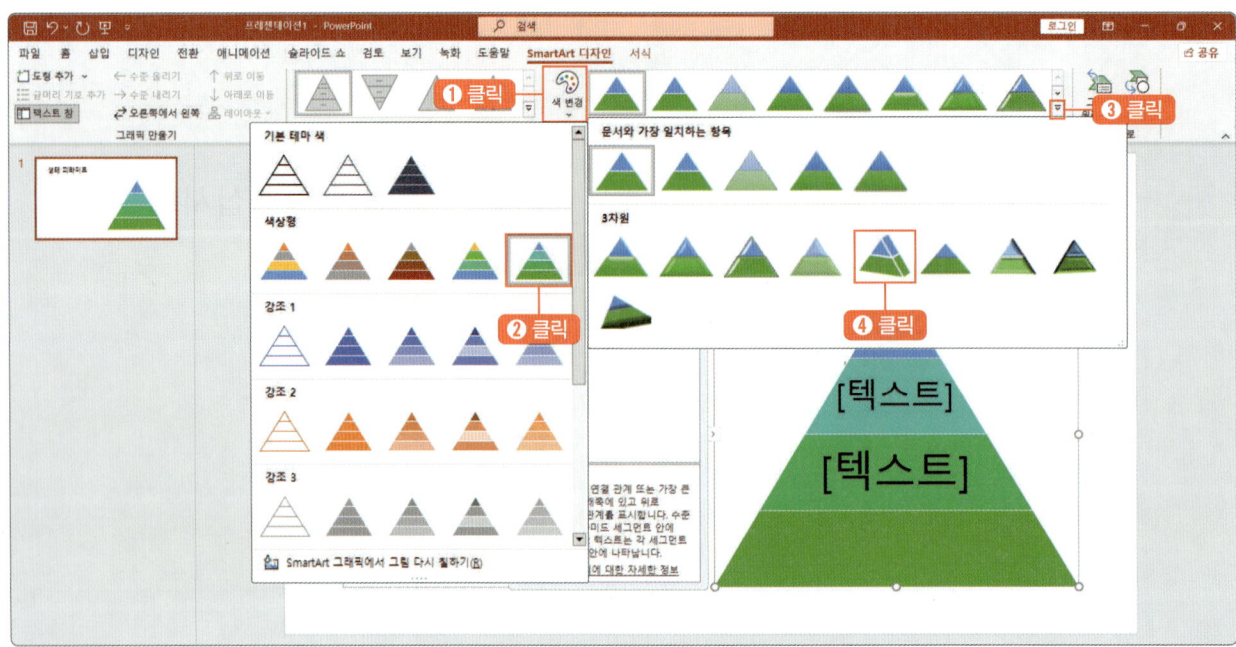

③ SmartArt를 클릭한 후 '텍스트를 입력하십시오.' 창에 텍스트를 입력하고, [홈] 탭 –[글꼴] 그룹에서 글꼴을 'HY목각파임B', 글꼴 크기를 '18pt', '굵게'를 적용합니다.

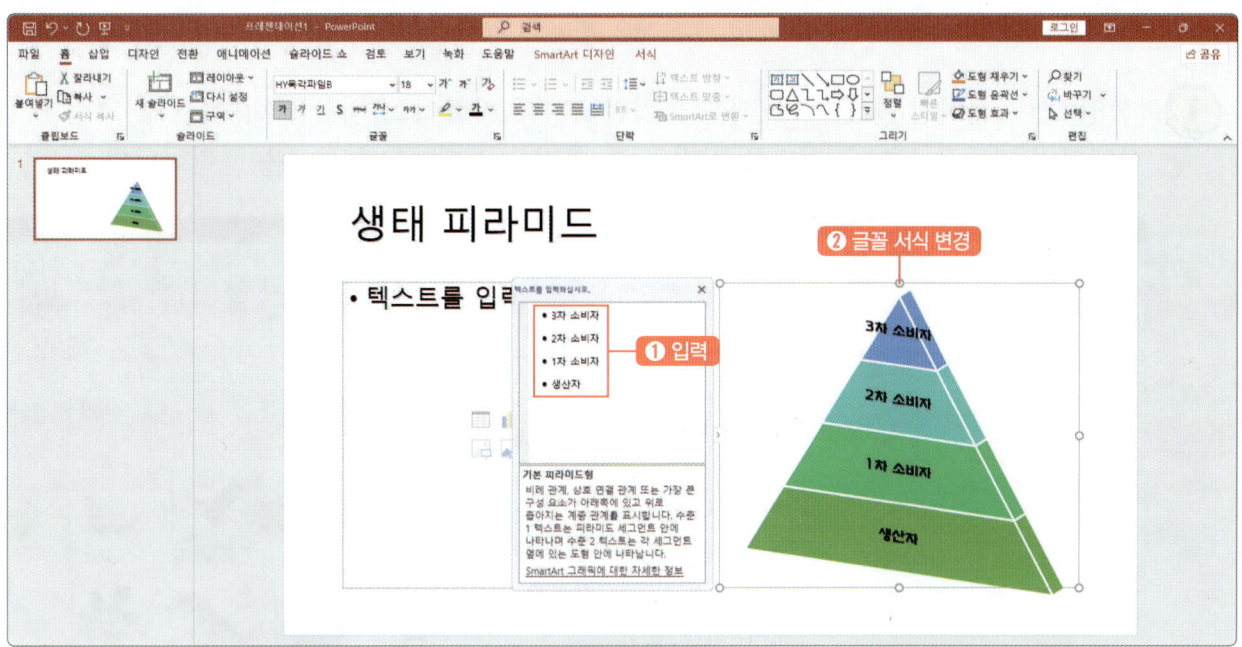

이해 쏙! TIP!

SmartArt 속 도형을 각각 클릭한 후 텍스트를 입력할 수 있어요.

④ 왼쪽 텍스트 창에 그림과 같이 텍스트를 입력한 후 글꼴은 '맑은 고딕', 크기는 '26pt'로 지정합니다. 이어서 텍스트 창을 클릭하여 [홈] 탭–[단락] 그룹–[줄 간격]을 클릭한 후 '1.5'를 클릭합니다.

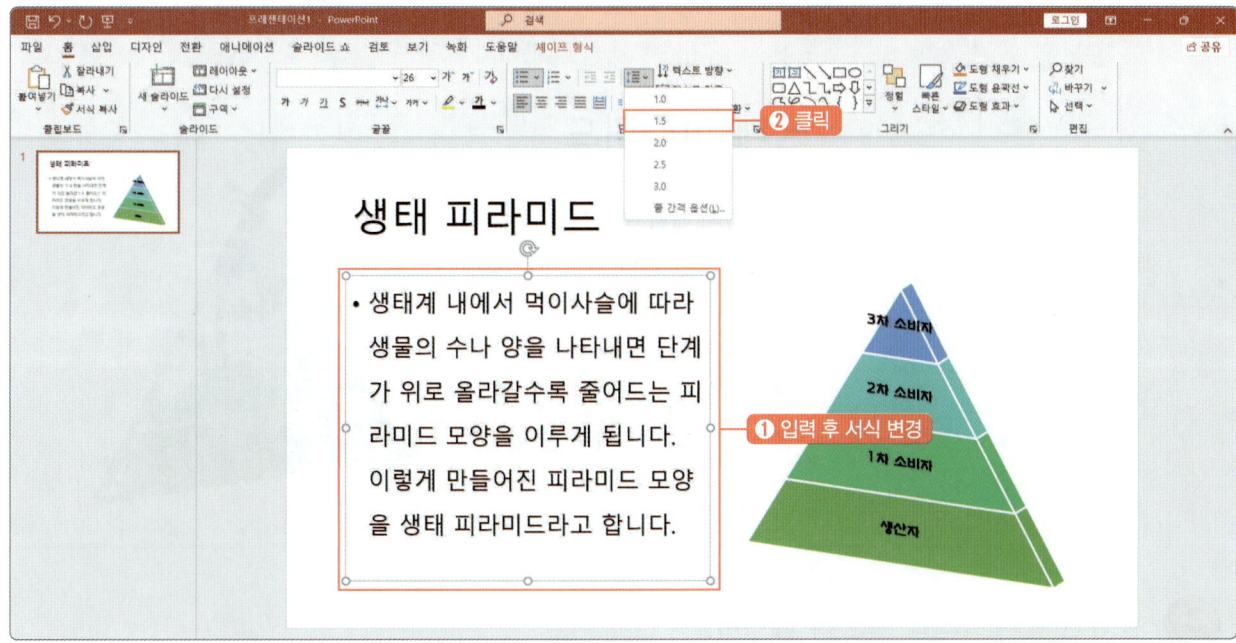

Step 03 그림 삽입하기

그림을 삽입하고 적절하게 배치해 봅니다.

① [삽입] 탭-[이미지] 그룹-[그림]을 클릭한 후 [이 디바이스...]를 클릭합니다. [그림 삽입] 창이 실행되면 그림을 불러올 경로를 지정한 후 그림을 선택하고 [삽입]을 클릭합니다.

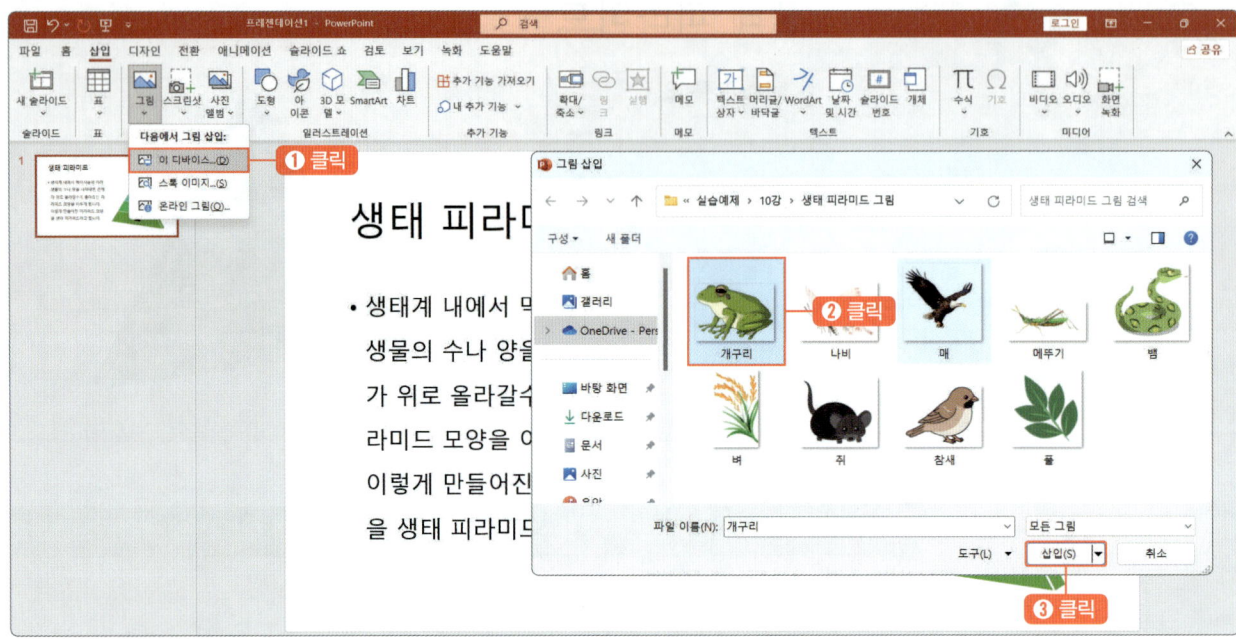

② ①과 같은 방법으로 그림을 삽입하고 크기를 조절한 후 아래 그림과 같이 각 단계에 적절하게 배치합니다.

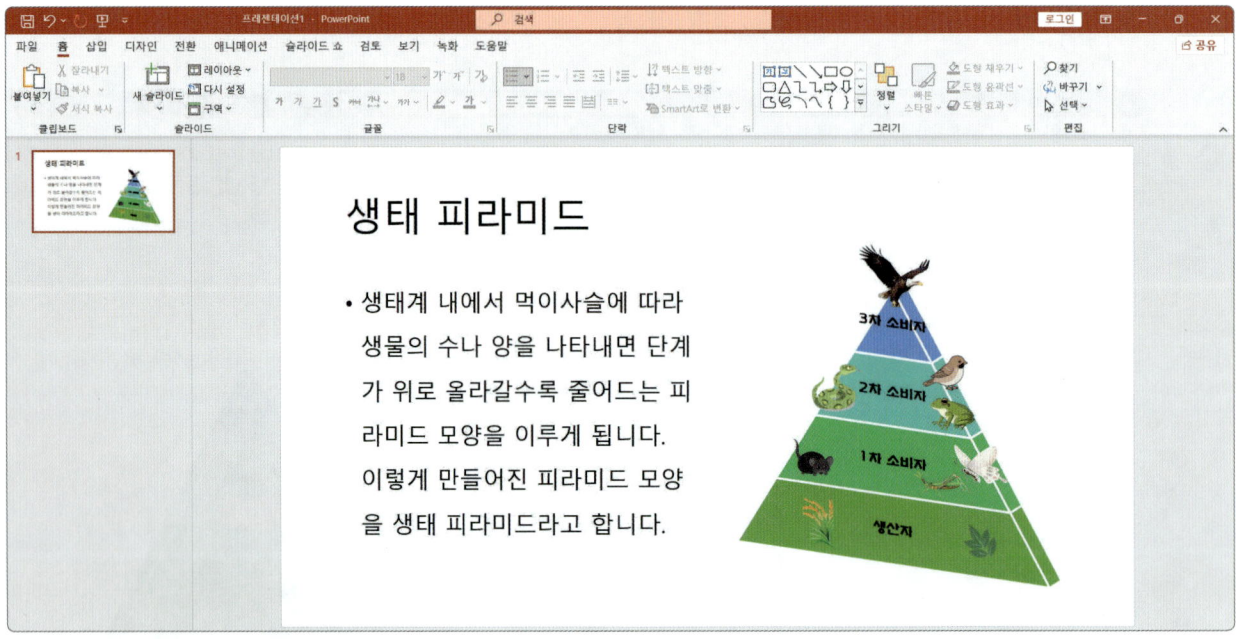

③ 완성한 슬라이드를 저장해 봅니다.

실력 UP! 한 칸 더 GO! GO!

1 SmartArt와 그림을 삽입하여 아래의 그림처럼 '개구리 한살이'를 완성해 보세요.

🔑 예제 파일 : 10강_실력예제 폴더   🔑 완성 파일 : 10강_실력1(완성).pptx

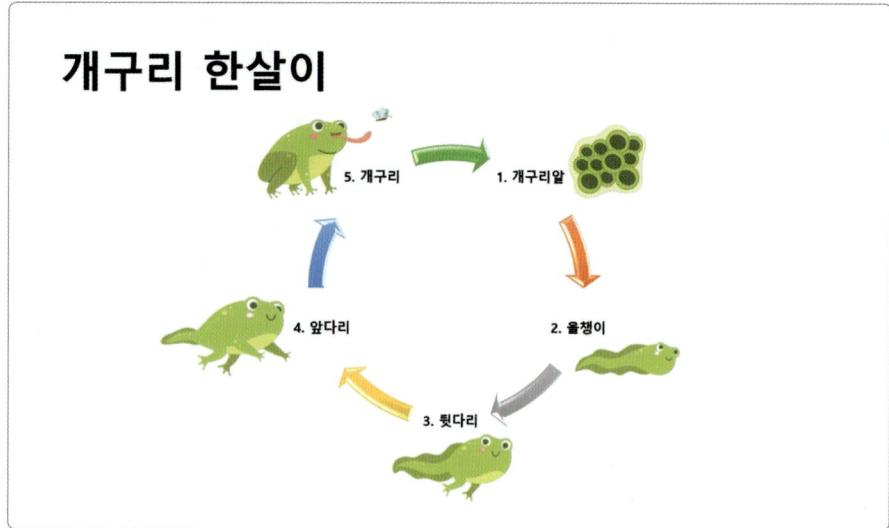

Hint
① 레이아웃: '제목 및 내용'
② SmartArt: '텍스트 주기형', '색상형 – 강조색', '광택 처리', '14 pt', '굵게'
③ 그림: 개구리알, 올챙이, 뒷다리, 앞다리, 개구리

2 SmartArt와 그림을 삽입하여 아래의 그림처럼 '인공지능 종류'를 완성해 보세요.

🔑 예제 파일 : 10강_실력예제 폴더   🔑 완성 파일 : 10강_실력2(완성).pptx

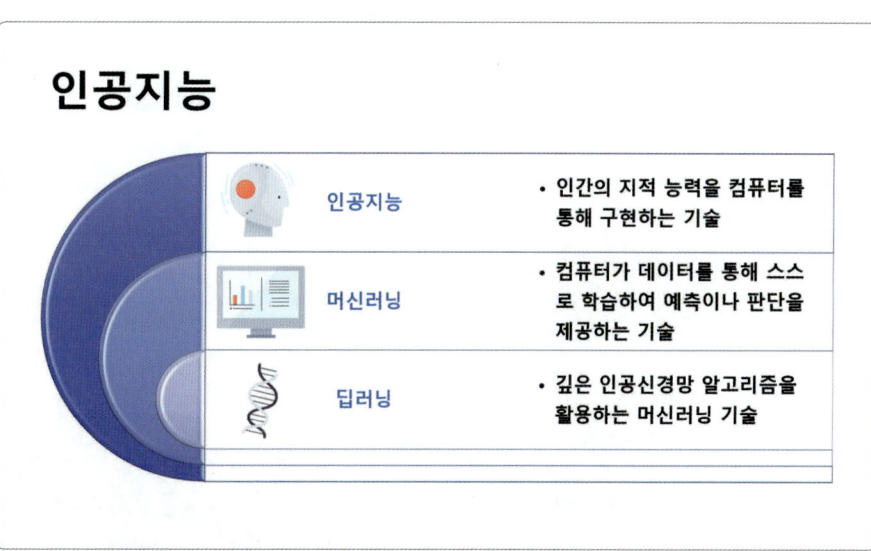

Hint
① 레이아웃: '제목 및 내용'
② SmartArt: '과녁 목록형', '그라데이션 범위 – 강조 1', '경사', '20 pt', '굵게', '파랑', '검정, 텍스트 1'
③ 그림: 딥러닝, 머신러닝, 인공지능

GAME 11 마트에 가면

| 학습목표 |
- 개체의 간격을 동일하게 맞출 수 있습니다.
- 개체를 선으로 연결할 수 있습니다.
- 개체를 삽입할 수 있습니다.

오늘의 도착지점

🔑 예제 파일 : 11강_예제 폴더   🔑 완성 파일 : 11강_완성.pptx

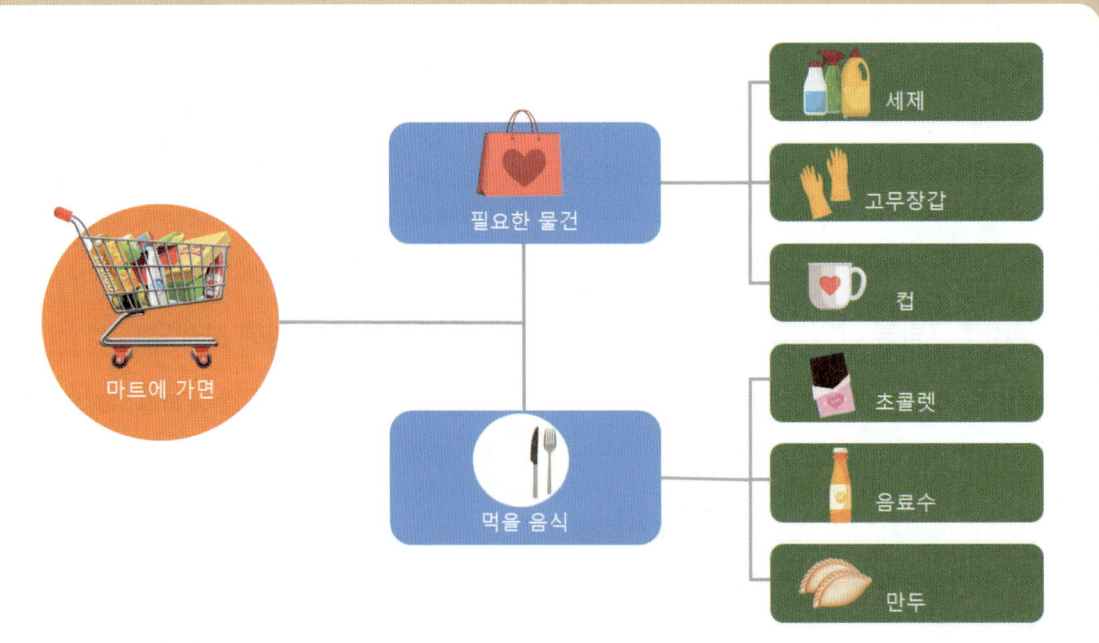

도착지 정보

마트에 가면 여러 가지 물건을 찾기 쉽게 종류별로 나누어 진열해 놓은 것을 볼 수 있습니다. 구매해야하는 물건들도 기준에 따라서 분류한다면 마트를 헤매지 않고 구매할 수 있을 것입니다. 마트에 가서 사야할 물건들을 골라 나만의 장보기 분류표를 만들어 봅니다.

Step 01 개체의 간격을 동일하게 맞춤하기

배치된 도형의 간격을 동일하게 맞추어 봅니다.

① [빈 화면]에서 [삽입] 탭-[일러스트레이션] 그룹-[도형]을 클릭하고 1개의 '타원'과 8개의 '사각형: 둥근 모서리'를 그림과 같이 삽입합니다.

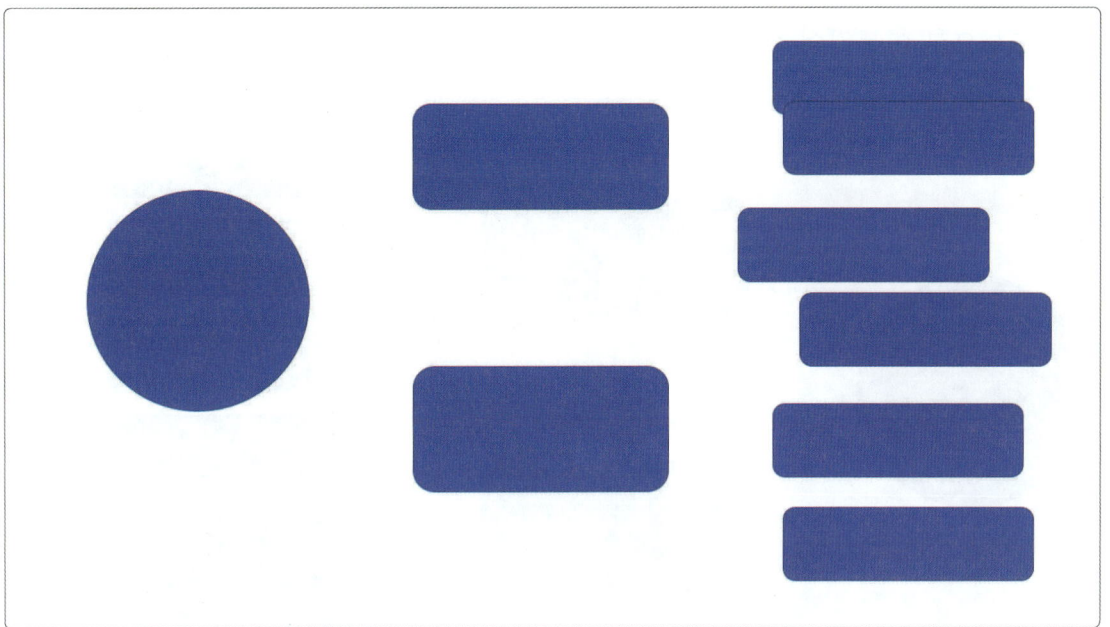

② 6개의 '사각형: 둥근 모서리' 도형을 선택하고 [도형 서식] 탭-[정렬] 그룹-[맞춤]-[가운데 맞춤]을 클릭합니다. 이어서 [맞춤]-[세로 간격을 동일하게]를 클릭합니다.

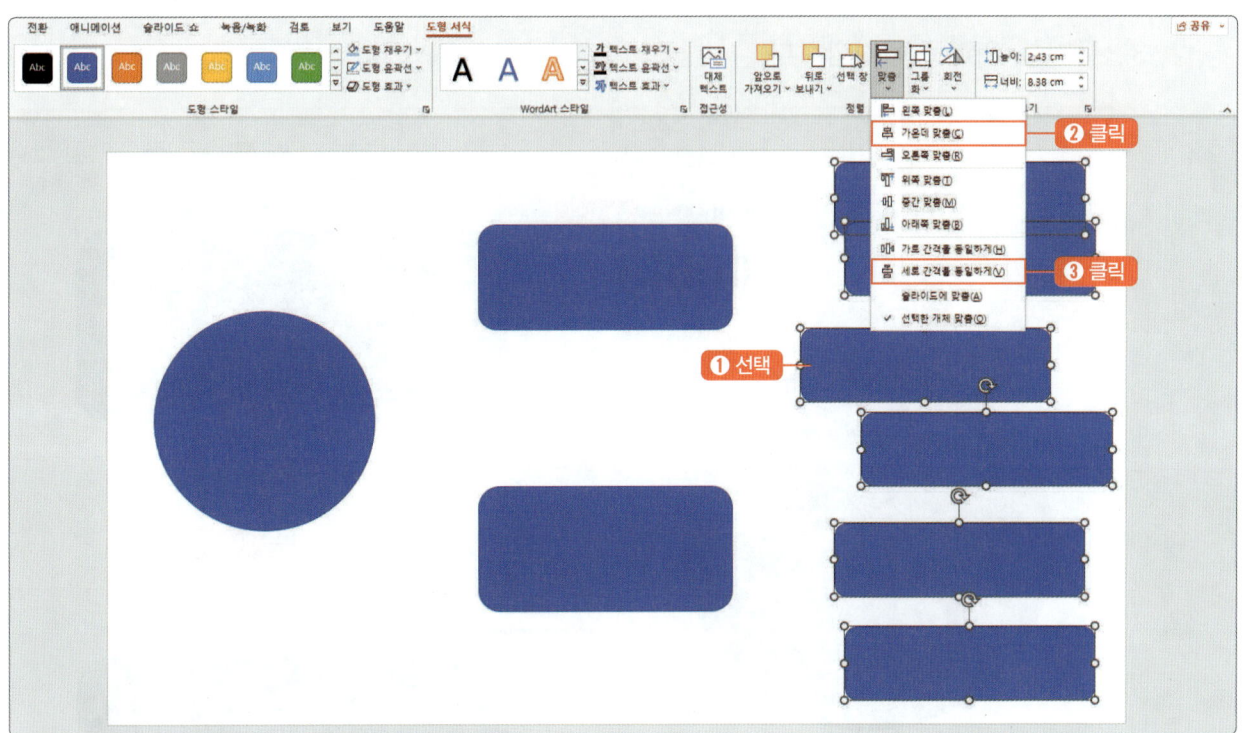

Step 02 개체를 선으로 연결하기

선 형태의 도형을 이용하여 개체를 연결합니다.

① [삽입] 탭-[일러스트레이션] 그룹-[도형]-[선]-'선(＼)'을 클릭합니다.

② 연결할 첫 번째 도형에 마우스 포인터를 올린 후 생성되는 조절점 위에서 드래그하며 연결할 두 번째 도형으로 이동하여 생성된 조절점을 클릭합니다.

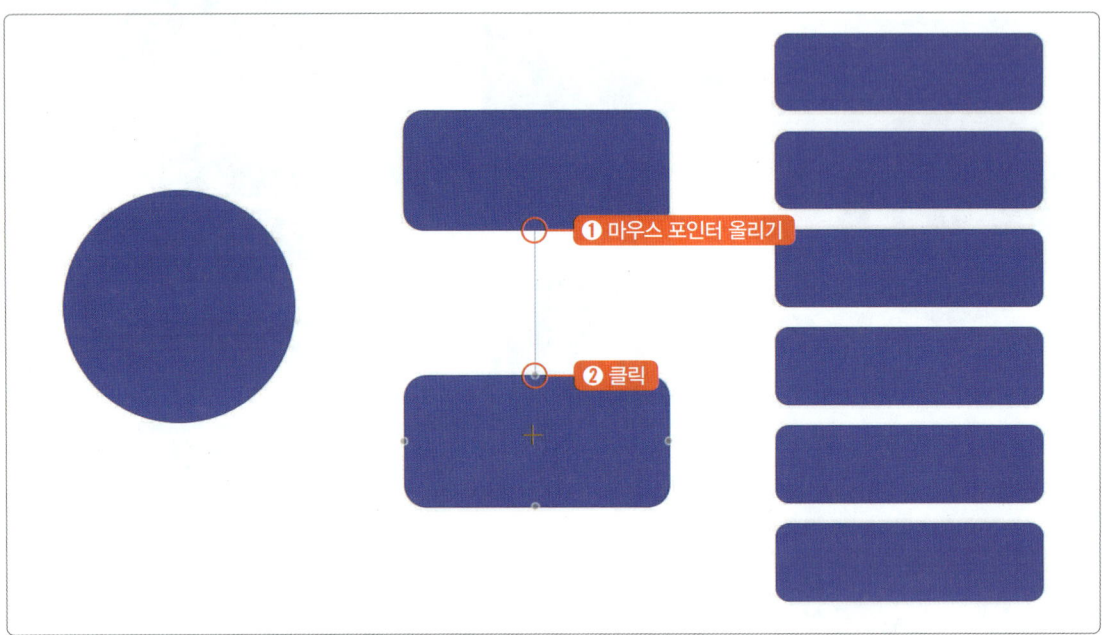

③ 삽입한 선을 클릭하고 [도형 서식] 탭-[도형 스타일] 그룹-[도형 윤곽선]에서 색을 '회색, 강조 3', 두께를 '3pt'로 변경합니다.

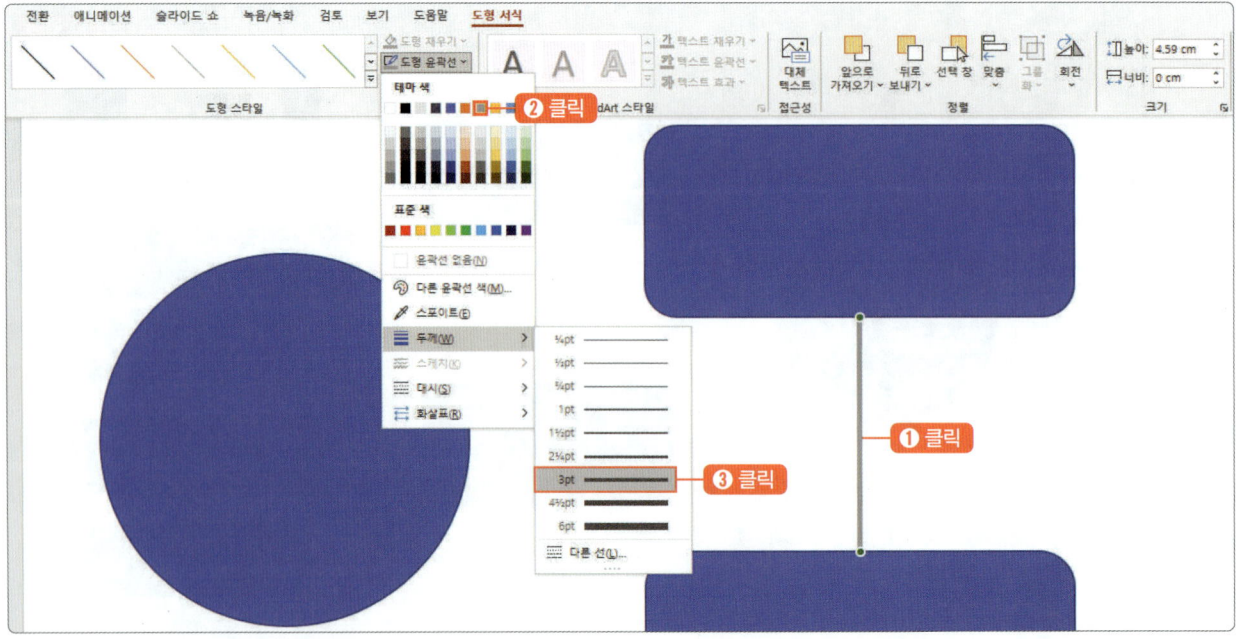

④ [삽입] 탭-[일러스트레이션] 그룹-[도형]-[선]-'연결선: 꺾임(ㄱ)'을 클릭합니다.

⑤ ❷~❸과 같은 방법으로 조절점끼리 연결한 후 삽입한 꺾임 연결선을 클릭합니다. 그 다음 [도형 윤곽선]에서 색을 '회색, 강조 3', 두께를 '3pt'로 변경합니다.

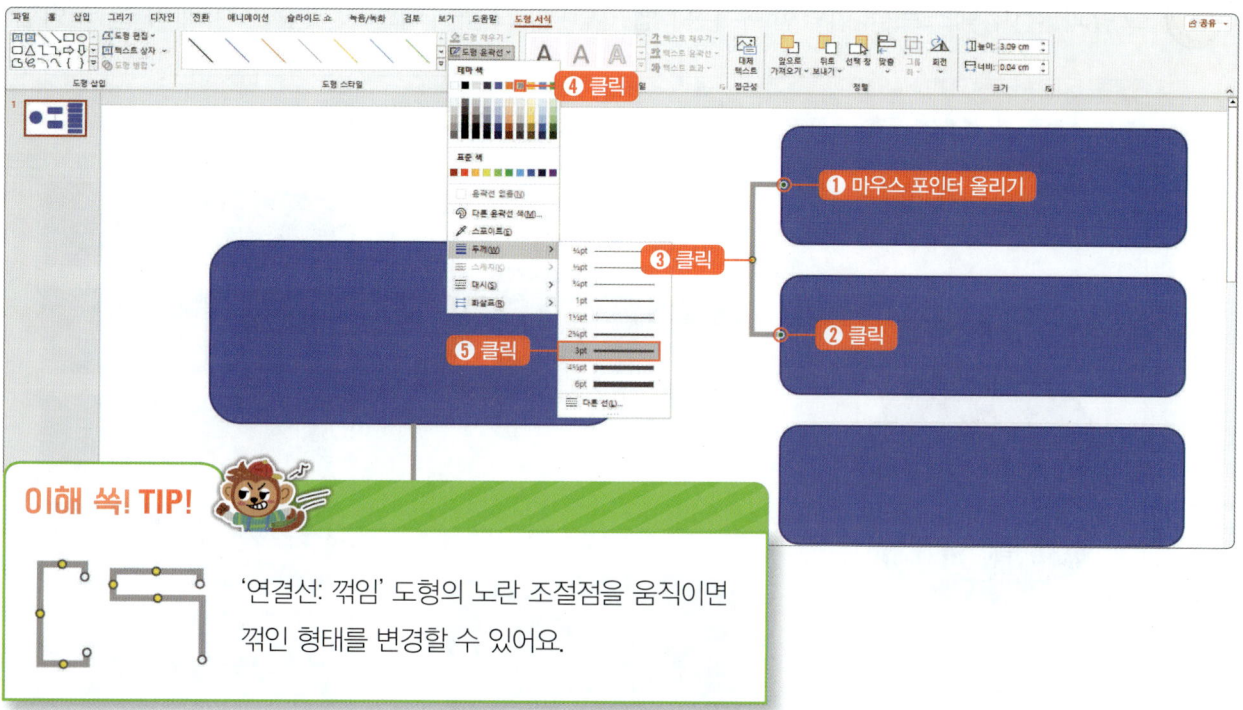

이해 쏙! TIP!

'연결선: 꺾임' 도형의 노란 조절점을 움직이면 꺾인 형태를 변경할 수 있어요.

⑥ ❶~❺와 같은 방법으로 아래 그림과 같이 선을 추가합니다.

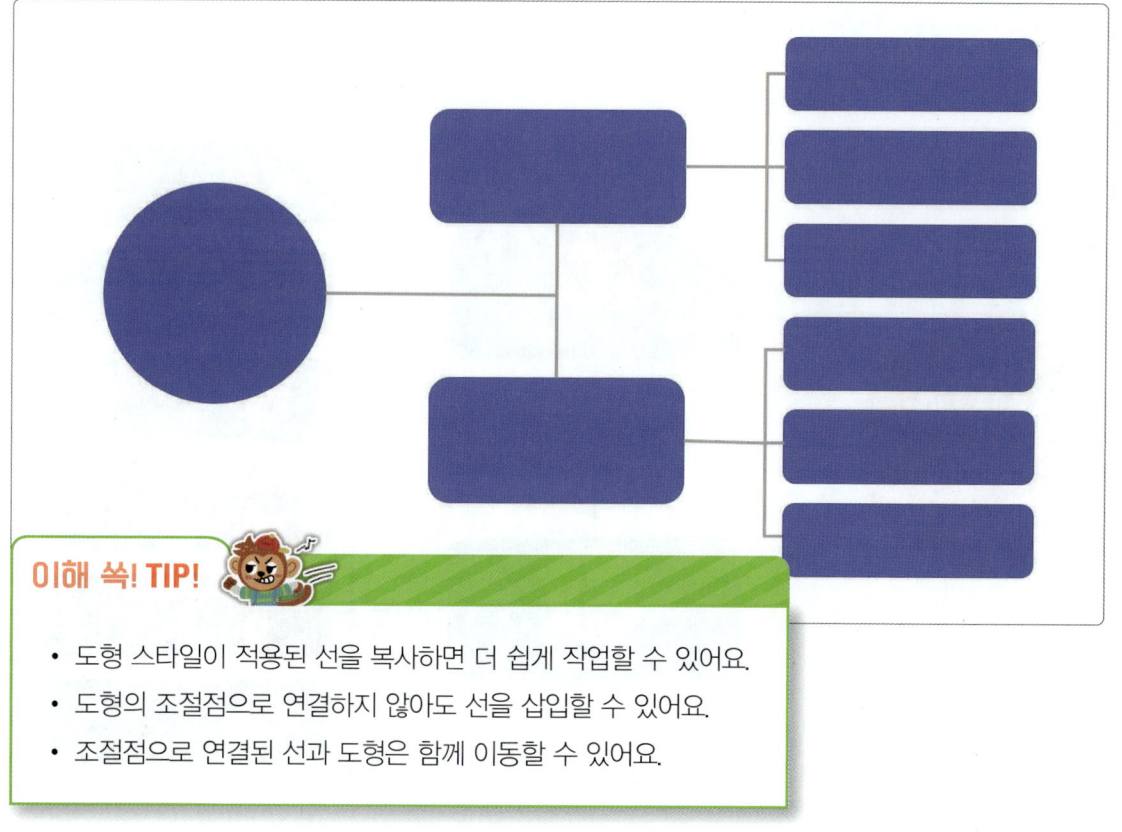

이해 쏙! TIP!

- 도형 스타일이 적용된 선을 복사하면 더 쉽게 작업할 수 있어요.
- 도형의 조절점으로 연결하지 않아도 선을 삽입할 수 있어요.
- 조절점으로 연결된 선과 도형은 함께 이동할 수 있어요.

Step 03 개체 삽입하기

그림과 텍스트를 삽입해 봅니다.

① 그림과 같이 텍스트를 입력한 후 [홈] 탭-[단락] 그룹-[텍스트 맞춤]-'아래쪽'을 클릭합니다.

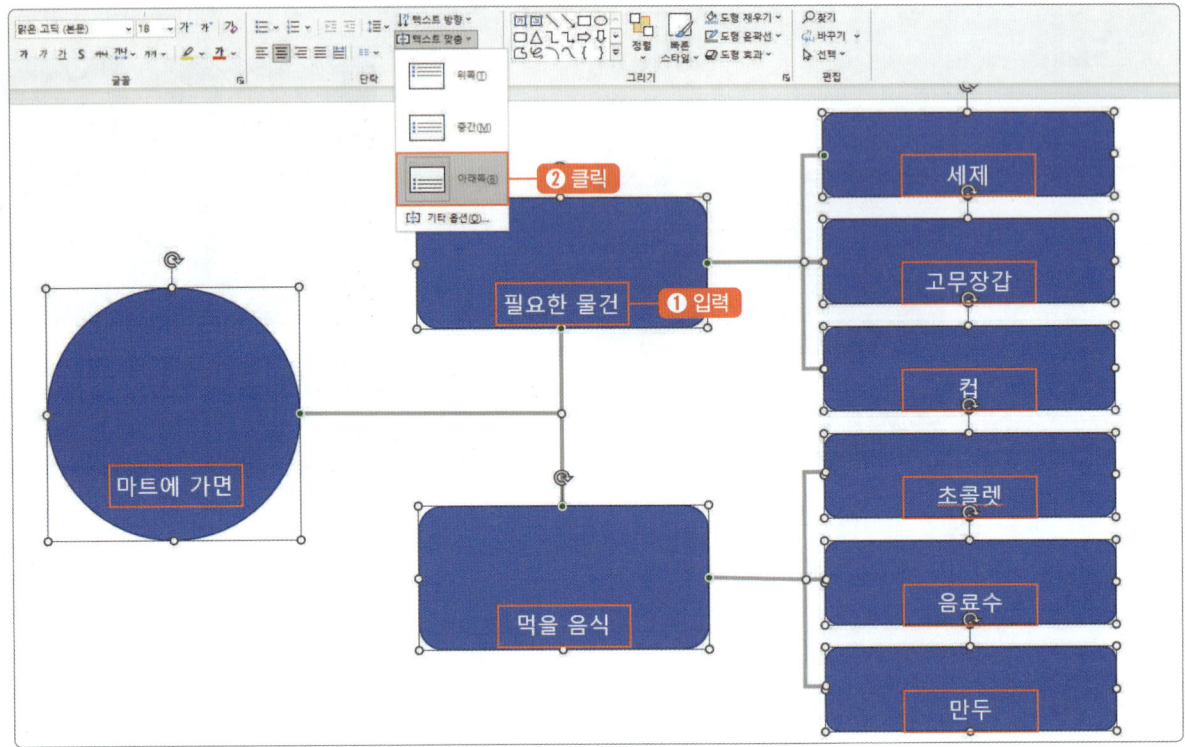

② 11강_예제 폴더의 그림을 삽입하고 도형 서식을 변경하여 다음과 같이 슬라이드를 완성합니다.

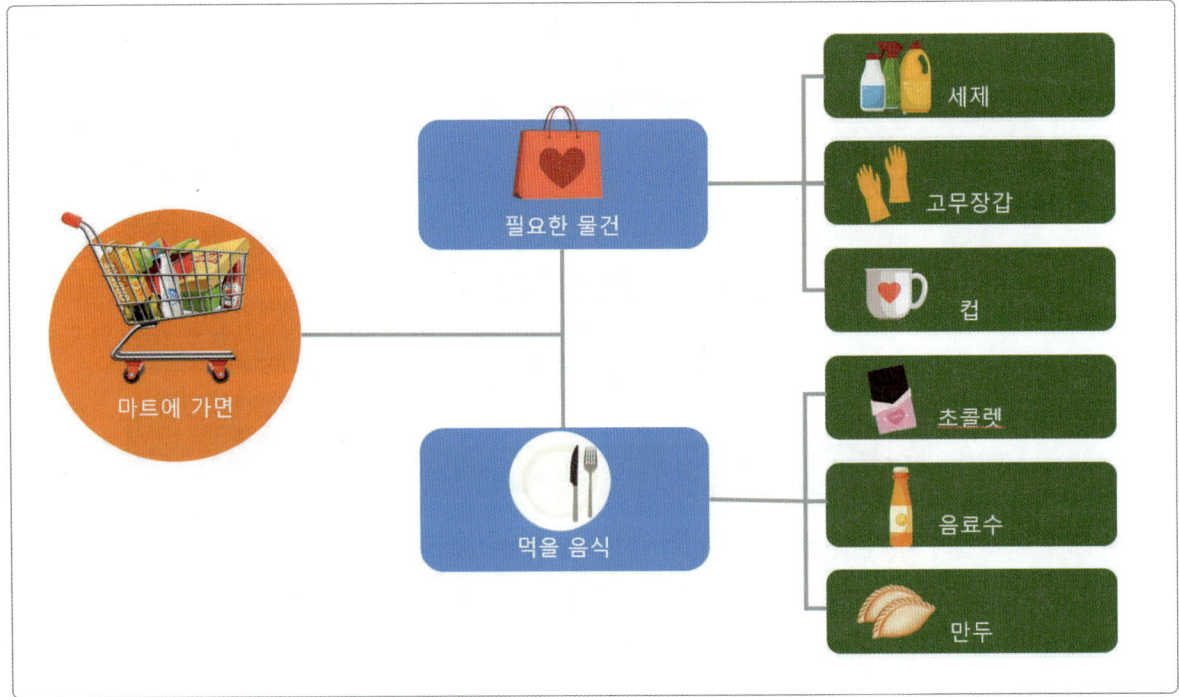

실력 UP! 한 칸 더 GO! GO!

1 그림, 도형(선)을 삽입하여 '북두칠성'을 완성해 보세요.

🔑 예제 파일 : 없음   🔑 완성 파일 : 11강_실력1(완성).pptx

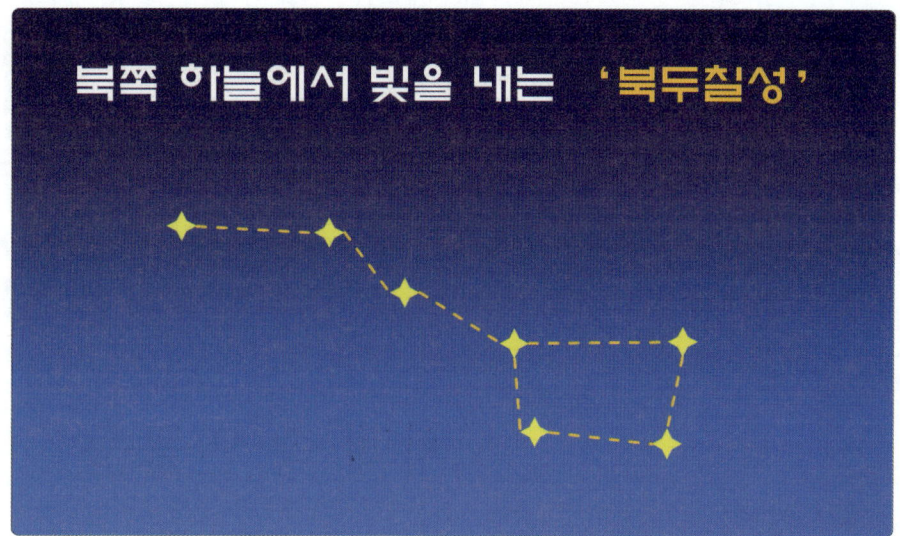

Hint
① 배경 서식: 그라데이션 채우기–
 '진한 파랑', '파랑'
② 도형: '선', '별: 꼭짓점 4개'
③ 텍스트: '휴먼엑스포', '44pt'

2 도형과 텍스트 상자를 삽입하여 '순서도'를 완성해 보세요.

🔑 예제 파일 : 없음   🔑 완성 파일 : 11강_실력2(완성).pptx

Hint
① 도형: '순서도: 수행의 시작/종료', '순서도: 처리', '순서도: 판단', '선 화살표', '연결선: 꺾임'

GAME 11 마트에 가면 _ **075**

GAME 12 지폐 속 인물들

| 학습목표 |
- 표를 삽입할 수 있습니다.
- 테이블 스타일 및 레이아웃을 적용할 수 있습니다.
- 행을 추가하고 셀을 병합할 수 있습니다.

오늘의 도착지점

🔑 예제 파일 : 12강_예제 폴더   🔑 완성 파일 : 12강_완성.pptx

지폐 속 인물들

어떤 인물들이 있을까?				
사진	금액	인물 이름	출생~사망	인물 소개
	천원	퇴계 이황	1501~1570	조선시대 대표적인 교육자. 서당을 세워 많은 제자를 키우고 성리학을 널리 가르쳤다.
	오천원	율곡 이이	1536~1584	조선시대 대표적인 성리학자. 백성들이 편하게 살기 위한 변화된 정치를 주장했다.
	만원	세종대왕	1397~1450	한글을 발명하고 우리 땅에 맞는 농사법을 찾아 백성들의 삶을 발전시키고 다양한 학문을 발전시켰다.
	오만원	신사임당	1504~1551	여성의 사회적 활동에 제약이 있던 시대지만 시와 그림, 학문에 뛰어난 재능을 보였던 대표적인 여성 예술가.

도착지 정보

지폐는 그 나라를 대표하는 상징성과 위조방지를 위해 인물을 그려 넣곤 합니다. 지폐 속 인물들은 인품과 업적이 국민들에게 존경 받을만한 인물이 선정되며, 생김새가 분명히 구분되는 인물로 선정됩니다. 대한민국 지폐 속 인물을 정리해 봅니다.

Step 01 표 삽입하기

표를 삽입하고 스타일을 변경해 봅니다.

① 새 프레젠테이션을 생성한 후 [제목 및 내용]으로 변경합니다.

② 제목 텍스트 창에 그림과 같이 텍스트를 입력한 후 내용 텍스트 창의 표 삽입(▦)을 클릭합니다. [표 삽입] 창에서 열 개수를 '5', 행 개수를 '5'로 입력하고 [확인]을 클릭합니다.

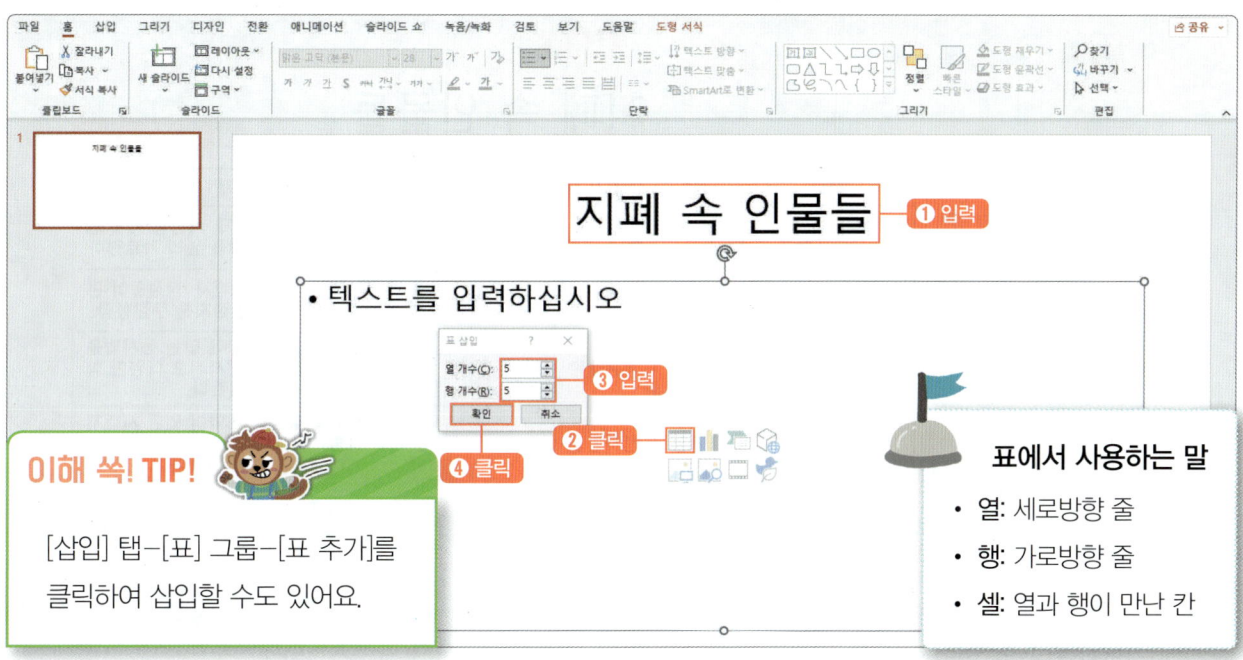

이해 쏙! TIP!
[삽입] 탭-[표] 그룹-[표 추가]를 클릭하여 삽입할 수도 있어요.

표에서 사용하는 말
- 열: 세로방향 줄
- 행: 가로방향 줄
- 셀: 열과 행이 만난 칸

③ 삽입한 표를 클릭하고 [테이블 디자인] 탭-[표 스타일] 그룹의 자세히(▽)를 클릭하여 '스타일 없음, 표 눈금'을 클릭합니다.

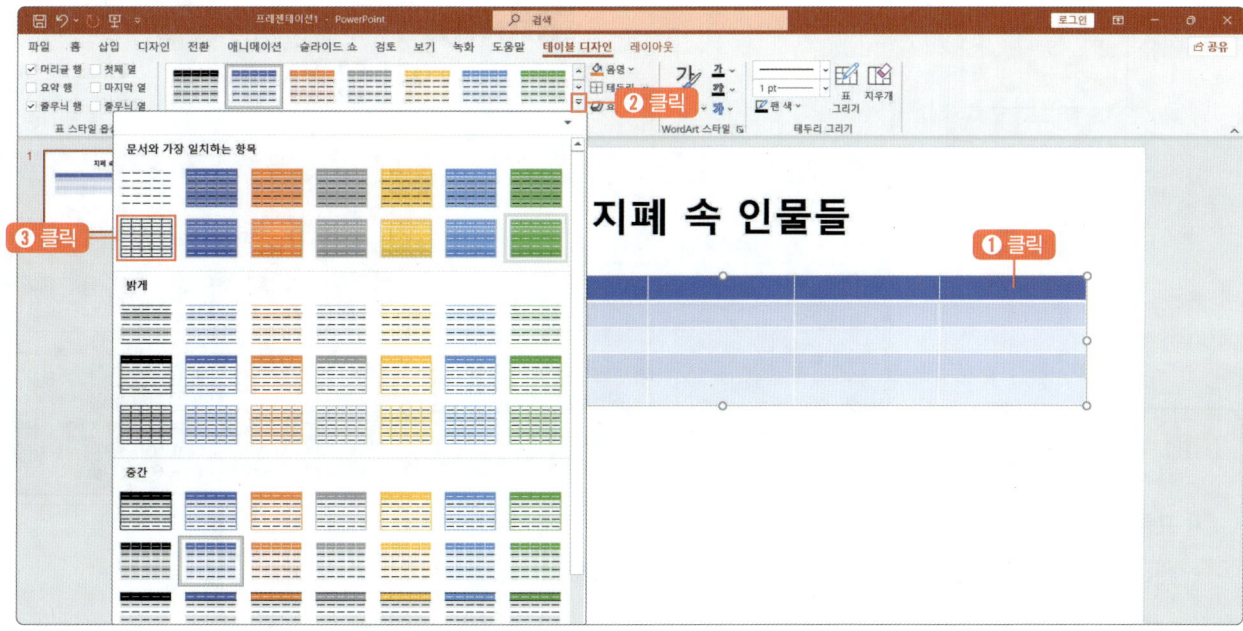

Step 02 표 꾸미기

셀에 입력한 텍스트를 맞춤하고 표의 음영과 테두리를 변경해 봅니다.

① 아래 그림과 같이 표에 텍스트를 입력한 후 [레이아웃] 탭-[맞춤] 그룹에서 '가운데 맞춤(≡)', '세로 가운데 맞춤(☰)'을 클릭합니다.

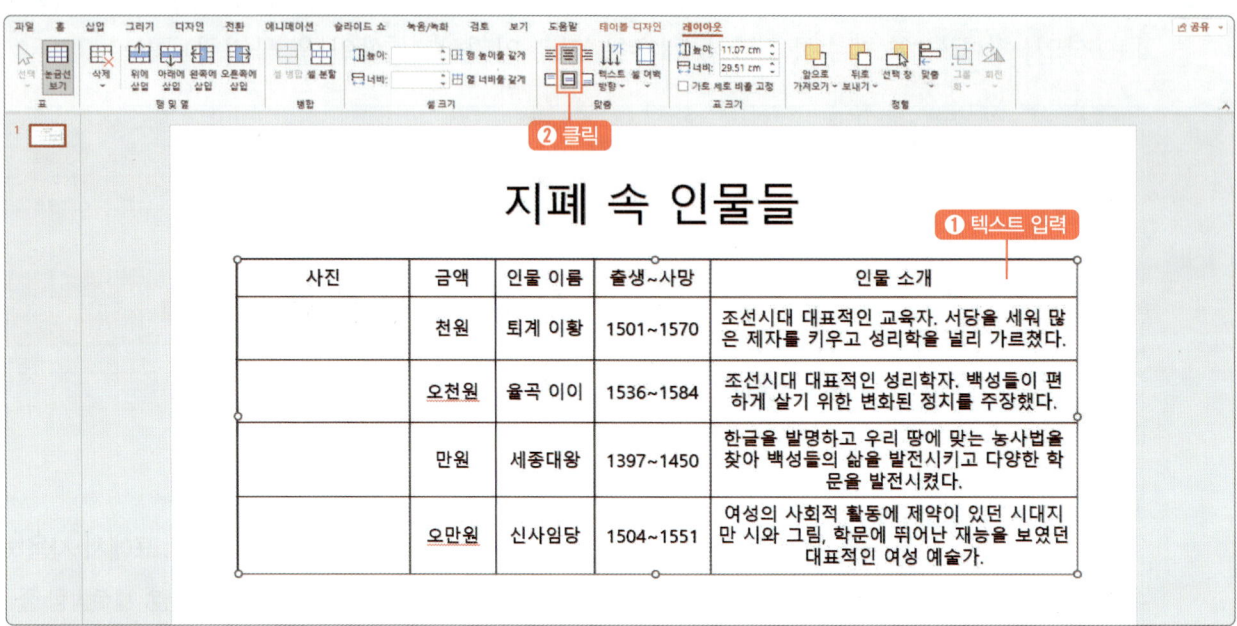

② 표를 드래그한 후 [테이블 디자인] 탭-[표 스타일] 그룹-[음영]-'황금색, 강조 4, 80% 더 밝게'를 적용합니다.

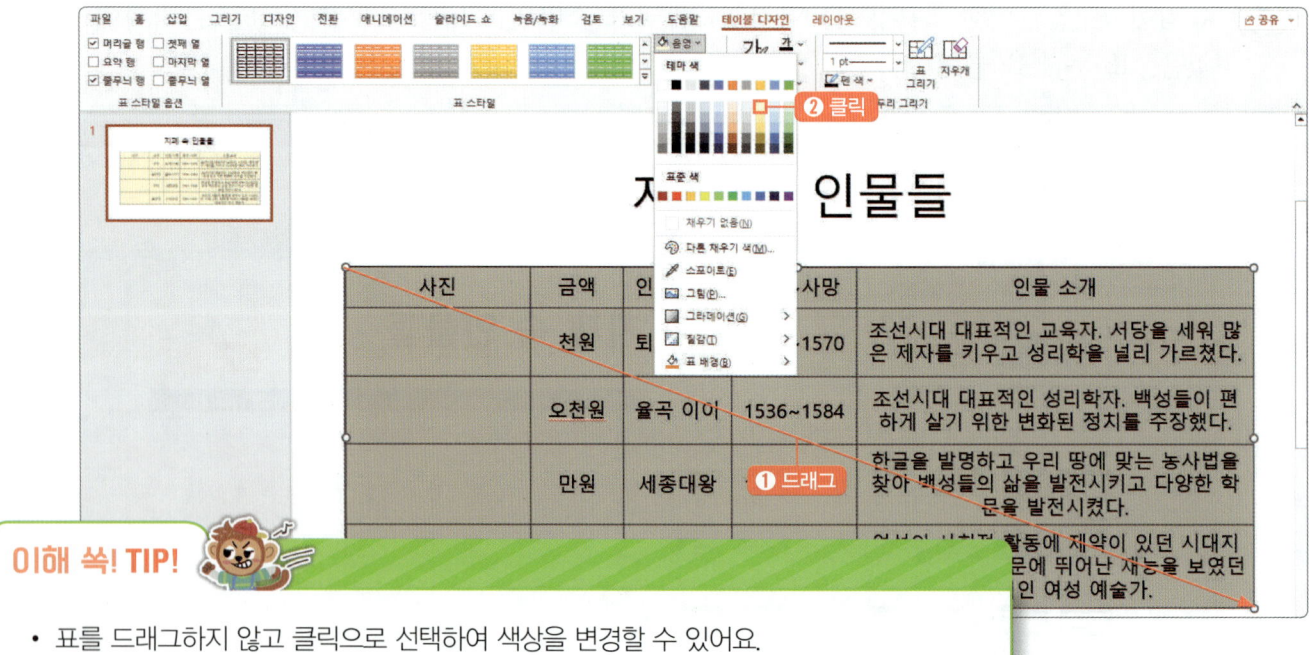

이해 쏙! TIP!

- 표를 드래그하지 않고 클릭으로 선택하여 색상을 변경할 수 있어요.
- 원하는 셀에 커서를 위치시킨 후 [음영]을 변경하면 그 셀에만 색상을 적용할 수 있어요.

③ '사진' 열의 셀을 클릭해 커서를 위치시킨 후 [테이블 디자인] 탭-[표 스타일] 그룹-[음영]-[그림]을 클릭하여 그림('천원권.png')을 선택한 후 [삽입]을 클릭합니다. 이어서 아래 셀에도 모두 사진을 넣어줍니다.

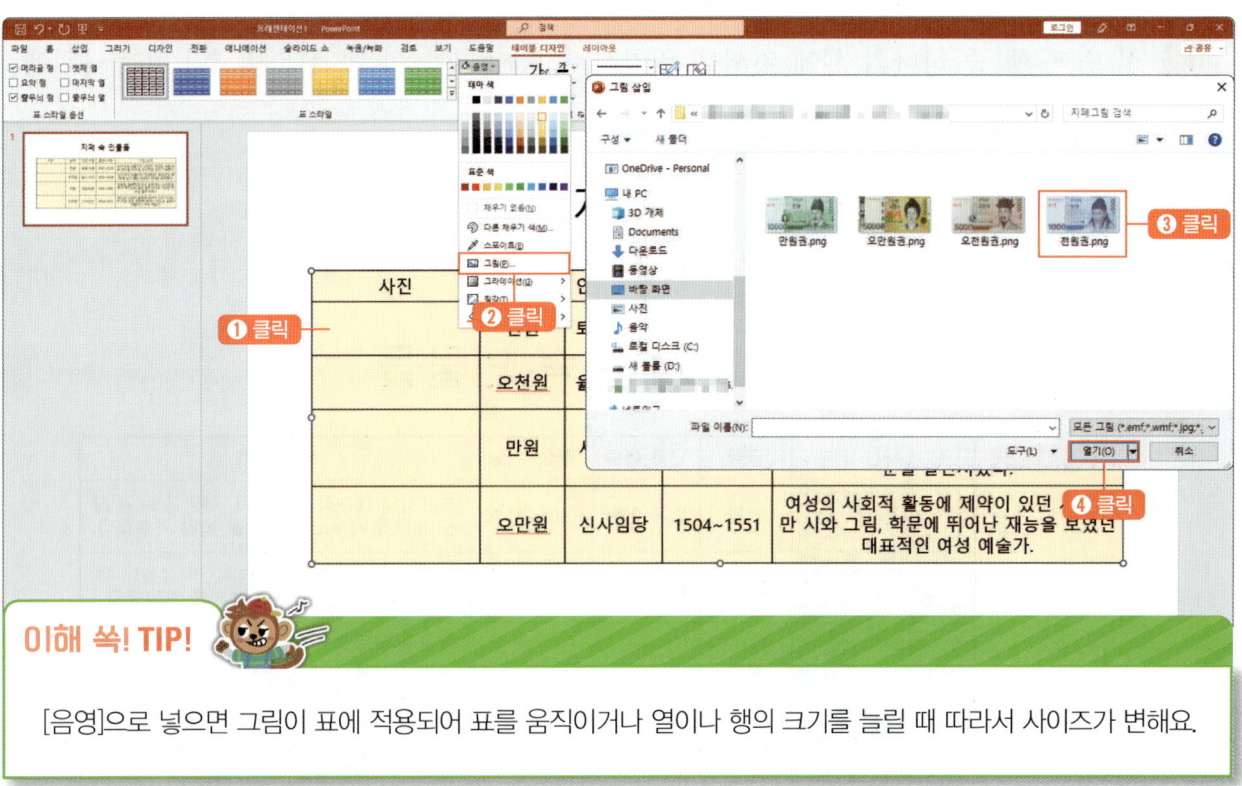

이해 쏙! TIP!

[음영]으로 넣으면 그림이 표에 적용되어 표를 움직이거나 열이나 행의 크기를 늘릴 때 따라서 사이즈가 변해요.

④ 표를 드래그 한 후 [테이블 디자인] 탭-[테두리 그리기] 그룹의 펜 두께를 '2.25 pt'로 지정한 후 [테이블 디자인] 탭-[표 스타일] 그룹-[테두리]-[바깥쪽 테두리]를 클릭합니다.

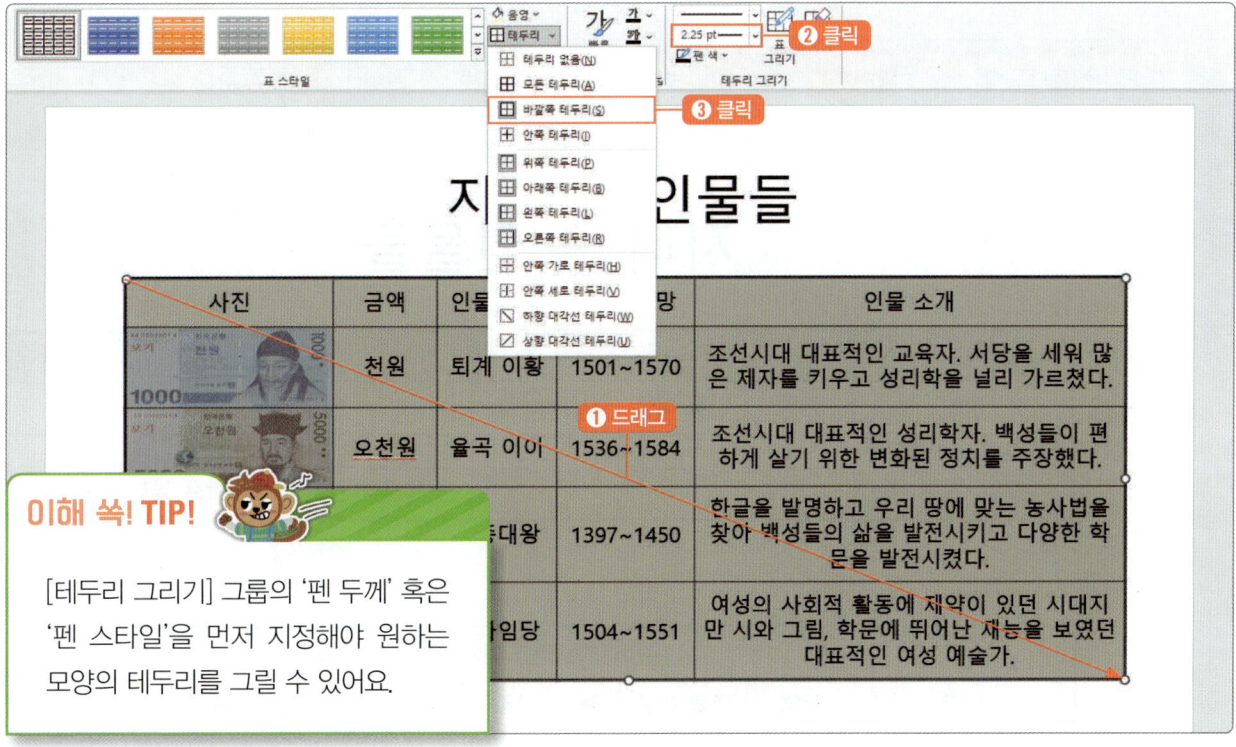

이해 쏙! TIP!

[테두리 그리기] 그룹의 '펜 두께' 혹은 '펜 스타일'을 먼저 지정해야 원하는 모양의 테두리를 그릴 수 있어요.

Step 03 행을 추가하고 병합하기

표에서 행을 추가하고 추가한 셀들을 하나로 병합해 봅니다.

① 첫 번째 행 중 하나의 셀에 커서를 위치시키고 [레이아웃] 탭-[행 및 열] 그룹-[위에 삽입]을 클릭합니다.

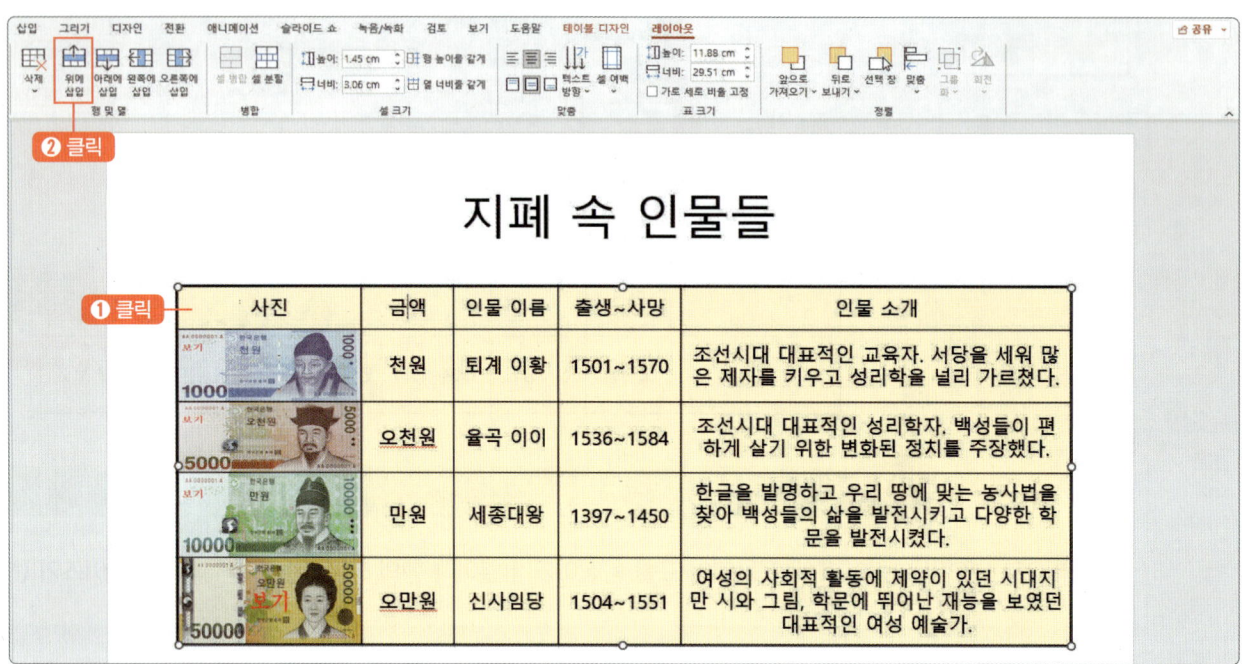

② 추가된 행(1행)을 전부 드래그하고 [레이아웃] 탭-[병합] 그룹-[셀 병합]을 클릭합니다. 이어서 병합한 셀에 그림과 같이 텍스트를 입력하고 글꼴 서식을 지정합니다.

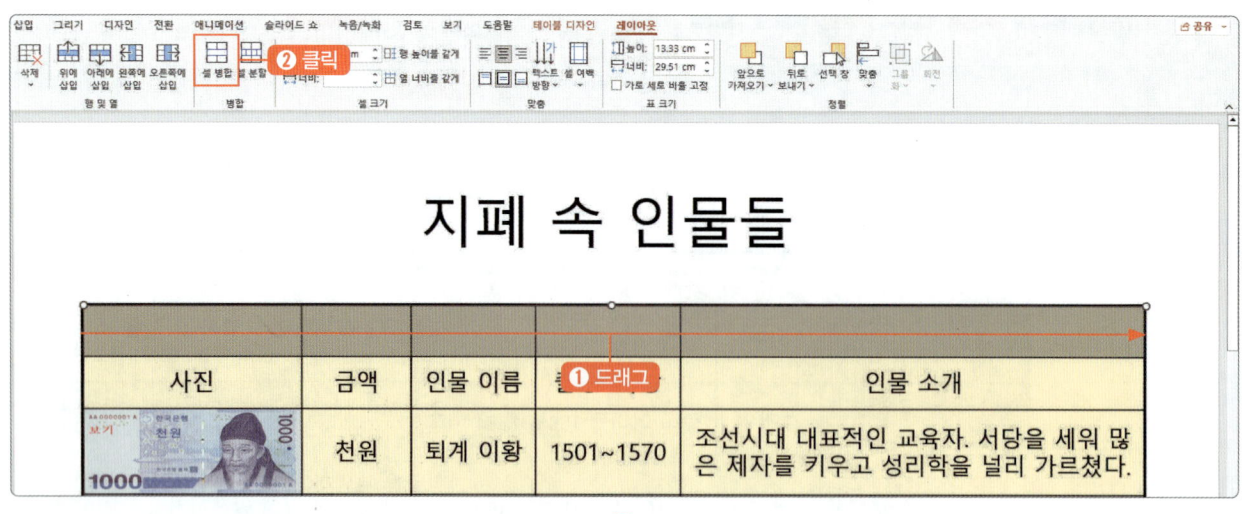

1 표를 추가하고 표 스타일을 적용하여 '보물 지도'를 완성해 보세요.

🔑 예제 파일 : 12강_실력예제 폴더　🔑 완성 파일 : 12강_실력1(완성).pptx

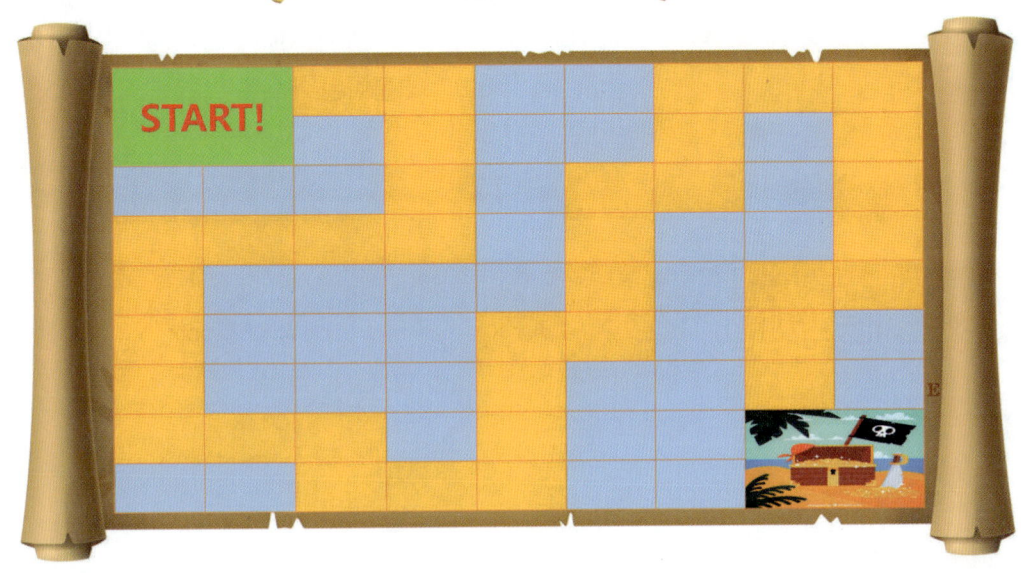

 **Hint**

① 배경 서식: 그림 및 질감 채우기–'지도.jpg'
② 표: [행]–'9', [열]–'9', [음영]–'연한 녹색', '주황', '파랑, 강조 5, 40% 더 밝게', '보물상자.jpg'
③ 표 테두리: '모든 테두리', '주황', '1 pt'

2 표를 추가하고 표 스타일을 적용하여 '시간표'를 만들고 저장해 보세요.

🔑 예제 파일 : 12강_실력예제 폴더　🔑 완성 파일 : 12강_실력2(완성).pptx

 Hint

① 배경 서식: 그림 및 질감 채우기–
　'시간표.jpg'
② 표: [행]–'9', [열]–'6',
　[음영]–'채우기 없음',
③ 표 테두리: '안쪽 테두리', '파랑,
　강조 1', '1.5 pt'
④ 텍스트: '휴먼엑스포', '임의의 색'

GAME 12 지폐 속 인물들 _ **081**

자전거 여행

| 학습목표 | ● 개체에 애니메이션을 적용할 수 있습니다.
● 그룹화된 개체를 그룹 해제할 수 있습니다.

오늘의 도착지점

예제 파일 : 13강_예제.pptx   완성 파일 : 13강_완성.pptx

도착지 정보

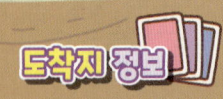

자전거는 사람이 직접 페달을 밟아 바퀴가 굴러가는 방식으로 가까운 거리에서 자주 사용하는 이동수단입니다. 연료를 사용하지 않고 오염물질도 배출하지 않는 친환경적인 교통수단이기도 합니다. 자전거를 타면 보이던 풍경을 만들어 봅니다.

Step 01 애니메이션 적용하기

개체에 애니메이션을 적용해 봅니다.

① [열기]-[찾아보기]를 이용하여 '13강_예제.pptx' 파일을 엽니다.

② '구름' 그림을 선택한 후 [애니메이션] 탭-[애니메이션] 그룹에서 [날아오기]를 클릭합니다.

③ 이어서 [애니메이션] 탭-[애니메이션] 그룹-[효과 옵션]-[오른쪽에서]를 클릭합니다.

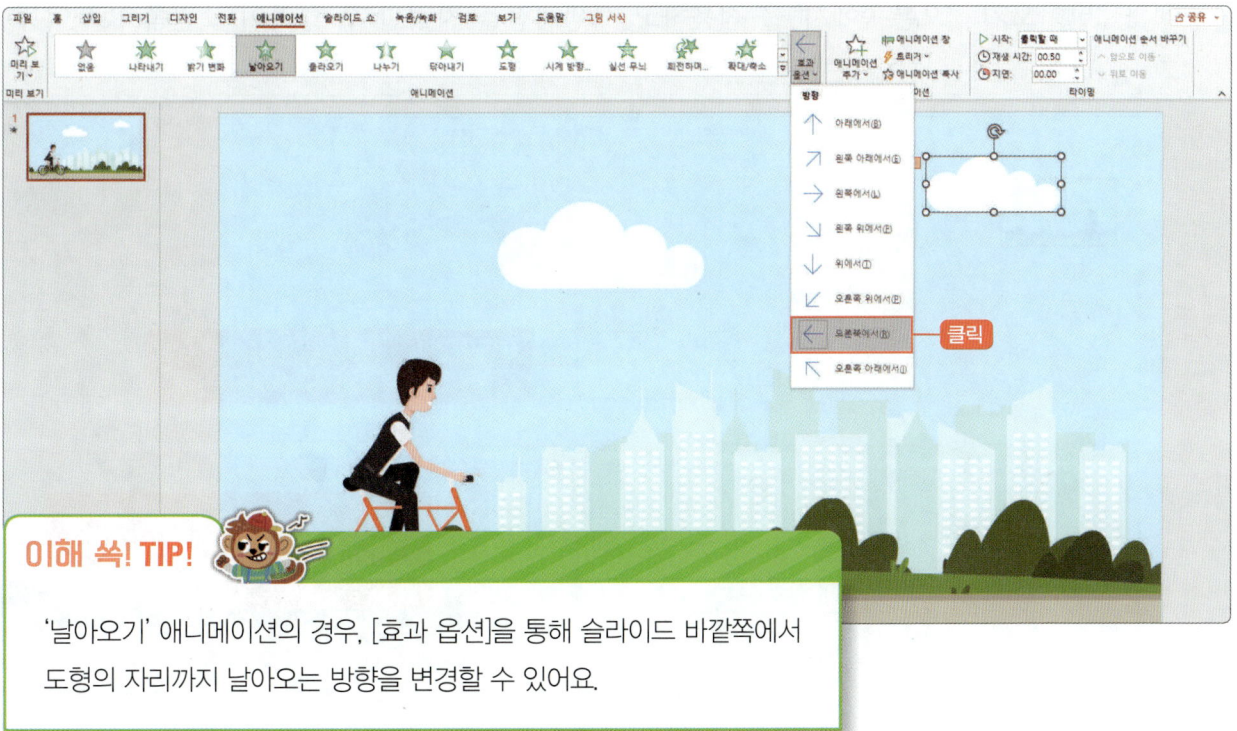

이해 쏙! TIP!

'날아오기' 애니메이션의 경우, [효과 옵션]을 통해 슬라이드 바깥쪽에서 도형의 자리까지 날아오는 방향을 변경할 수 있어요.

④ 애니메이션이 적용된 구름을 슬라이드 왼쪽 밖으로 이동시킨 후 [재생 시간]을 '10.00'으로 변경합니다.

이해 쏙! TIP!

- [재생 시간]에 따라서 구름이 오른쪽으로 날아오는 속도가 달라져요.
- 구름의 [재생 시간] 숫자를 더 크게 혹은 더 작게 바꿔보아도 좋아요.

⑤ ②~④와 같은 방법으로 또 다른 '구름' 그림과 '빌딩' 그림에도 아래 조건에 맞추어 애니메이션('날아오기', '오른쪽에서')을 적용하고 재생시간을 지정한 후 슬라이드 왼쪽으로 이동합니다.

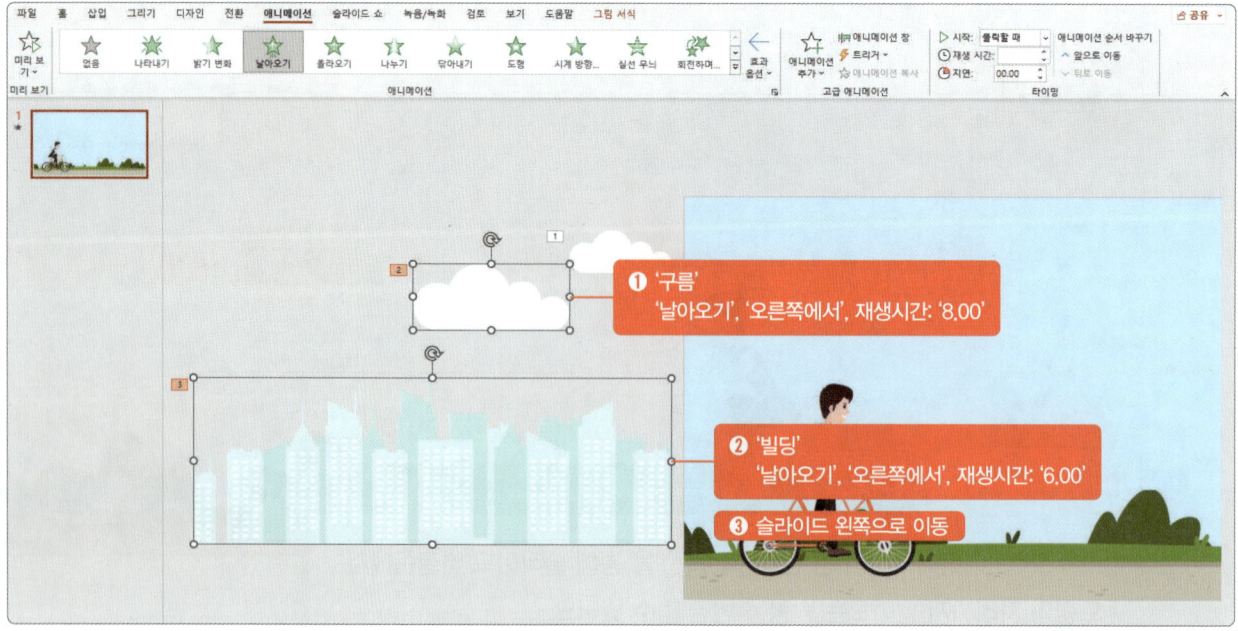

Step 02 그룹 해제하기

그룹화된 개체를 그룹 해제하여 여러 개의 개체로 만들어 봅니다.

① '자전거' 그림을 선택하고 마우스 오른쪽 버튼을 클릭하여 [그룹화]-[그룹 해제]를 클릭한 다음 팝업창 질문에서 [예]를 클릭합니다.

② 다시 '자전거' 그림을 선택하고 마우스 오른쪽 버튼을 클릭하여 [그룹화]-[그룹 해제]를 클릭합니다.

③ 그룹 해제된 개체 중 앞바퀴와 뒷바퀴의 프레임을 선택한 후 [애니메이션] 탭-[애니메이션] 그룹의 자세히(▼)를 클릭하여 [강조]-[회전]을 클릭합니다.

④ [애니메이션] 탭-[고급 애니메이션] 그룹-[애니메이션 창( )]을 클릭합니다.

⑤ 애니메이션 창에서 Ctrl 키를 누른 채 전체 애니메이션을 선택한 후 마우스 오른쪽 버튼을 클릭하여 [타이밍]을 클릭합니다. [반복]-[슬라이드가 끝날 때까지]로 선택하고 [확인]을 클릭합니다.

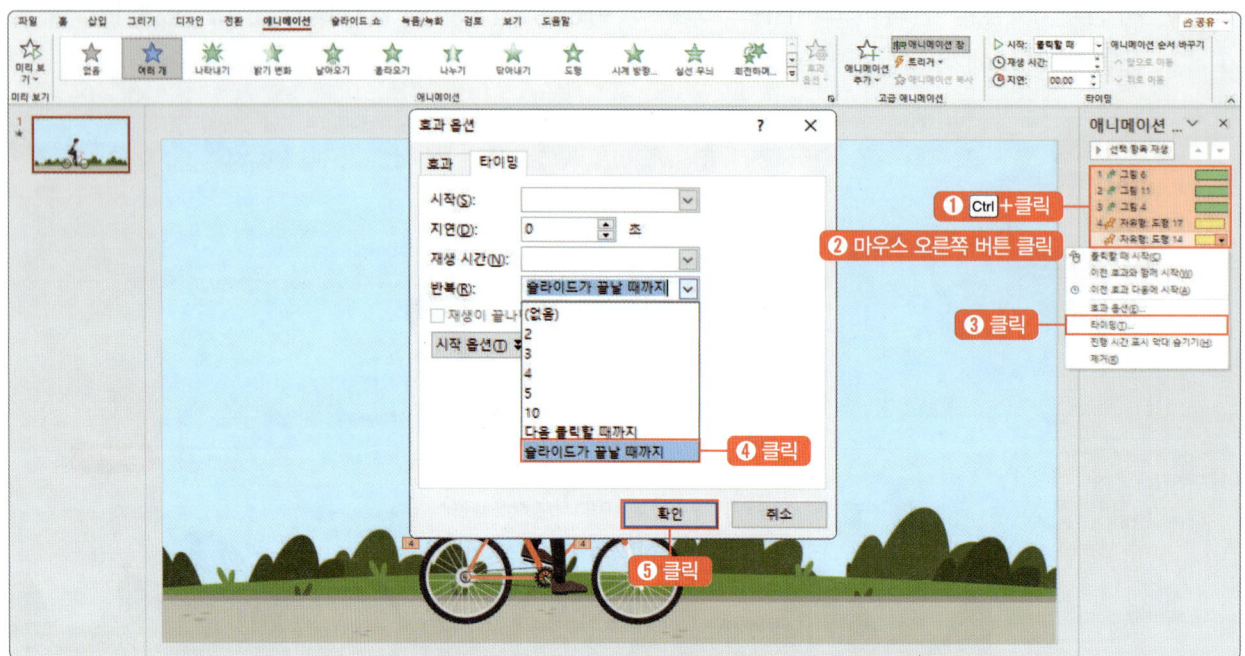

⑥ 애니메이션 창에서 Ctrl 키를 누른 채 전체 애니메이션을 선택한 후 마우스 오른쪽 버튼을 클릭하여 [이전 효과와 함께 시작]을 클릭합니다.

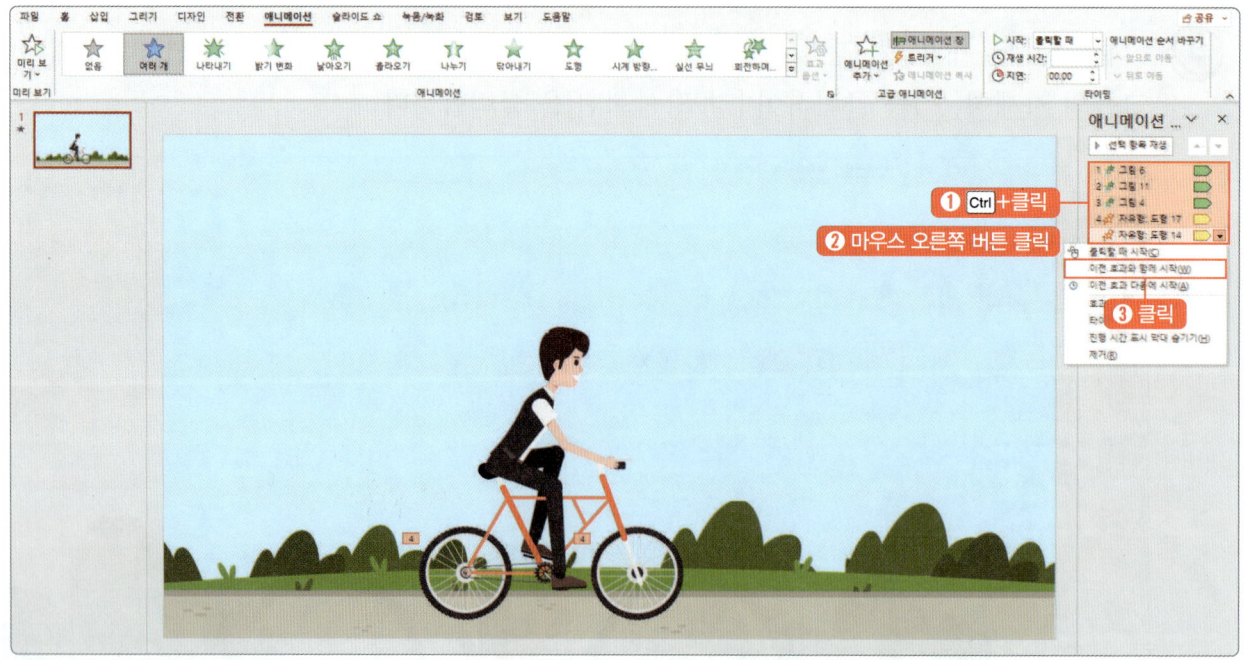

⑦ [슬라이드 쇼] 탭-[슬라이드 쇼 시작] 그룹-[처음부터]를 클릭하여 적용된 애니메이션을 확인합니다.

1 애니메이션을 적용하여 '초시계'를 만들고 완성해 보세요.

🗝 예제 파일 : 13강_실력예제 폴더   🗝 완성 파일 : 13강_실력1(완성).pptx

Hint
① 그림: '시계', '시계바늘'
② 애니메이션: '강조'-'회전',
   '시작'-'클릭할 때',
   '재생 시간'-'59.00'

2 애니메이션을 적용하여 '게임화면'을 만들고 완성해 보세요.

🗝 예제 파일 : 13강_실력예제 폴더   🗝 완성 파일 : 13강_실력2(완성).pptx

Hint
① 배경 서식: 그림 또는 질감 채우기-'게임배경.jpg'
② 도형: '사각형: 잘린 대각선 방향 모서리', '검정, 텍스트 1', '투명도: 30%', '선-3pt'
③ 텍스트 상자: '휴먼옛체', '24pt', '흰색, 배경 1'
④ 애니메이션: '나타내기'-'나타내기', [효과 옵션]-'텍스트 애니메이션'-'문자 단위로', '0.2'초 문자 사이 지연

GAME 14 스마트폰 속 동영상

| 학습목표 |
- 배경 서식을 변경할 수 있습니다.
- 온라인 비디오를 삽입할 수 있습니다.
- 개체에 애니메이션을 적용할 수 있습니다.

오늘의 도착지점

예제 파일 : 14강_예제.jpg   완성 파일 : 14강_완성.pptx

출처: "[다이아곡괭이?]색종이로 곡괭이 접는방법(종이접기) 네모아저씨 (Origami pickaxe)",유튜브,
https://youtu.be/RE9y-Aa3TMY?si=4Si_XsLG3HglqHK3

도착지 정보

스마트폰은 전화뿐만 아니라 인터넷을 사용하여 길 찾기, 검색 등 다양한 기능을 활용할 수 있습니다. 그 중 사람들이 자주 쓰는 기능에는 동영상 시청이 있습니다. 온라인으로 접속하여 원하는 동영상을 재생할 수 있는 슬라이드를 만들어 봅니다.

Step 01 배경 서식 변경하기

그림 및 질감 채우기를 통해 슬라이드 배경을 변경합니다.

① 파워포인트 2021 프로그램을 실행한 후 [새로 만들기]를 클릭하고 [새 프레젠테이션]을 클릭하여 프레젠테이션을 생성합니다. [홈] 탭-[슬라이드] 그룹-[레이아웃]을 클릭하고 [Office 테마]-[빈 화면]을 클릭합니다.

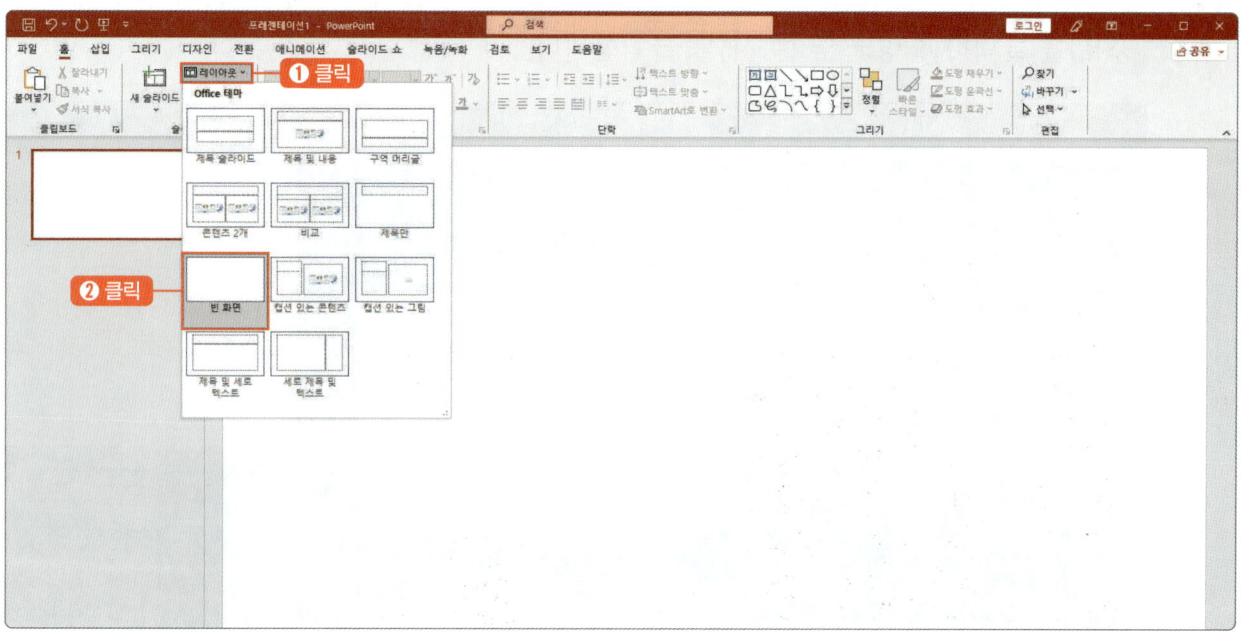

② [배경 서식]에서 [그림 또는 질감 채우기]-[삽입]을 클릭한 후 [파일에서]를 클릭합니다. 경로를 지정하여 '스마트폰.jpg' 그림을 선택 후 '열기'를 클릭합니다.

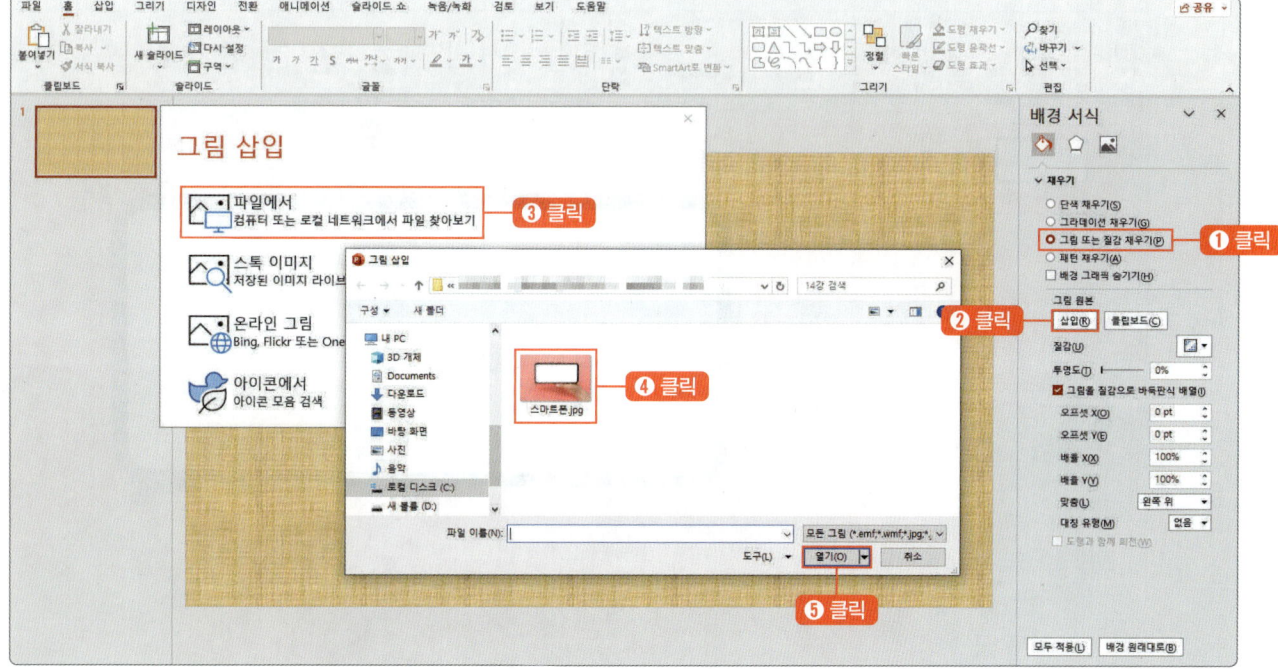

GAME 14 스마트폰 속 동영상 _ 089

Step 02 — 온라인 비디오 삽입하기

온라인 비디오를 삽입해 봅니다.

① 파워포인트 프로그램을 최소화한 후 인터넷을 실행하여 '유튜브(www.youtube.com)' 사이트에 접속합니다.

② 검색창에 '곡괭이 종이접기'를 입력하고 동영상을 찾아 클릭합니다. 접속한 동영상 페이지에서 [공유]를 클릭하고 링크 옆 [복사]를 클릭합니다.

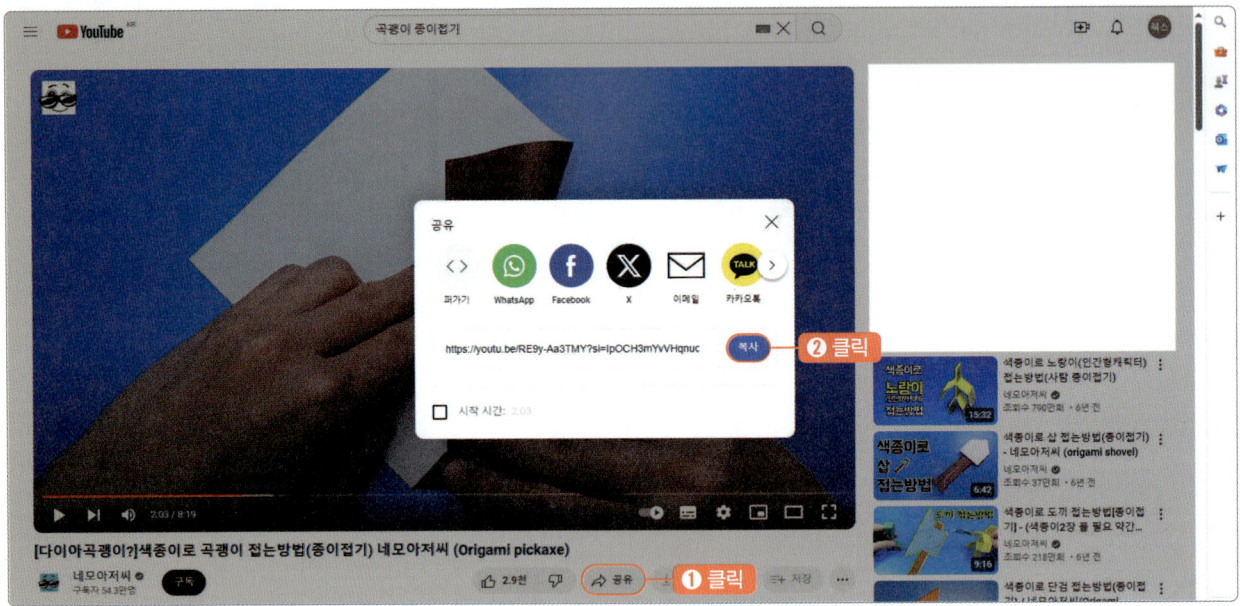

③ 파워포인트 창을 켜고 [삽입] 탭-[미디어] 그룹-[비디오]-[온라인 비디오]를 클릭합니다.

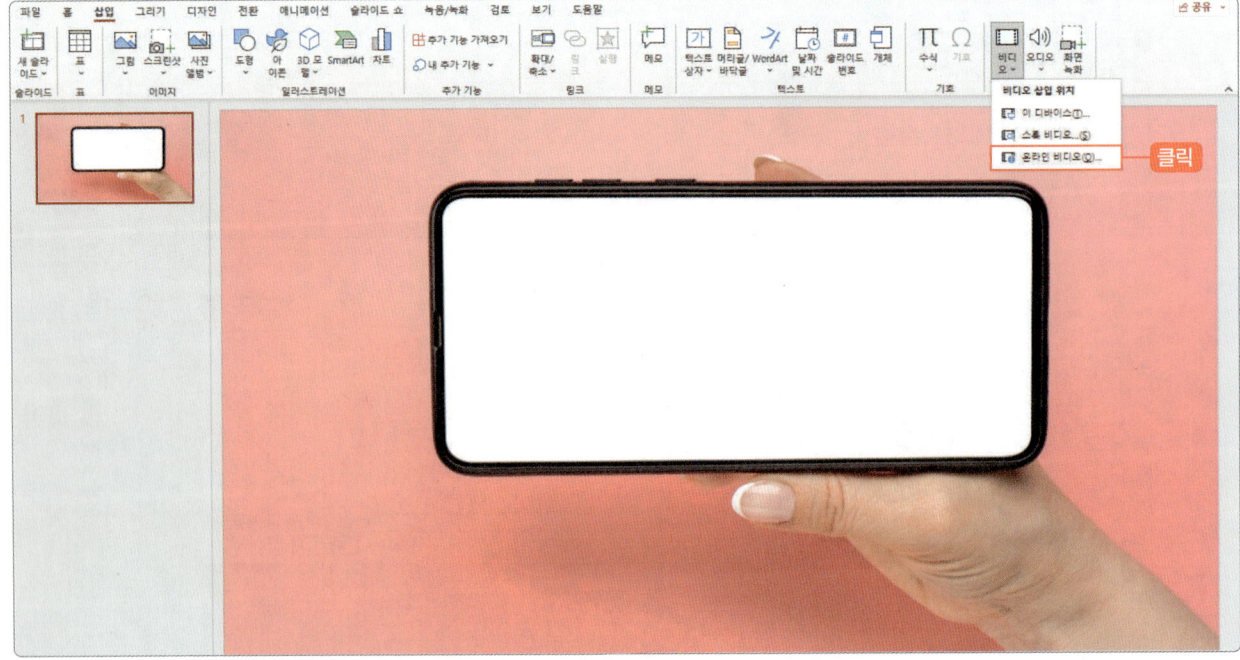

④ '온라인 비디오의 주소를 입력하십시오' 검색창에 커서를 위치시킨 후 Ctrl+V 키를 눌러 복사한 주소를 붙여넣기 한 후 [삽입]을 클릭합니다.

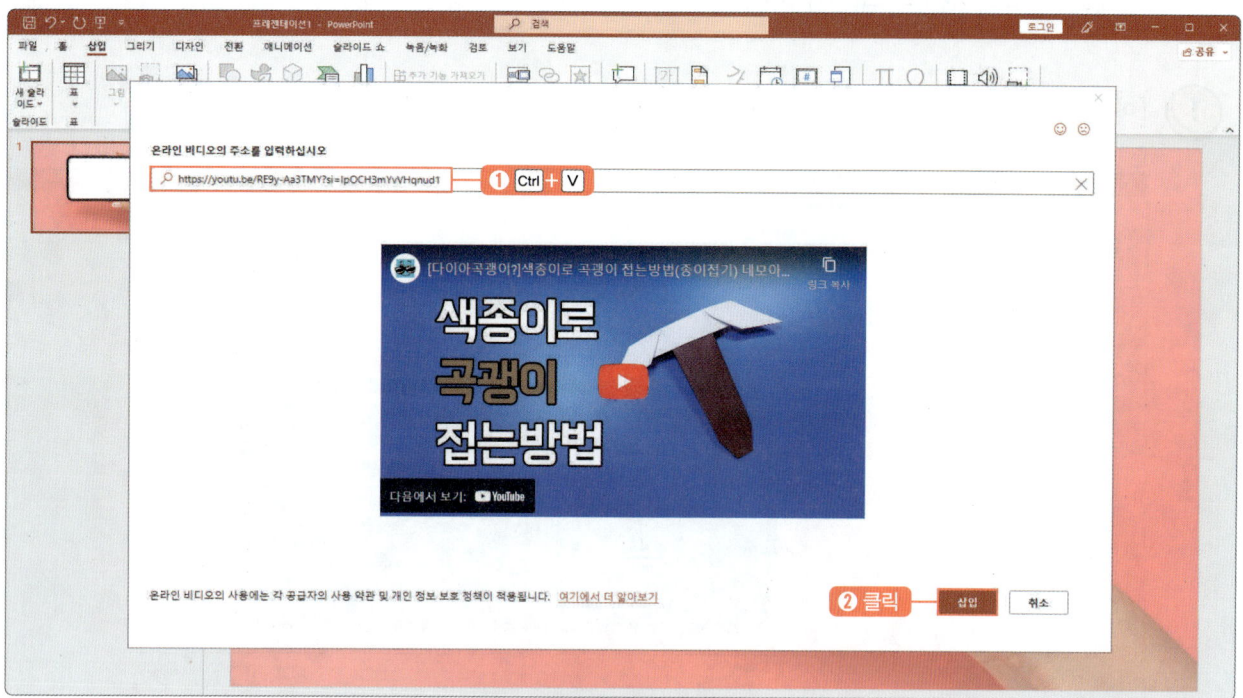

⑤ 삽입한 온라인 비디오의 조절점을 이용하여 화면 크기에 맞게 조절합니다. 그 다음 [비디오 형식]-[비디오 셰이프]-[사각형]-'사각형: 둥근 모서리(▢)'를 클릭합니다.

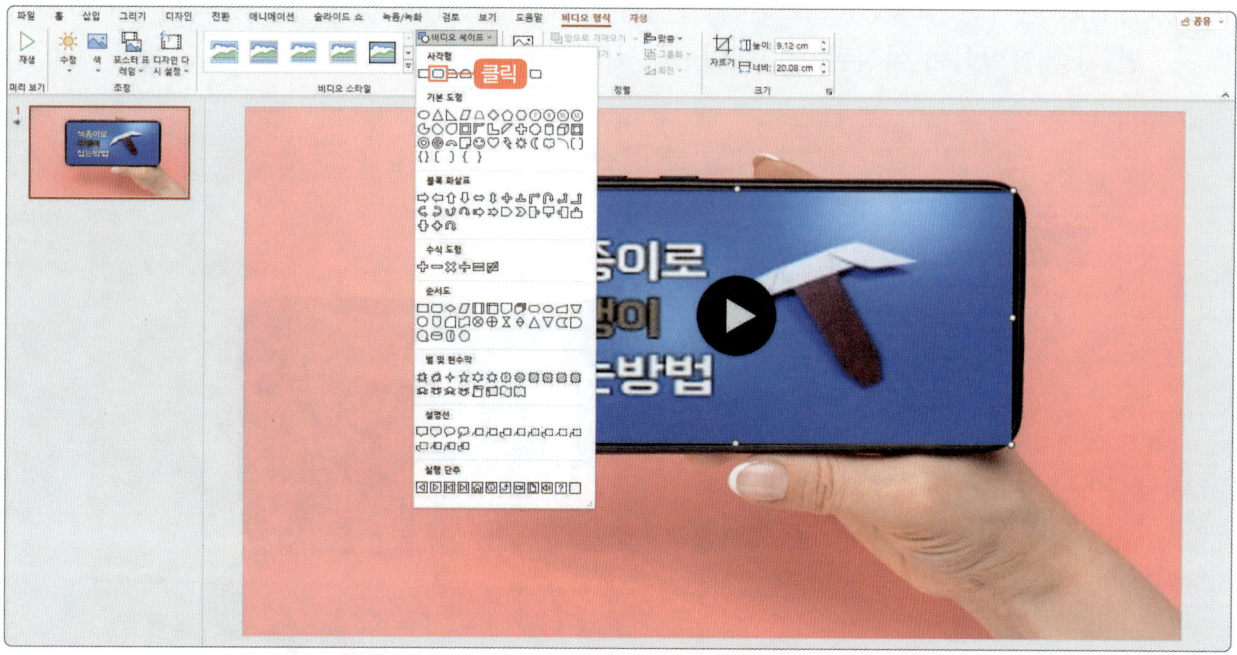

⑥ 모양이 변경된 온라인 비디오의 노란 조절점을 클릭하여 배경 이미지 속 화면에 맞게 조절합니다.

| Step 03 | **애니메이션 적용하기** |

개체에 애니메이션을 적용해 봅니다.

① [애니메이션] 탭-[고급 애니메이션] 그룹-[애니메이션 창]을 클릭합니다.

② 삽입한 온라인 동영상을 클릭하고 [애니메이션] 탭-[애니메이션] 그룹에서 [나타내기]-[밝기 변화]를 클릭하여 설정된 애니메이션을 확인합니다.

③ [슬라이드 쇼] 탭-[슬라이드 쇼 시작] 그룹-[처음부터]를 클릭하여 적용된 애니메이션을 확인합니다.

1 온라인 동영상을 삽입하여 '여름철 물놀이 안전수칙'을 완성하고 저장해 보세요.

예제 파일 : 없음   완성 파일 : 14강_실력1(완성).pptx

Hint

① 레이아웃: '제목만'
② 온라인 동영상: 출처-"행정안전부 다행이와 함께하는 여름철 물놀이 안전수칙!",
  유튜브, https://www.youtube.com/watch?v=GFjoC5h75lo

2 온라인 동영상을 삽입하여 'TV'를 완성하고 저장해 보세요.

예제 파일 : 14강_실력2(예제).png   완성 파일 : 14강_실력2(완성).pptx

Hint

① 온라인 동영상: 출처-"KBS여행 걸어서 세계속으로", 유튜브, https://www.youtube.com/watch?v=e-UjslGeXTo
② 애니메이션: [나타내기]-'나타내기'

GAME 15 왜 책을 읽을까?

| 학습목표 |
- 차트를 삽입할 수 있습니다.
- 차트의 디자인을 변경할 수 있습니다.
- 차트의 서식을 변경할 수 있습니다.

오늘의 도착지점

🔑 예제 파일 : 15강_예제 폴더　　🔑 완성 파일 : 15강_완성.pptx

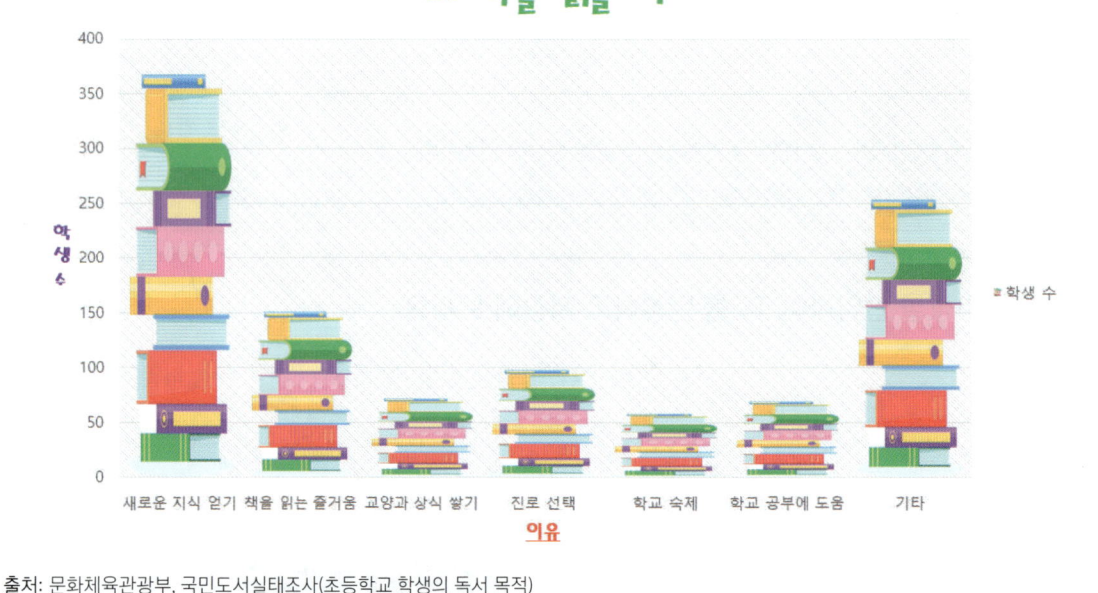

출처: 문화체육관광부, 국민도서실태조사(초등학교 학생의 독서 목적)

도착지 정보

책은 문자나 그림으로 생각을 표현한 것들이 모인 형태를 말합니다. 책을 읽는 행동을 통해 우리는 책 속의 이야기를 상상하며 상상력과 감수성을 기를 수 있고, 여러 가지 유익한 정보를 배울 수도 있습니다. 초등학교 학생들이 책을 읽는 이유에 대해 차트로 만들어 봅니다.

Step 01 차트 삽입하기

차트를 삽입하고 데이터를 입력합니다.

① 새 프레젠테이션을 생성한 후 [빈 화면]으로 변경합니다.

② [삽입] 탭-[일러스트레이션] 그룹-[차트]를 클릭한 후 [세로 막대형]-[묶은 세로 막대형]을 클릭하고 [확인]을 클릭합니다.

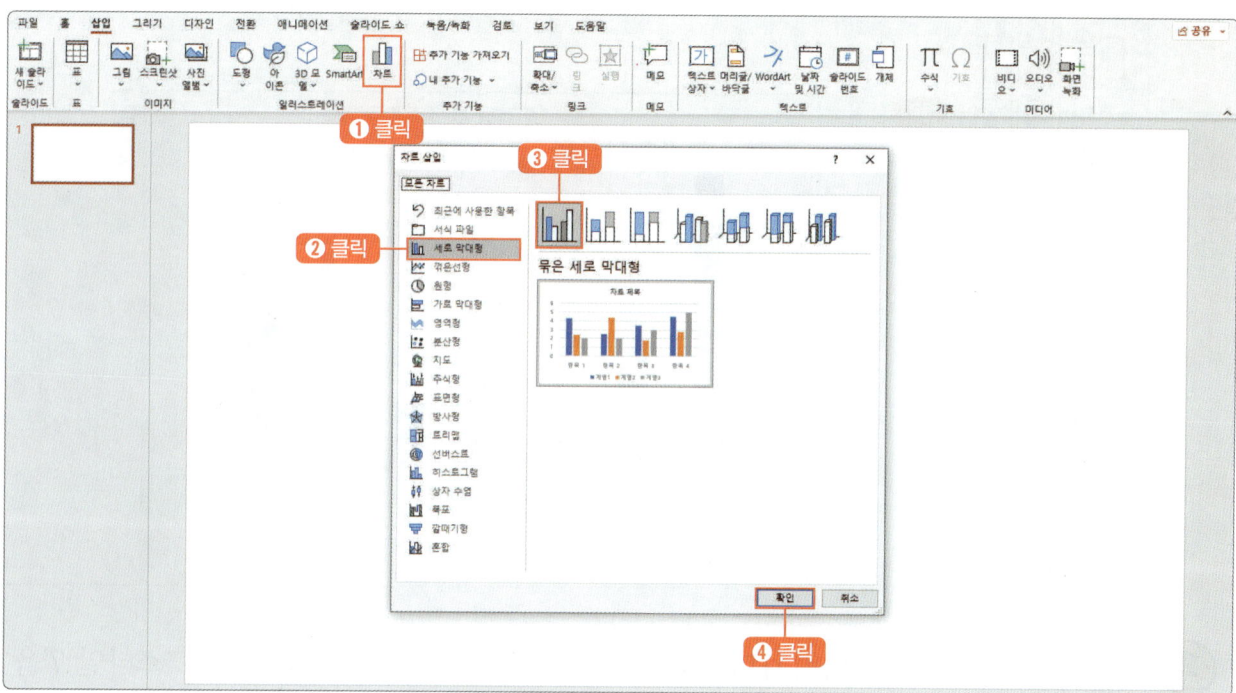

③ 자동으로 실행된 'Microsoft PowerPoint의 차트' 창에 아래와 같이 텍스트를 입력하고 사용하지 않는 열은 삭제한 후 창을 닫습니다.

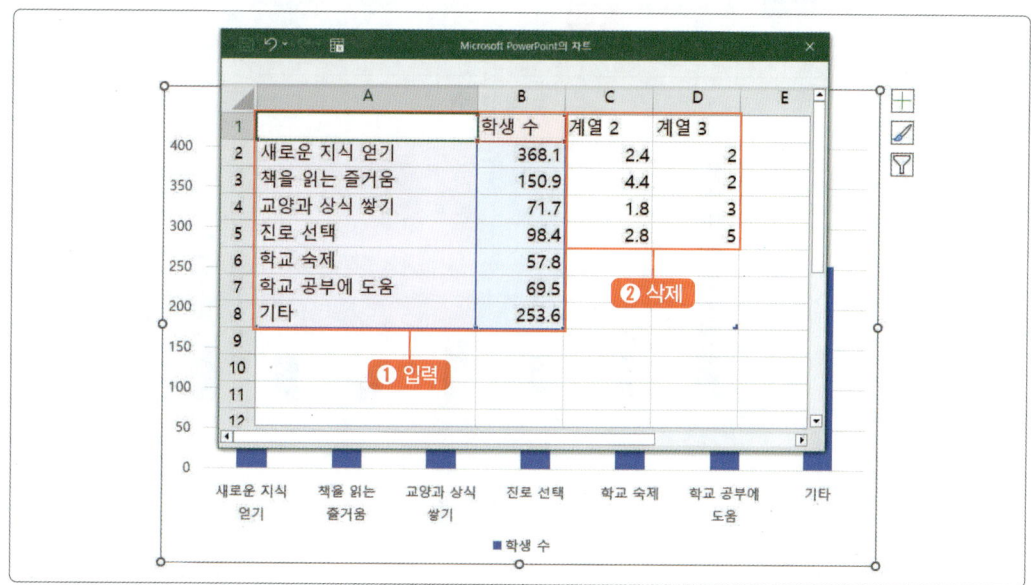

Step 02 차트 디자인 변경하기

삽입한 차트의 디자인을 변경해 봅니다.

① 삽입한 차트를 선택하고 [차트 디자인] 탭-[차트 레이아웃] 그룹-[빠른 레이아웃]-'레이아웃 9'를 클릭합니다.

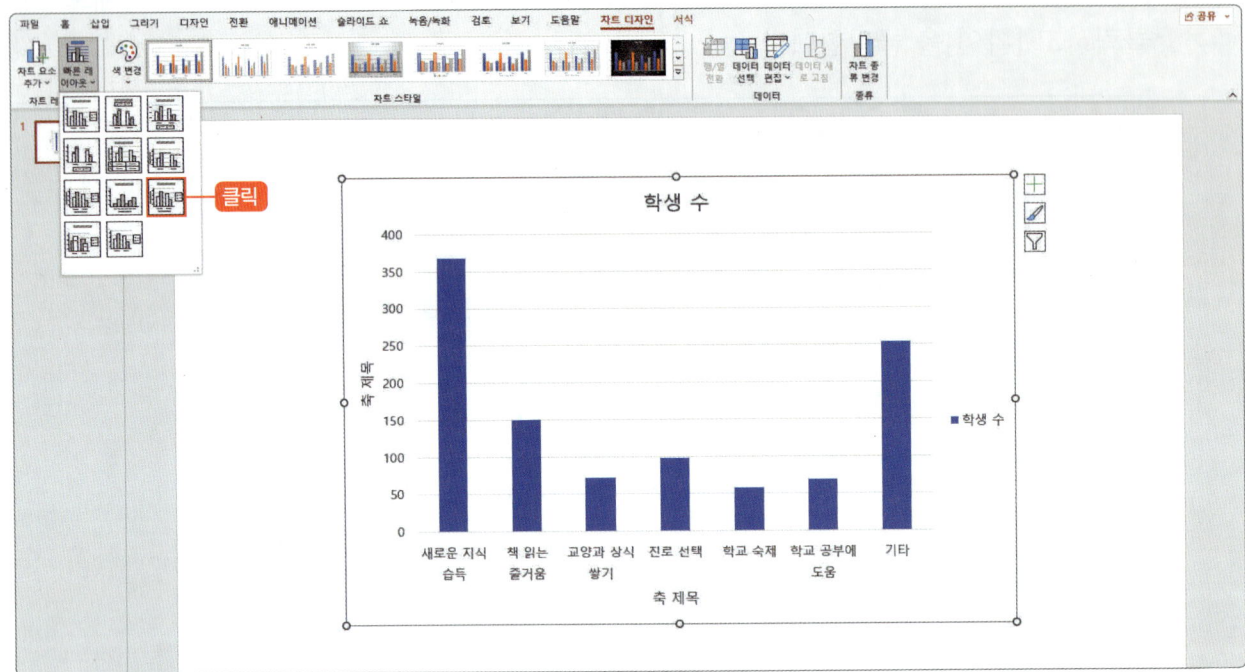

② 이어서 [차트 디자인] 탭-[차트 스타일]에서 [더보기(▼)]를 클릭한 다음 '스타일 7'을 클릭합니다.

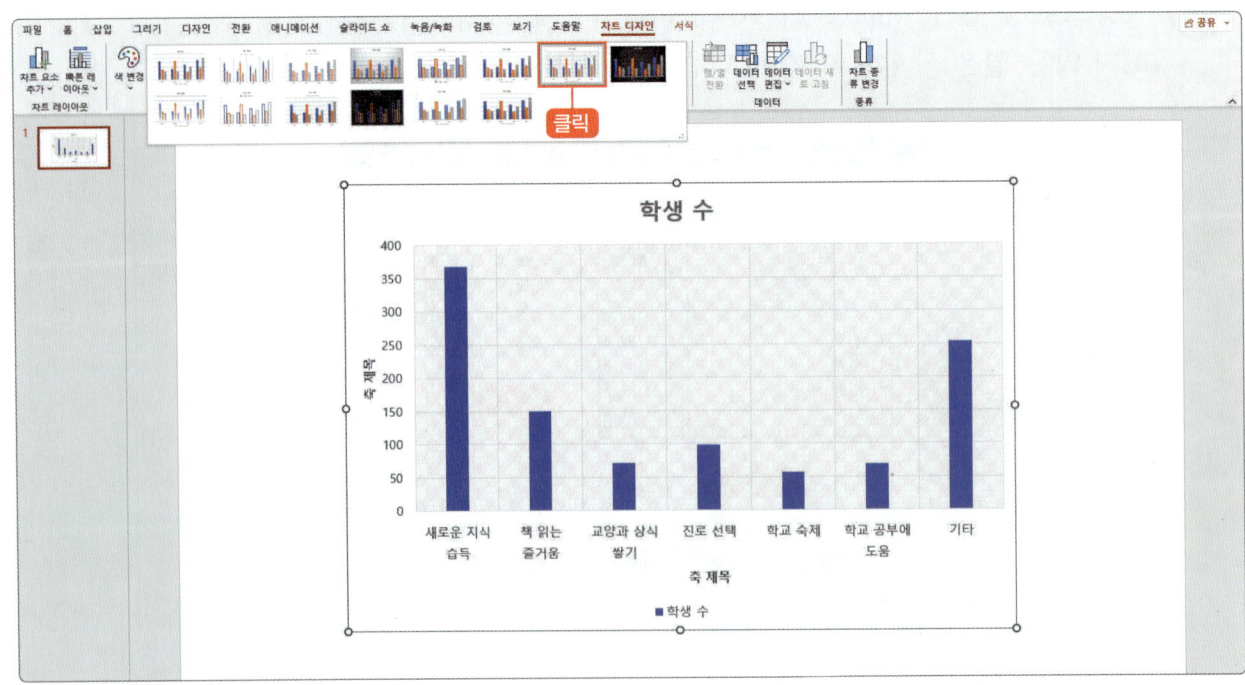

③ 차트 제목과 축 제목을 클릭한 후 아래와 같이 텍스트를 입력합니다.

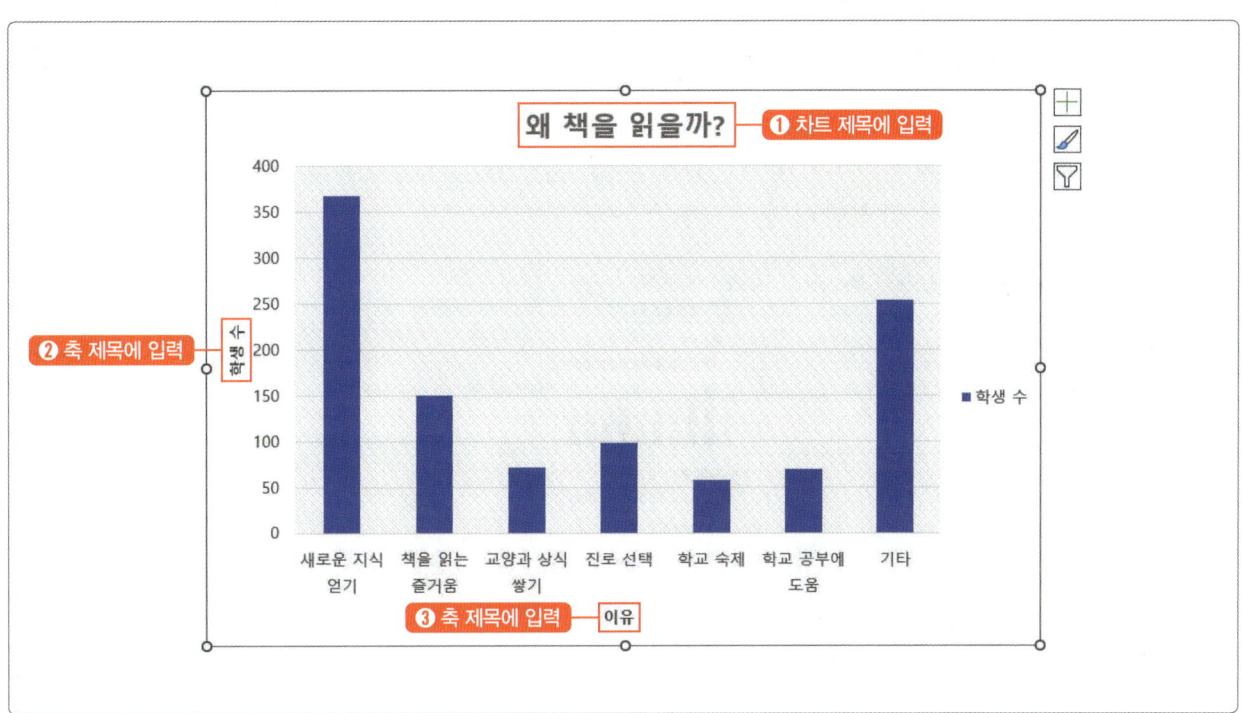

④ 축 제목('학생 수')을 클릭하고 [홈] 탭-[단락] 그룹-[텍스트 방향]-[세로]를 클릭합니다. 이어서 입력한 제목과 축 제목 텍스트의 글꼴 서식을 지정합니다.

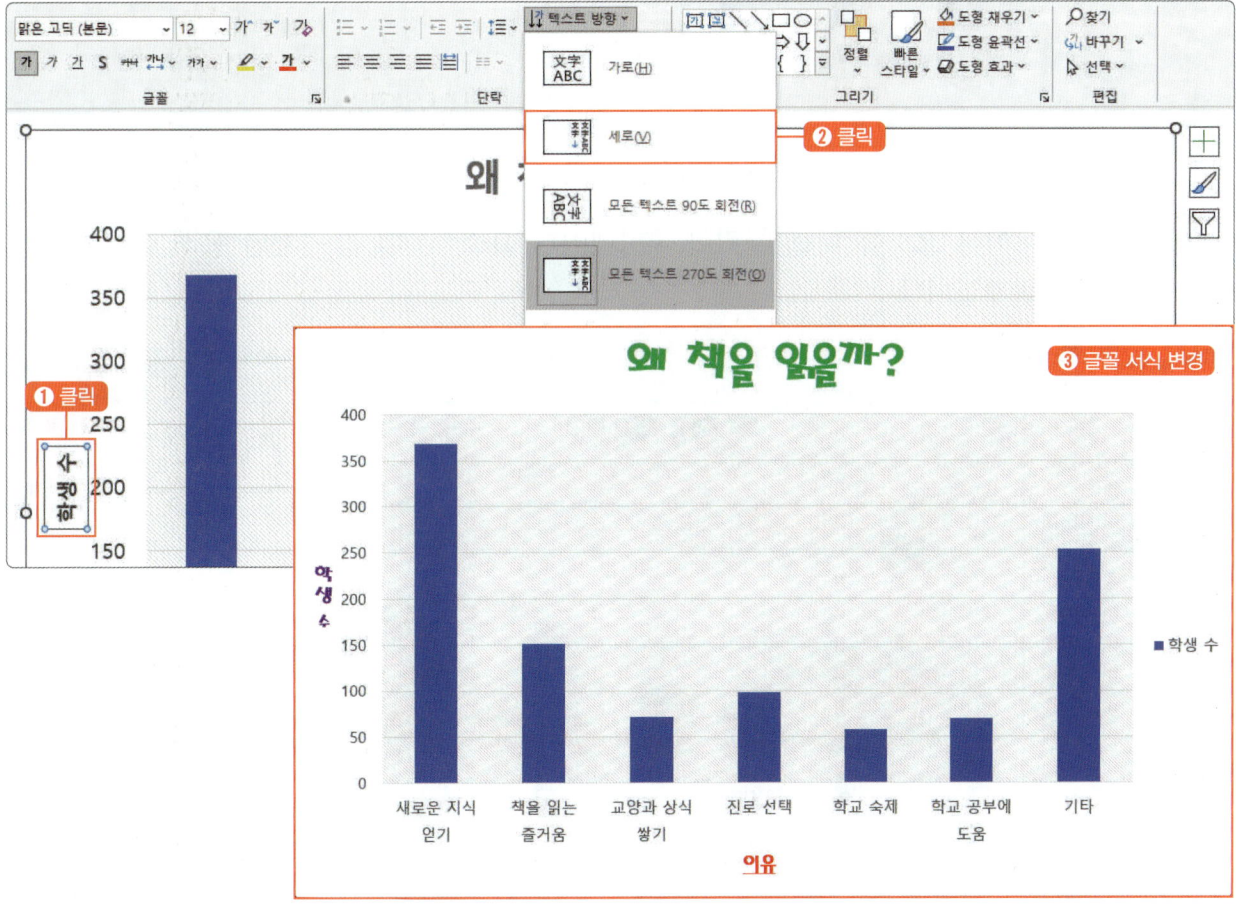

Step 03 차트 서식 변경하기

차트의 서식을 변경해 봅니다.

① 데이터 요소를 클릭하고 [서식] 탭-[도형 스타일] 그룹-[도형 채우기]-[그림]을 클릭하여 '책.png'을 선택해 삽입합니다.

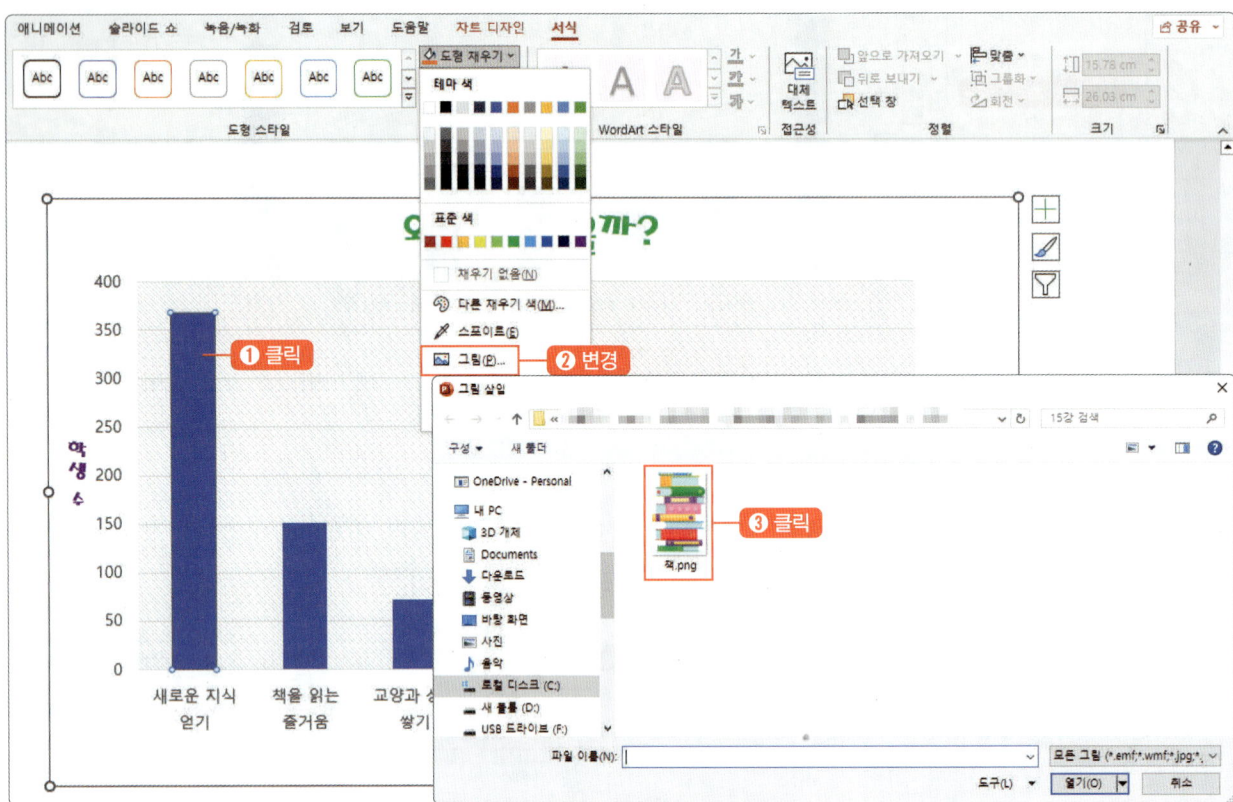

② 변경한 데이터 요소를 더블 클릭한 후 [데이터 요소 서식] 창-[계열 옵션]에서 '간격 너비'를 '15%'로 변경합니다.

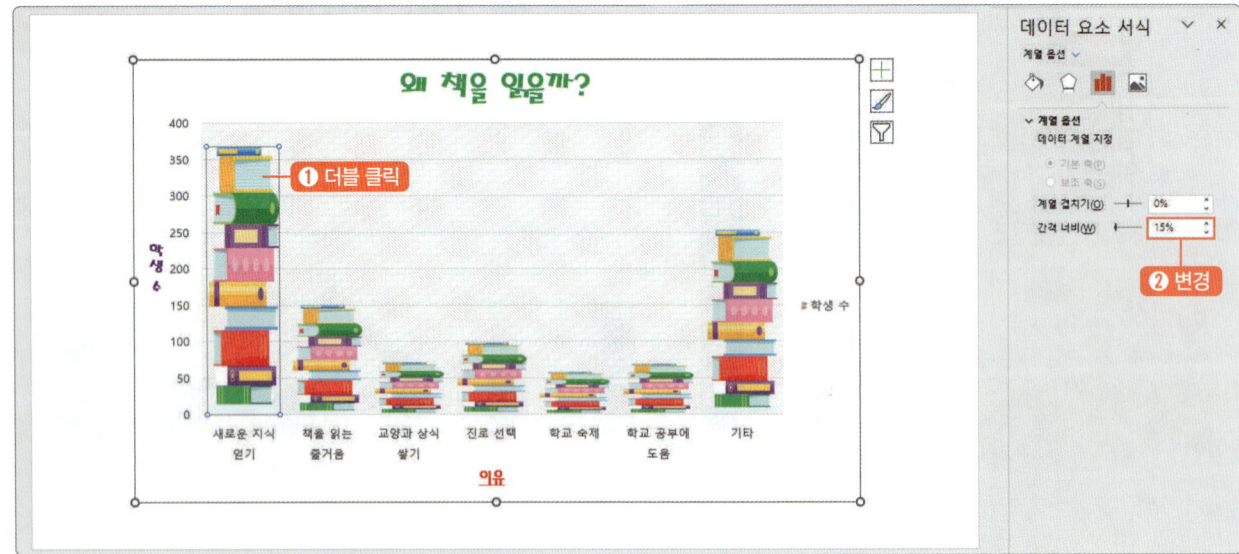

실력 UP! 한 칸 더 GO! GO!

1 차트를 추가하고 차트 디자인을 변경하여 '우리 반의 간식 취향'을 완성해 보세요.

예제 파일 : 15강_실력예제 폴더   완성 파일 : 15강_실력1(완성).pptx

 Hint
① 슬라이드 레이아웃: [제목 및 내용]
② 배경 서식: 그림 또는 질감 채우기-'간식배경.jpg'
③ 차트 종류: [세로 막대형]-'누적 세로 막대형'
④ 차트 레이아웃 및 스타일: '레이아웃 4', '스타일 11'

2 차트를 추가하고 차트 디자인을 변경하여 '게임 이용 시간 조사'를 완성해 보세요.

예제 파일 : 15강_실력예제 폴더   완성 파일 : 15강_실력2(완성).pptx

 Hint
① 슬라이드 레이아웃: [빈 화면]
② 차트 종류: [가로 막대형]-'묶은 가로 막대형'
③ 차트 레이아웃 및 스타일: '스타일 3'
④ 데이터 계열: '아이템.png'

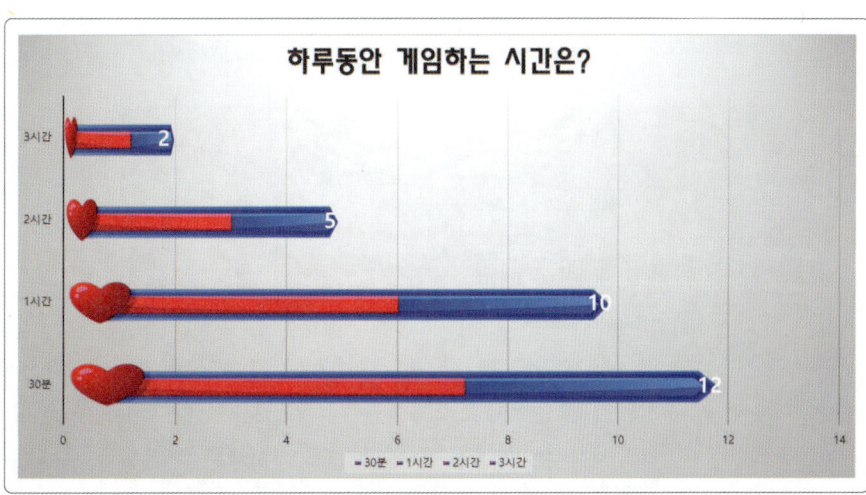

GAME 16 좋아하는 과목

| 학습목표 |
- 표 데이터로 차트를 삽입할 수 있습니다.
- 차트 데이터의 행/열을 전환할 수 있습니다.
- 차트 종류를 변경할 수 있습니다.

오늘의 도착지점

예제 파일 : 16강_예제.pptx   완성 파일 : 16강_완성.pptx

4학년 학생들이 좋아하는 과목은?

단위: 명

	국어	수학	영어	사회	과학	음악	미술	체육	실과	도덕
1반	3	2	3	1	1	2	3	8	0	0
2반	4	1	2	2	2	1	3	5	0	2
3반	2	1	2	1	1	1	2	6	2	1

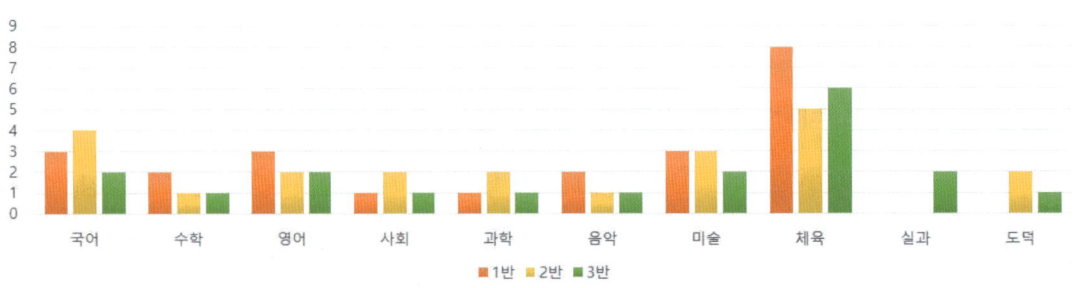

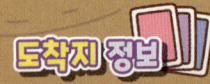 도착지 정보

학교에서는 시간표에 따라 여러 가지 수업들을 배우게 됩니다. 우리가 배우는 과목들은 앞으로 살아가는 데 필요한 지식이나 기술 등을 알 수 있도록 만들어져있어 때로는 어려운 내용도 배워야할 때가 있습니다. 친구들이 좋아하는 과목은 무엇인지 볼 수 있도록 차트를 만들어 봅니다.

Step 01 표 데이터로 차트 삽입하기

표 데이터를 복사하여 차트를 삽입할 수 있습니다.

① [열기]-[찾아보기]-'16강_예제.pptx' 파일을 엽니다.

② 불러온 파일의 표 데이터를 드래그하여 모두 선택한 후 복사합니다.

4학년 학생들이 좋아하는 과목은?

단위: 명

	국어	수학	영어	사회	과학	음악	미술	체육	실과	도덕
1반	3	2	3	1	1	2	3	8	0	0
2반	4	1	2	2	2	1	3	5	0	2
3반	2	1	2	1	1	1	2	6	2	1

❶ 드래그
❷ 복사

③ [삽입] 탭-[일러스트레이션] 그룹-[차트]-[세로 막대형]-'묶은 세로 막대형'을 선택합니다. 이후 복사한 데이터를 붙여 넣고 사용하지 않는 데이터는 삭제합니다.

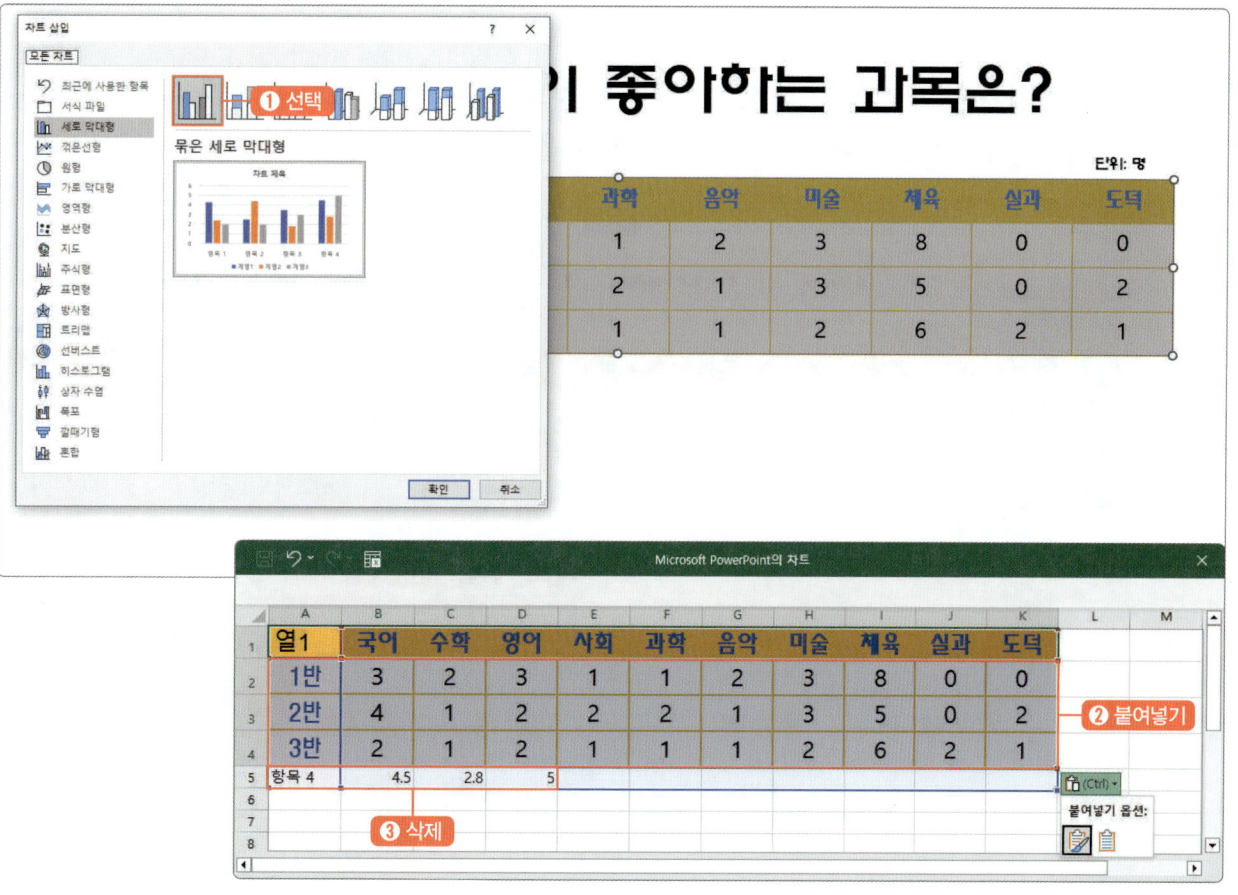

Step 02 행/열 전환하기

입력한 차트 데이터의 행/열을 전환합니다.

① 계속해서 [차트 디자인] 탭-[데이터] 그룹-[행/열 전환]을 클릭하고 'Microsoft PowerPoint의 차트' 창을 닫습니다.

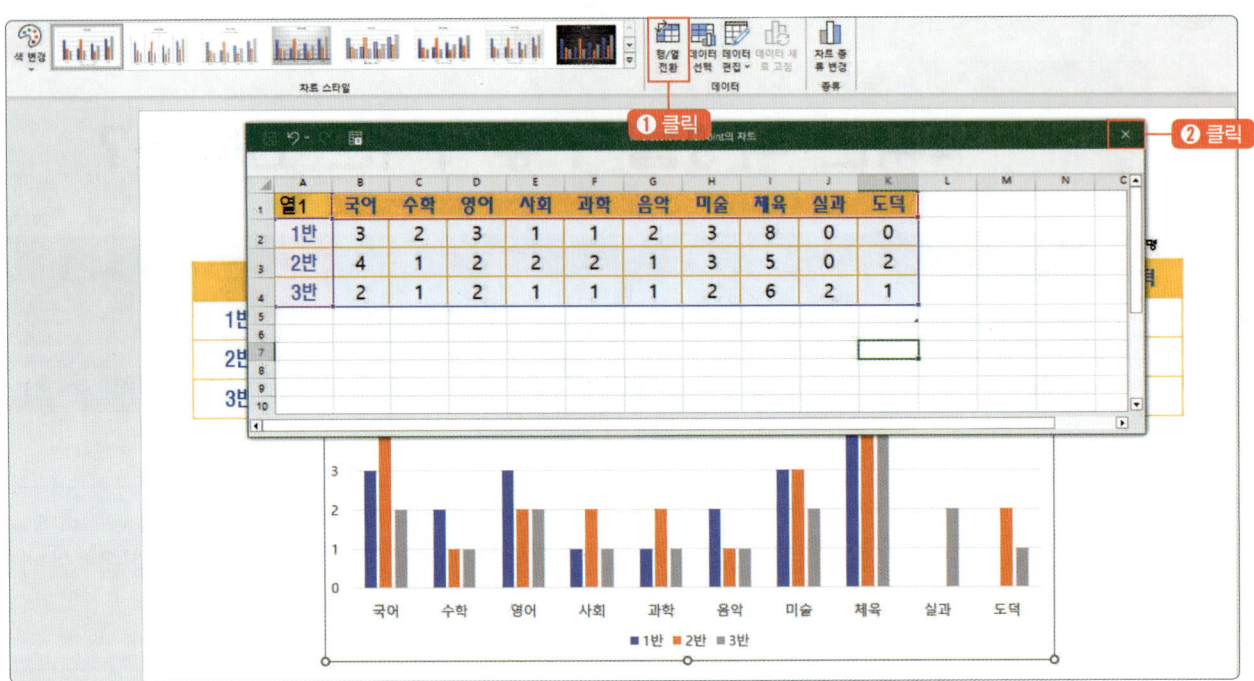

② 삽입한 차트의 크기를 조절하고 [차트 디자인] 탭-[차트 스타일] 그룹-[색 변경]-[다양한 색상표 3]을 클릭합니다. 그 다음 '차트 제목'을 삭제합니다.

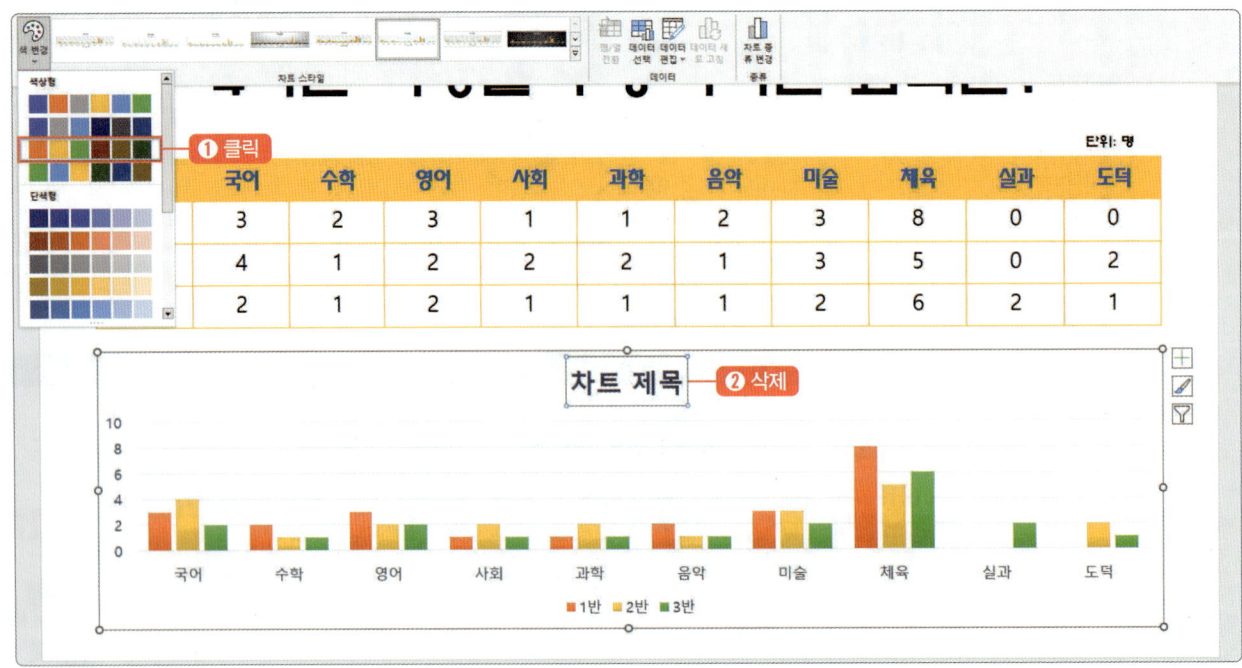

Step 03 차트 종류 변경하기

차트의 종류를 변경할 수 있습니다.

① [새 슬라이드]-[제목만]을 눌러 슬라이드를 추가합니다.

② 2 슬라이드를 클릭하고 그림과 같이 텍스트를 입력한 후 1 슬라이드에서 완성한 차트를 복사하여 붙여 넣기 합니다.

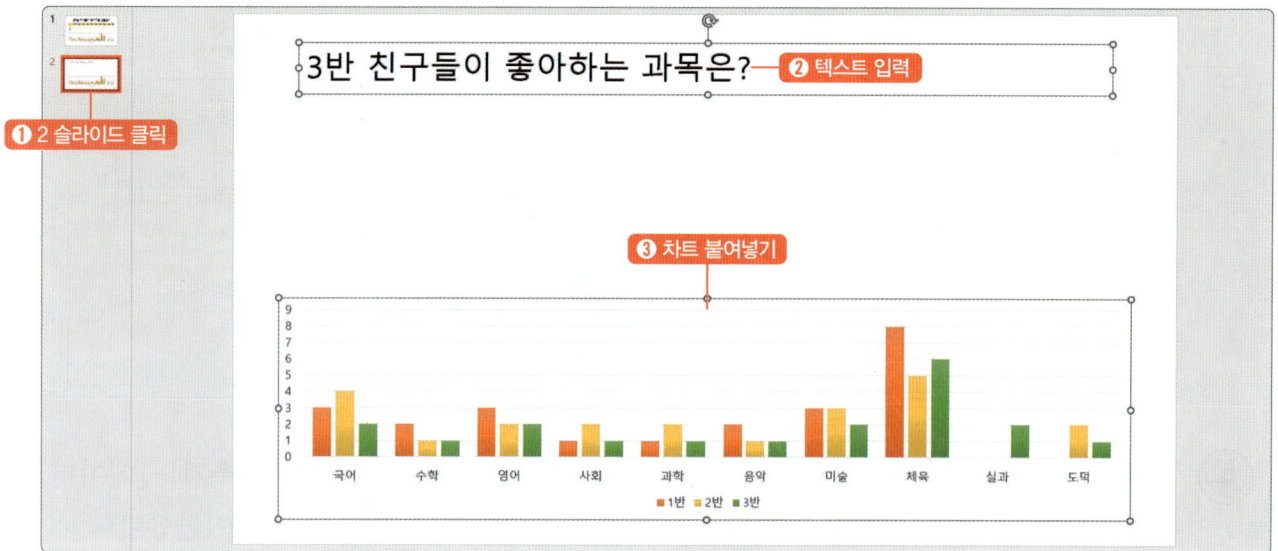

③ 차트를 선택하고 [차트 디자인] 탭-[종류] 그룹-[차트 종류 변경]을 클릭한 후 [원형]-[도넛형]을 선택하고 [확인]을 클릭합니다.

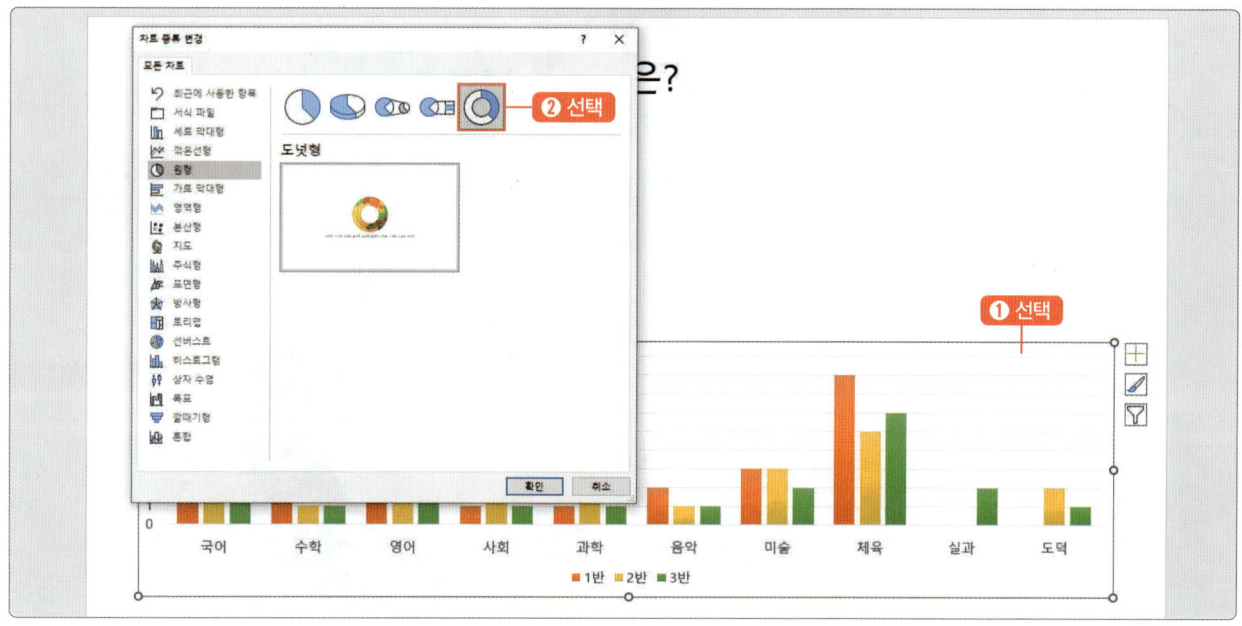

④ 변경한 차트를 슬라이드에 맞추어 조절합니다.

⑤ [차트 디자인] 탭-[데이터] 그룹-[데이터 편집]을 클릭하고 'Microsoft PowerPoint의 차트' 창이 실행되면 '2'행과 '3'행을 선택한 후 마우스 오른쪽 버튼을 클릭하여 [삭제]를 클릭합니다.

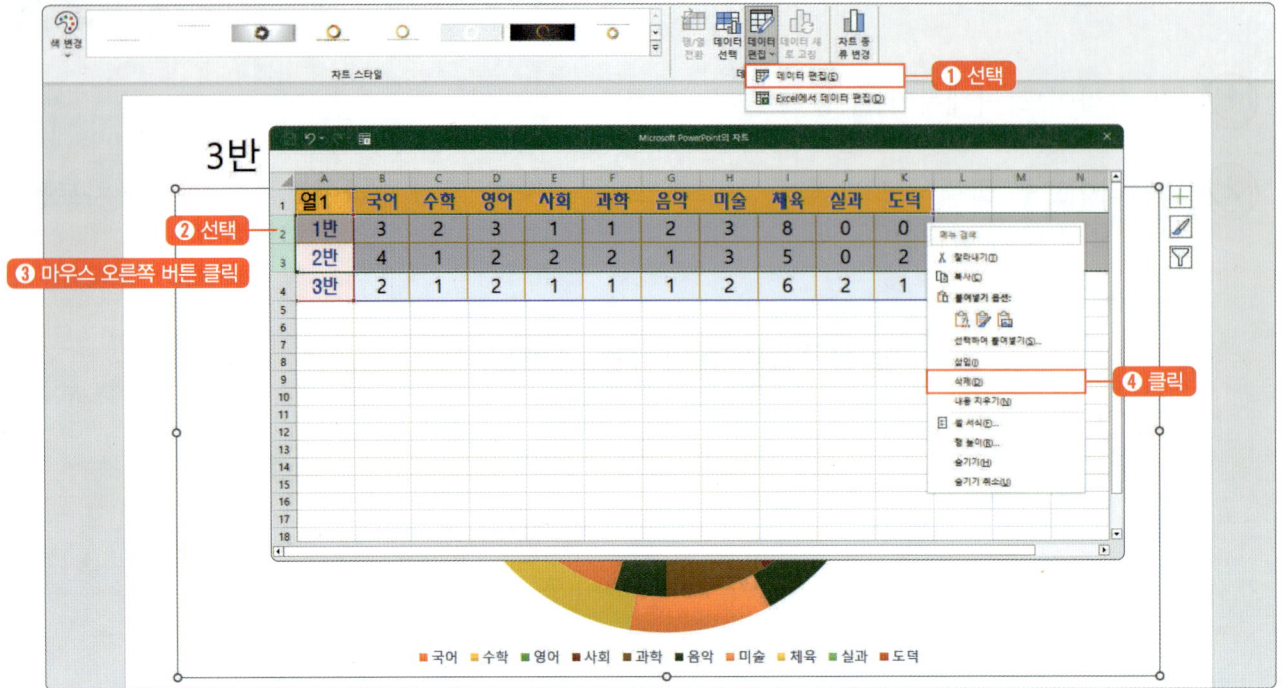

⑥ '차트 계열'을 선택하고 마우스 오른쪽 버튼을 클릭하여 [데이터 레이블 추가]-[데이터 설명선 추가]를 클릭합니다. 이어서 데이터 설명선을 드래그하여 적절한 위치로 이동합니다.

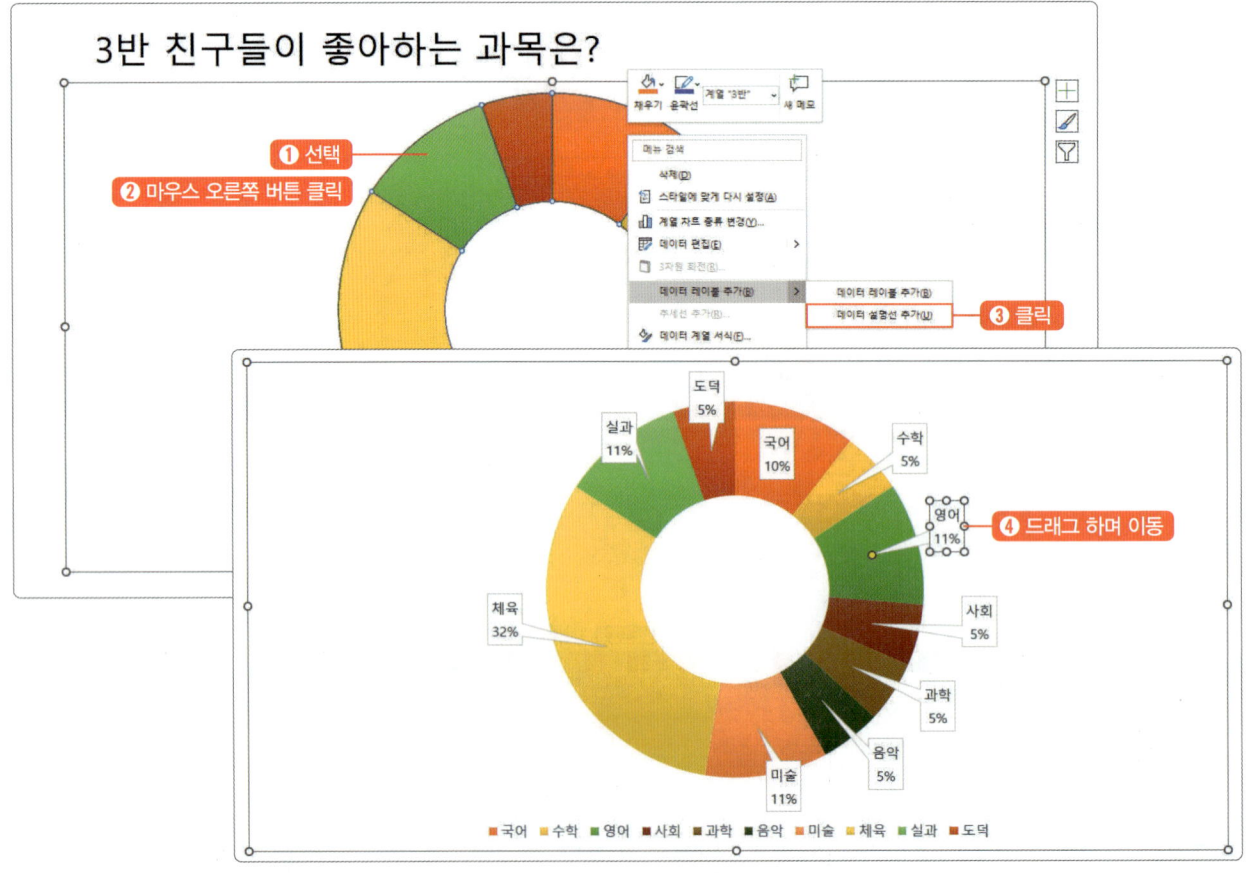

실력 UP! 한 칸 더 GO! GO!

1 파일을 열어 표 데이터를 활용하여 차트를 삽입하고 '아이돌 인기 그래프'를 완성해 보세요.

예제 파일 : 16강_실력1(예제).pptx 완성 파일 : 16강_실력1(완성).pptx

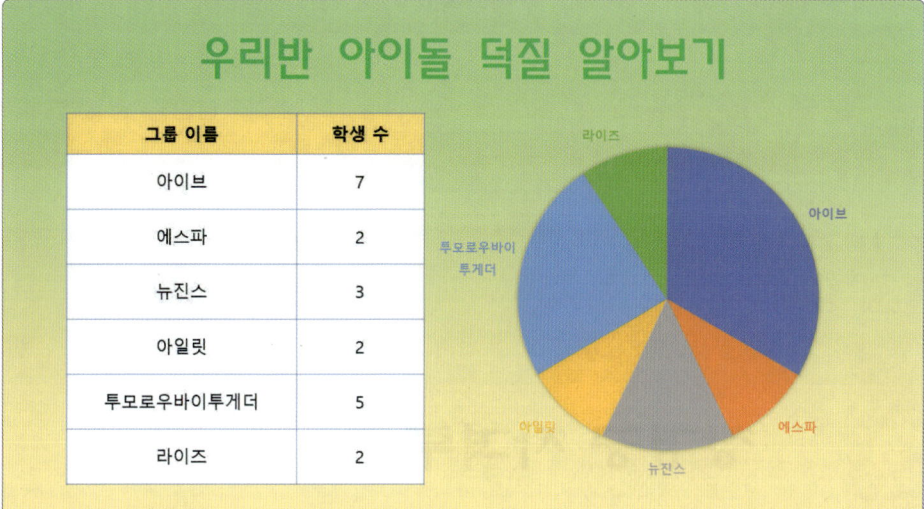

Hint
① 차트: 원형
② 차트 스타일: '스타일 9'

2 파일을 열어 표 데이터를 활용하여 차트를 삽입하고 차트 데이터의 행/열을 전환하여 '아이스크림 취향 차트'를 완성해 보세요.

예제 파일 : 16강_실력2(예제).pptx 완성 파일 : 16강_실력2(완성).pptx

Hint
① 차트: '누적 가로 막대형'
② 색 변경: '다양한 색상표 4'

국가유산 도슨트

| 학습목표 |
- 3D 모델을 삽입할 수 있습니다.
- 전환 기능으로 모핑할 수 있습니다.
- 오디오를 삽입할 수 있습니다.

오늘의 도착지점

예제 파일 : 17강_예제 폴더   완성 파일 : 17강_완성.pptx

창경궁 자격루

- 조선시대 물시계
- 국보 제 229호
- 종류: 유물
- 제작시기: 1536년
- 소장: 국립고궁박물관

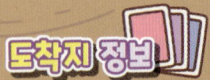

국가유산이란 우리 조상들이 남긴 것으로 삶의 지혜와 살아온 역사를 보여줄 수 있는 귀중한 유산입니다. 박물관이나 유적지에 가면 실제로 볼 수 있는 문화유산은 보는 사람이 문화유산의 역사와 내용을 알 수 있도록 적힌 소개 자료가 있습니다. 소중한 국가문화유산의 소개자료를 만들어 봅니다.

Step 01 3D 모델을 다운로드하여 삽입하기

3d 모델을 다운로드하여 삽입해 봅니다.

① [열기]-[찾아보기]-'17강_예제.pptx' 파일을 불러옵니다.

② 인터넷을 실행하고 공공데이터포털(https://www.data.go.kr) 사이트에 접속합니다. '국가유산 3D 프린팅 데이터 현황'을 입력하여 검색하고 파일데이터를 클릭합니다.

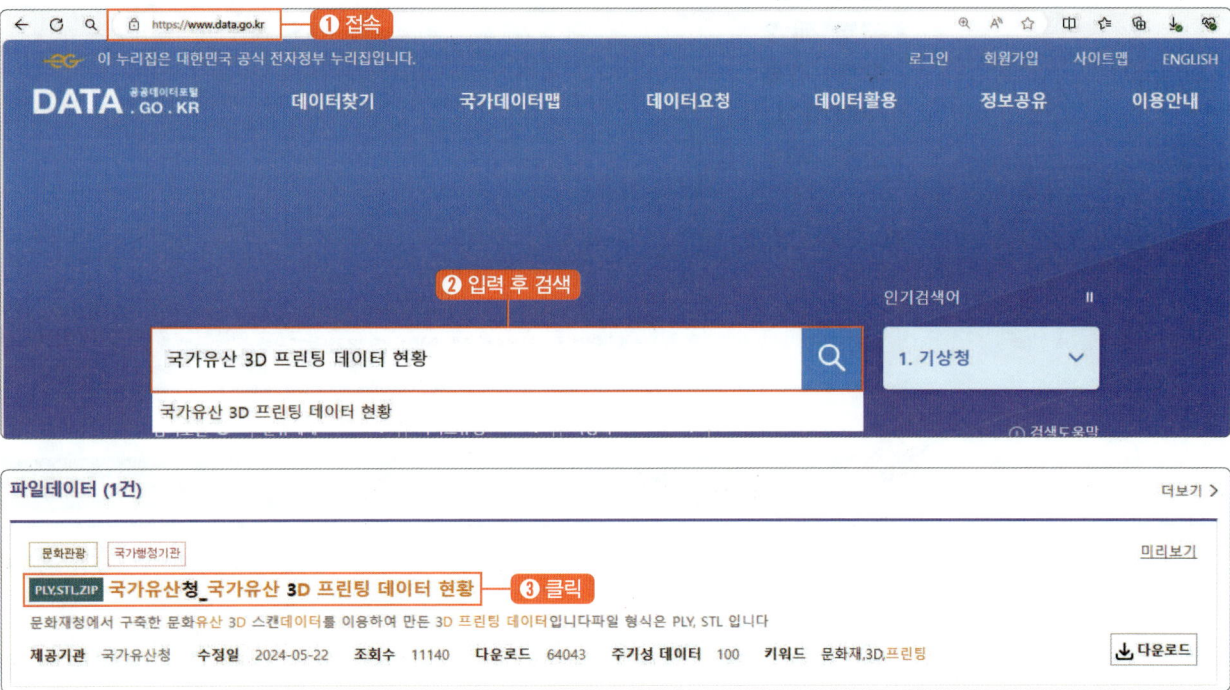

③ '주기성 과거 데이터'에서 '국보 제229호 창경궁 자격루 3D프린팅 데이터'를 찾아 클릭하고 [다운로드]를 클릭합니다.

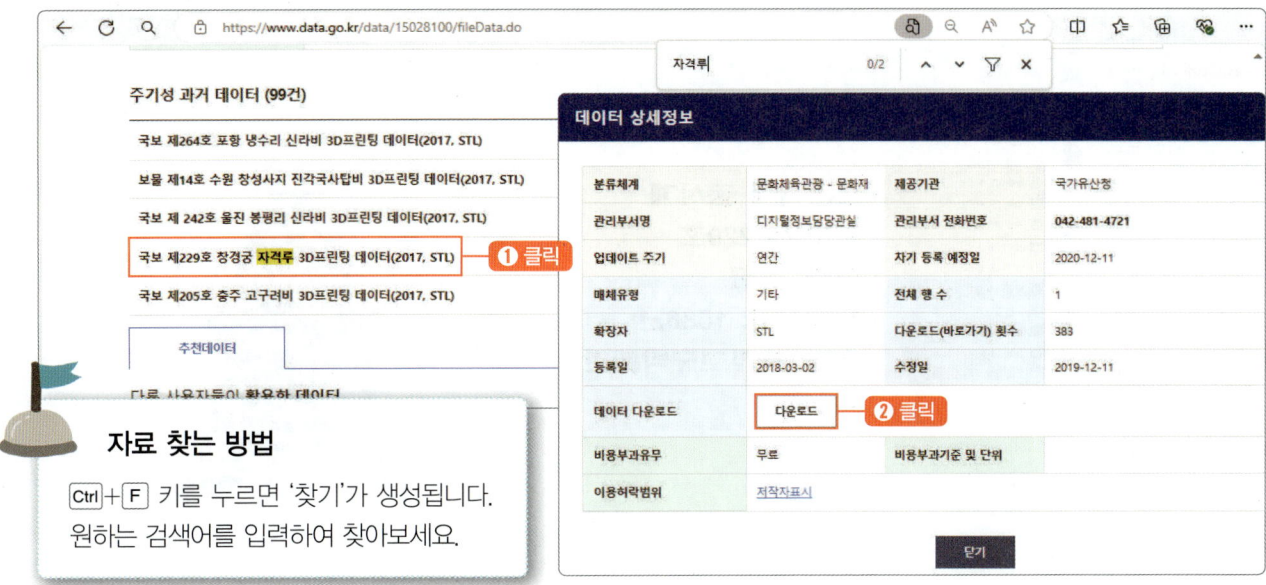

자료 찾는 방법
Ctrl + F 키를 누르면 '찾기'가 생성됩니다.
원하는 검색어를 입력하여 찾아보세요.

④ [삽입] 탭-[일러스트레이션] 그룹-[3D 모델]-[이 디바이스...]를 클릭하고 경로를 지정하여 다운로드 받은 파일을 선택하고 [삽입]을 클릭합니다.

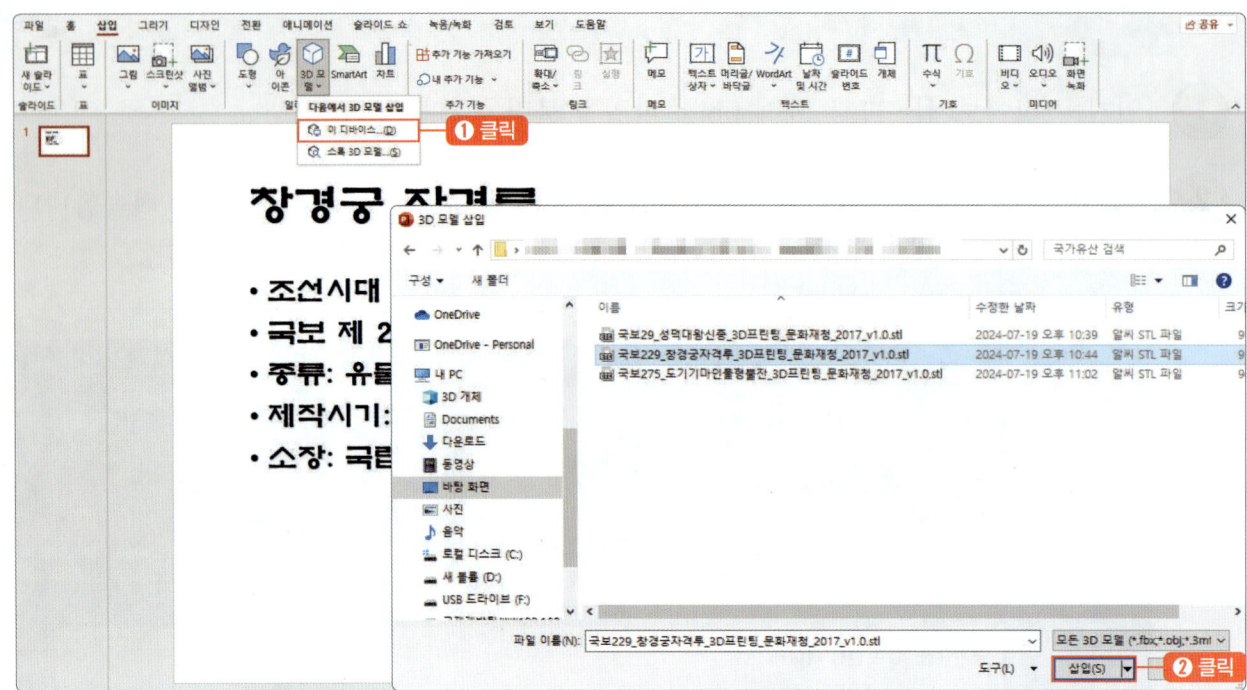

'이 디바이스'에서 가져올 3D 모델 파일이 없다면 [3D 모델링]-'스톡 3D 모델...'을 클릭하여 다양한 3D 모델을 검색한 후 사용해보세요.

⑤ 삽입한 3D 모델을 슬라이드 오른쪽에 배치한 후 크기를 조절합니다.

⑥ 1 슬라이드를 선택하고 [슬라이드 복제]를 클릭하여 6개의 슬라이드로 복제합니다.

Step 02   전환 기능으로 모핑하기

슬라이드 화면 전환 기능을 활용하여 모핑합니다.

① 2 슬라이드의 3D 모델을 선택한 후 [3D 모델] 탭-[3D 모델 보기] 그룹-'왼쪽'을 클릭합니다.

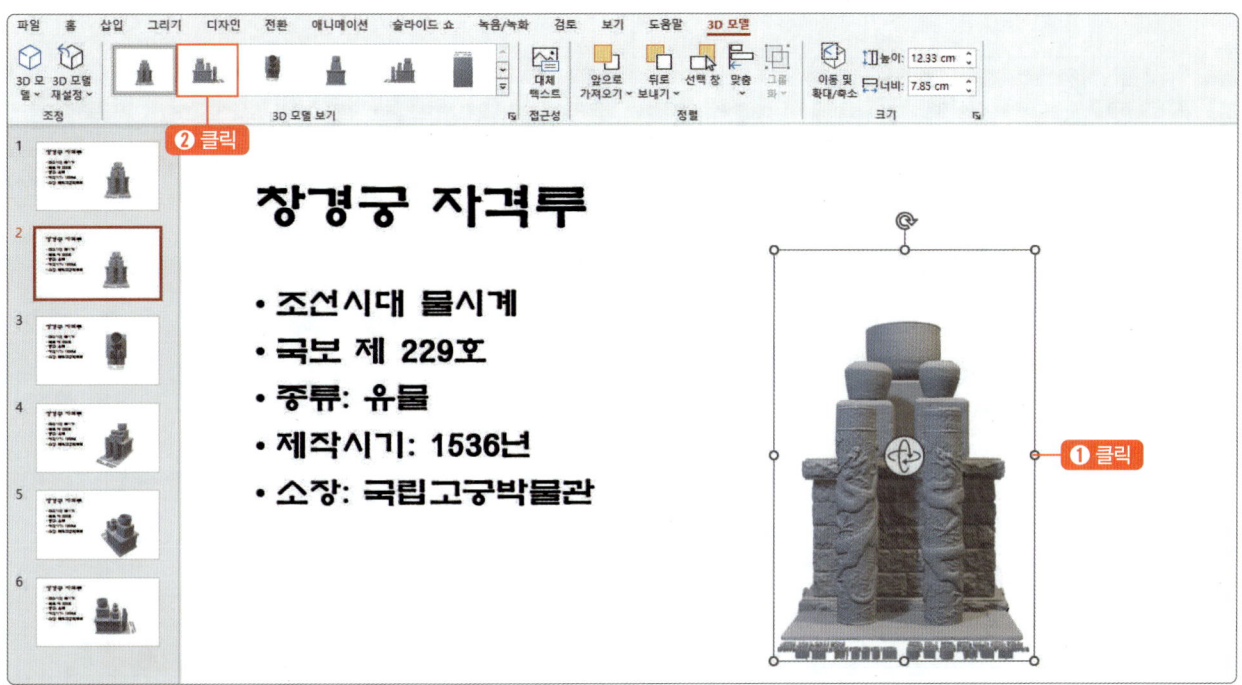

② ①과 같은 방법으로 3 슬라이드의 3D 모델은 '위쪽', 4 슬라이드에는 '위쪽 앞 오른쪽', 5 슬라이드에는 '위쪽 뒤 오른쪽', 6 슬라이드에는 '위쪽 왼쪽'을 적용합니다.

③ 2 슬라이드~ 6 슬라이드를 모두 선택하고 [전환] 탭-[슬라이드 화면 전환]-[모핑]을 선택합니다.

Step 03 오디오 삽입하기

오디오를 삽입해 봅니다.

① 1 슬라이드를 클릭하고 [삽입] 탭-[미디어] 그룹-[오디오]-[내 PC의 오디오]를 클릭한 후 '국가유산해설.mp3'를 삽입합니다.

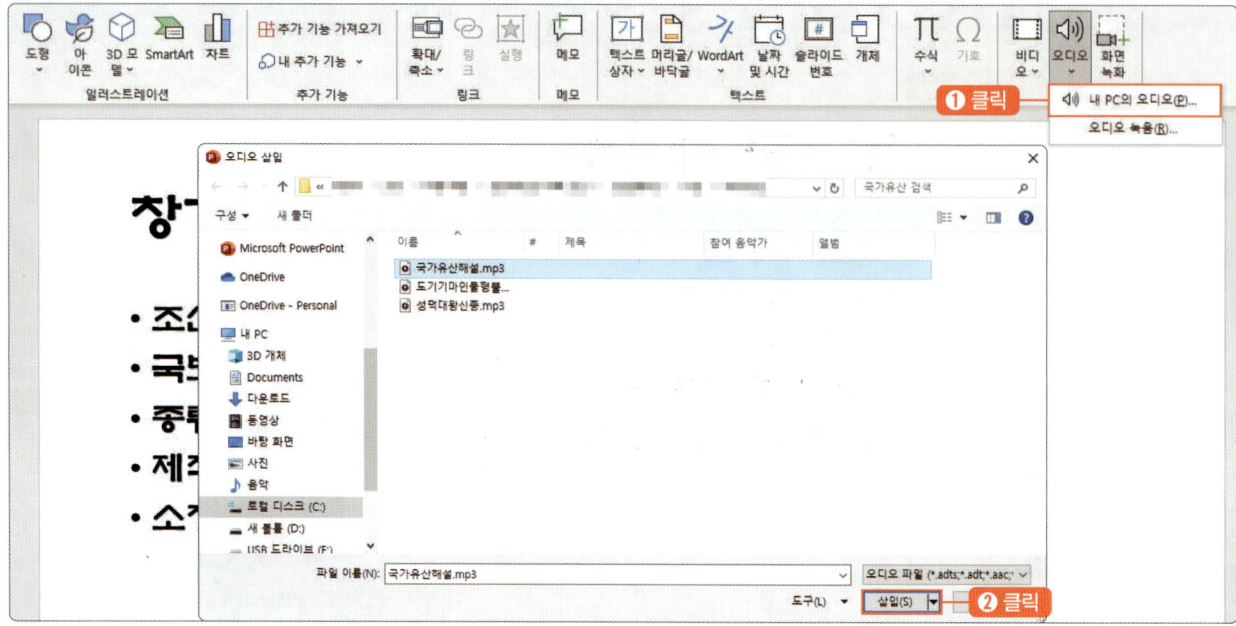

② 삽입한 오디오 파일의 아이콘을 선택하고 [재생] 탭-[오디오 옵션] 그룹-'모든 슬라이드에서 재생'을 체크합니다.

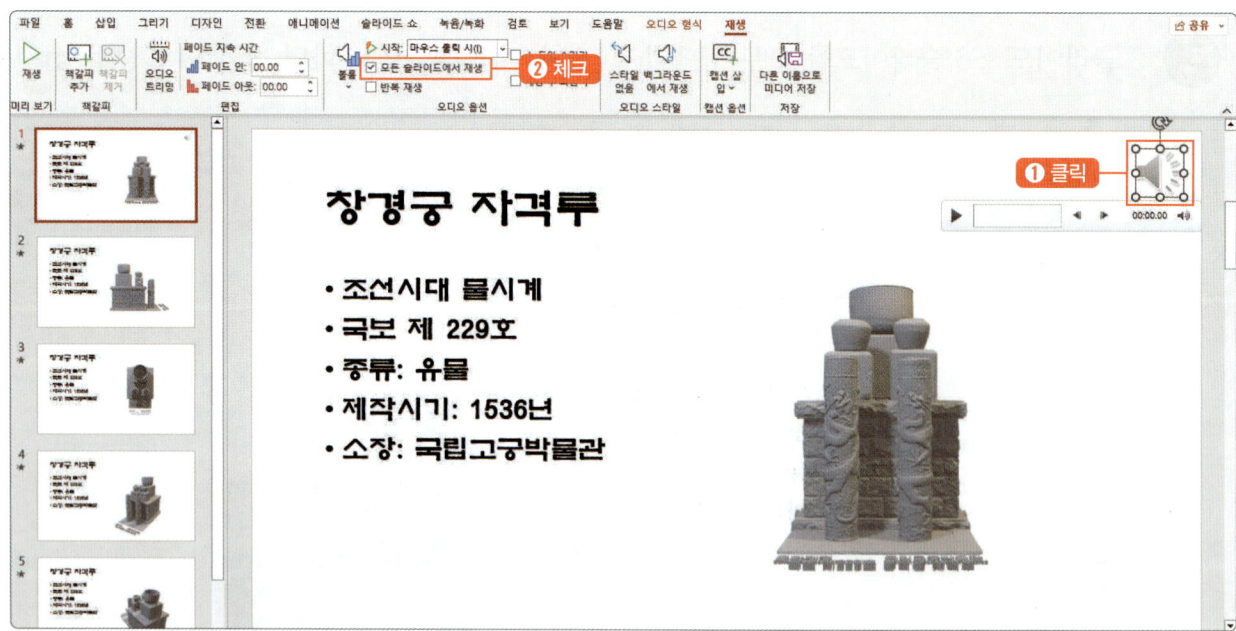

③ 완성한 슬라이드 쇼를 확인합니다.

1 3D 모델을 삽입하고 모핑하여 '도기기마인물형뿔잔'을 완성해 보세요.

예제 파일 : 17강_실력예제 폴더   완성 파일 : 17강_실력1(완성).pptx

도기기마인물형뿔잔

- 가야 시대의 토기
- 갑옷을 입은 인물과 말을 묘사
- 국보 제275호
- 분류 : 유물
- 소재지 : 국립경주박물관
- 시대 : 삼국시대(5세기)
- 지정일 : 1993.01.15

Hint

① 3D 모델: 2 슬라이드-'왼쪽',
  3 슬라이드-'오른쪽',
  4 슬라이드-'아래쪽',
  5 슬라이드-'위쪽 왼쪽',
  6 슬라이드-'아래쪽 오른쪽'

---

2 3D 모델을 삽입하고 모핑하여 '성덕대왕신종'을 완성해 보세요.

예제 파일 : 17강_실력예제 폴더   완성 파일 : 17강_실력2(완성).pptx

성덕대왕신종

- 에밀레종이라고도 불림
- 국보 29호
- 소재지 : 경주박물관
- 분류 : 유물
- 지정일 : 1962년 12월 20일
- 제작시기 : 통일신라 혜공왕 7년(771)

Hint

① 3D 모델: 2 슬라이드-'위쪽',
  3 슬라이드-'아래쪽',
  4 슬라이드-'위쪽 앞 왼쪽',
  5 슬라이드-'위쪽 오른쪽',
  6 슬라이드-'아래쪽 왼쪽'

GAME 18 말하는 웹툰

| 학습목표 |
- 도형을 편집할 수 있습니다.
- 도형을 그림으로 채울 수 있습니다.
- 개체를 클릭했을 때 소리를 실행할 수 있습니다.

오늘의 도착지점

🔑 예제 파일 : 18강_예제 폴더   🔑 완성 파일 : 18강_완성.pptx

도착지 정보

웹툰은 웹 사이트에서 볼 수 있는 만화로 보는 사람이 내용을 쉽고 빠르게 이해할 수 있으면서 익살스럽게 그린 것입니다. 웹툰에서는 등장인물의 대사를 주로 말풍선을 이용하여 나타냅니다. 웹툰 대사에 소리를 넣어 나만의 말하는 웹툰을 만들어 봅니다.

Step 01 도형 편집하기

도형을 다른 모양으로 편집해 봅니다.

① 새 프레젠테이션을 생성한 후 [빈 화면]으로 변경합니다.

② [삽입] 탭-[도형]-'직사각형'을 삽입한 후 [도형 서식] 탭-[도형 삽입] 그룹-[도형 편집]-[점 편집]을 클릭합니다.

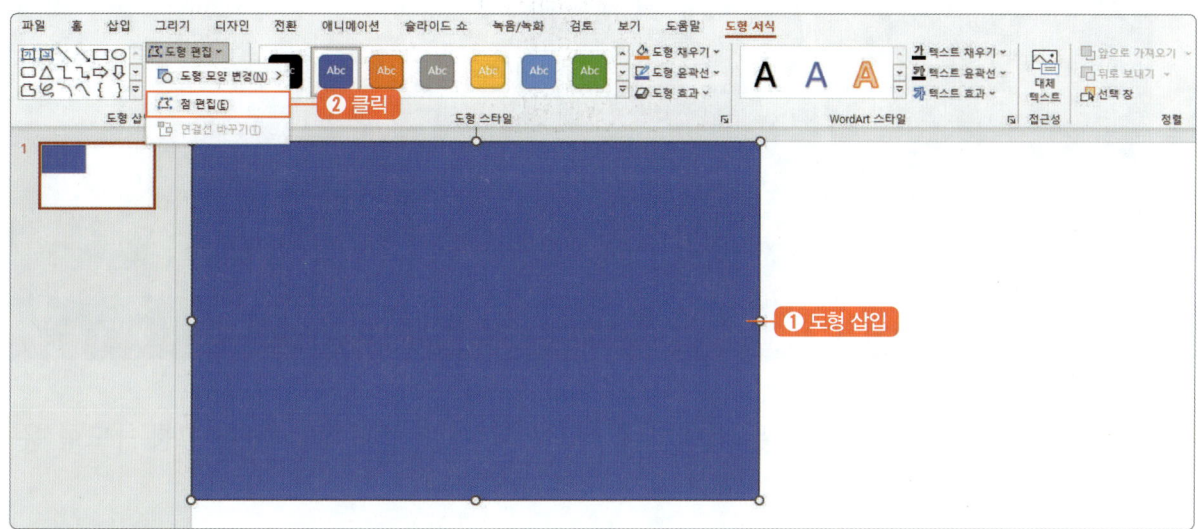

③ 도형의 모서리에 생성된 검정색 네모점을 드래그하여 도형의 형태를 바꿉니다.

이해 쏙! TIP!

- 검정색 네모점은 도형의 각진 부분에 생성되어, 점을 추가하면 각을 만들 수 있어요.
- 흰색 네모점을 드래그하면 도형의 선이 곡선으로 바뀌어요.

'직사각형' 도형을 삽입하고 ❸과 같은 방법으로 그림과 같이 도형을 편집하고 배치해 봅니다.

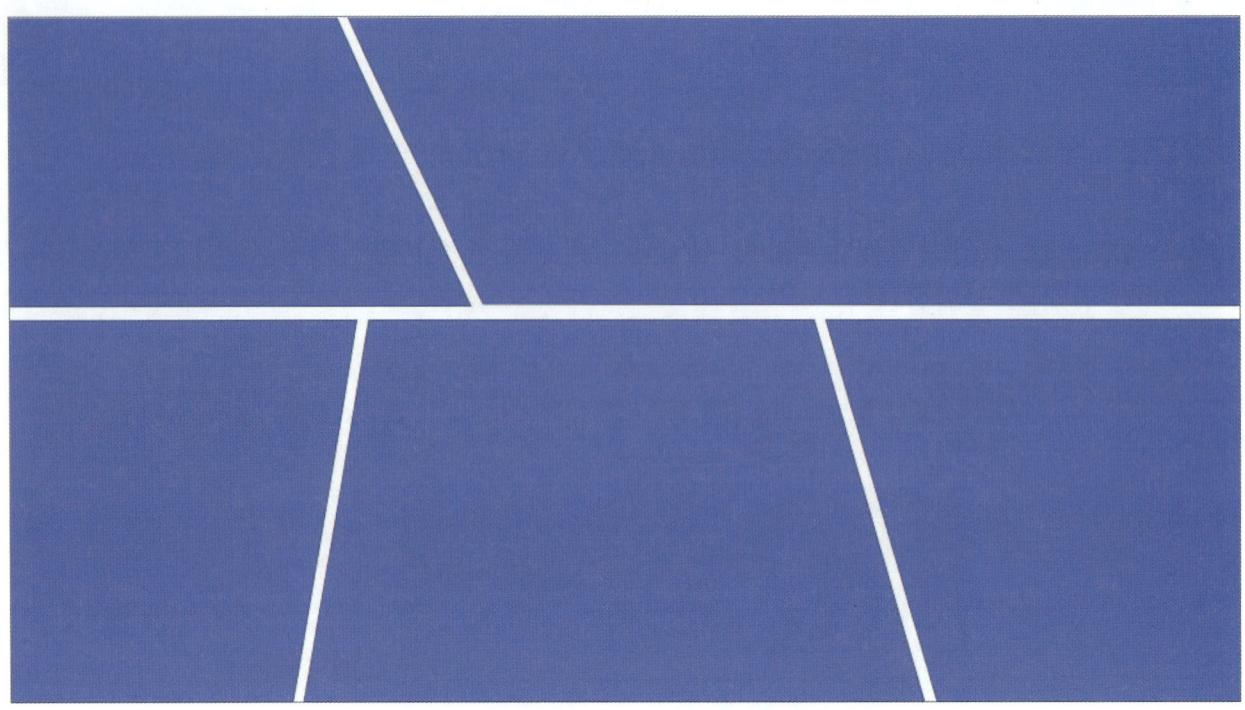

⑤ Ctrl 키를 누른 채로 도형을 모두 선택한 후 [도형 서식] 탭-[도형 스타일] 그룹-[도형 윤곽선]을 클릭하여 색을 '검정, 텍스트 1', 두께를 '3pt'로 변경합니다.

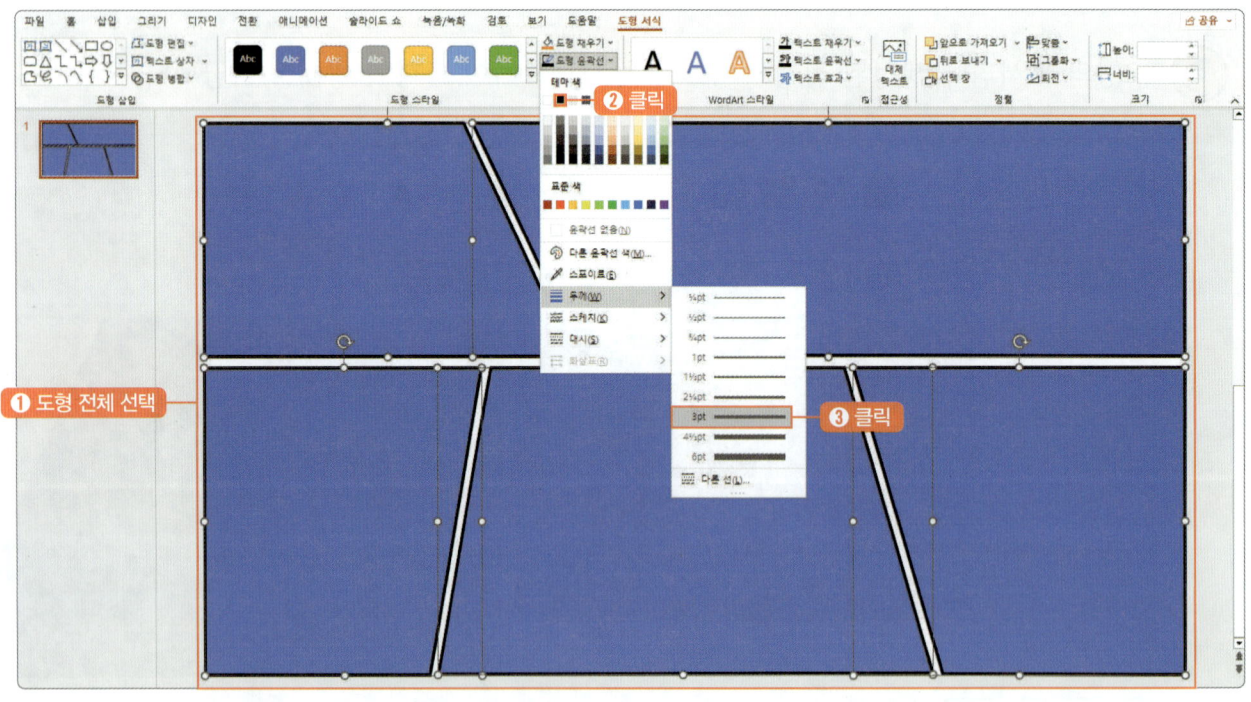

Ctrl + A 키를 누르면 모든 개체를 선택할 수 있어요.

Step 02 도형을 그림으로 채우기

도형을 그림으로 채워 봅니다.

① 삽입한 도형을 클릭하고 [도형 채우기]-[그림]을 클릭하여 각각의 도형에 그림과 같이 '장면1' ~'장면5' 그림을 삽입합니다.

② [삽입] 탭-[일러스트레이션] 그룹-[도형]-'말풍선: 타원형'과 '생각 풍선: 구름 모양'을 삽입합니다. 그 다음 그림과 같이 텍스트를 입력하고 서식을 변경합니다.

Step 03 오디오 실행하기

마우스를 클릭할 때 소리가 재생되도록 실행해 봅니다.

① 첫 번째 도형을 선택한 후 [삽입] 탭-[링크] 그룹-[실행]을 클릭하고 [마우스를 클릭할 때] 탭-'소리 재생'을 클릭하여 체크합니다.

② 이어서 '소리 재생'의 목록 상자를 클릭하여 [다른 소리...]를 클릭하고 '쉿1.wav'을 선택합니다. 그 다음 '클릭할 때 색 변화'를 체크한 후 [확인]을 클릭합니다.

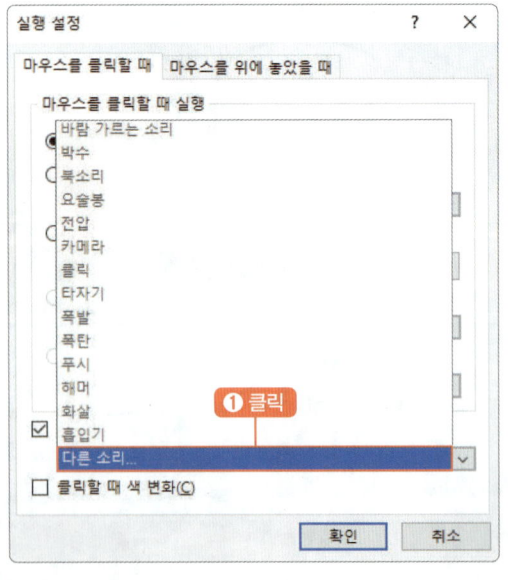 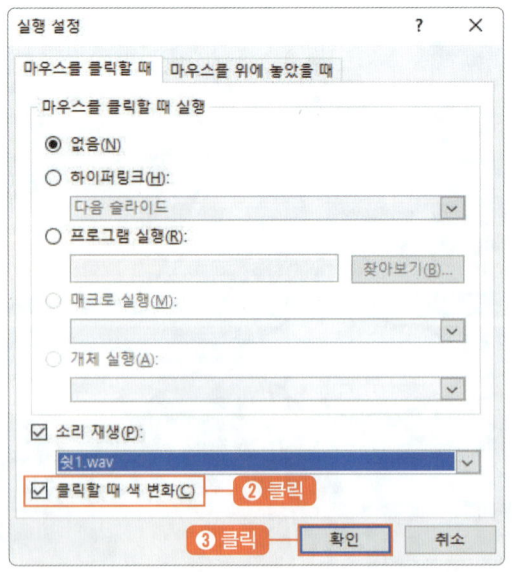

③ ①~②와 같이 다른 도형 텍스트에 맞는 소리를 설정합니다.

1 그림에 소리를 실행하여 '연주회'를 완성해 보세요.

예제 파일 : 18강_실력예제 폴더   완성 파일 : 18강_실력1(완성).pptx

Hint
① 그림: '악기1', '악기2', '악기3', '악기4', '악기5'

2 도형에 소리를 실행하여 '피아노'를 완성해 보세요.

예제 파일 : 18강_실력예제 폴더   완성 파일 : 18강_실력2(완성).pptx

Hint
① 도형: '순서도:지연', '사각형: 둥근 모서리'
② WordArt: '채우기: 황금색, 강조색 4, 부드러운 입체'

GAME 18 말하는 웹툰 _ **117**

19 마을버스 노선도

| 학습목표 |
- 자유형 도형을 삽입할 수 있습니다.
- 하나의 개체에 여러 애니메이션을 추가할 수 있습니다.
- 사용자 지정 애니메이션을 추가할 수 있습니다.

오늘의 도착지점

예제 파일 : 19강_예제.pptx   완성 파일 : 19강_완성.pptx

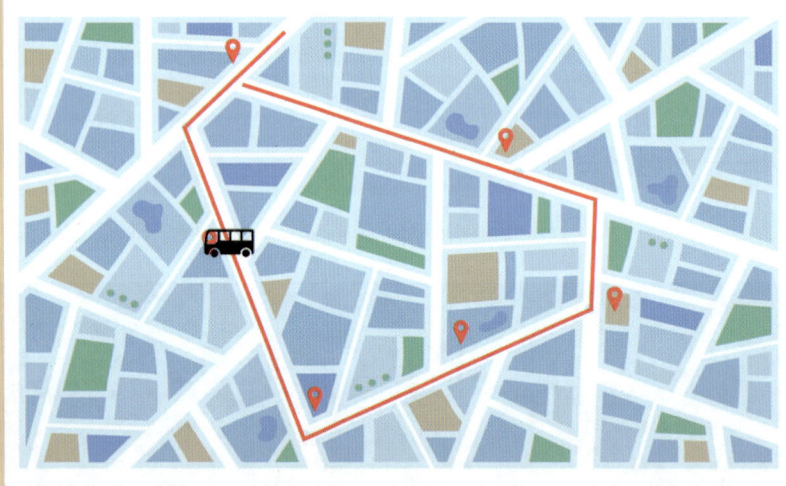

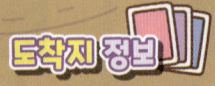 도착지 정보

노선은 일정한 출발지와 도착지 사이를 반복해서 운행하는 길을 말합니다. 시내버스가 들어갈 수 없는 작은 길을 다니는 마을버스는 골목 사이사이가 노선입니다. 지도 속 우리 동네 마을버스의 노선을 만들어 봅니다.

Step 01 자유형 도형 삽입하기

자유형 도형을 그림에 맞추어 삽입해 봅니다.

① [열기]-[찾아보기]-'19강_예제.pptx'를 불러옵니다.

② [삽입] 탭-[일러스트레이션] 그룹-[아이콘]을 클릭하여 '버스'를 검색한 후 삽입하고 [좌우대칭]으로 방향에 맞춰 배치합니다.

③ [삽입] 탭-[일러스트레이션] 그룹-[도형]-[선]-'자유형: 도형(⌫)'을 선택합니다.

④ 마우스를 차례대로 6번 클릭한 후 Esc 키를 눌러 자유형 도형을 삽입한 후 [도형 윤곽선]-'빨강', '3pt'로 변경합니다.

GAME 19 마을버스 노선도 _ 119

Step 02 애니메이션 추가하기

하나의 개체에 두 개 이상의 애니메이션을 추가해 봅니다.

① 1 슬라이드를 클릭하고 [슬라이드 복제]를 눌러 슬라이드를 추가합니다.

② 2 슬라이드의 '버스' 아이콘을 클릭한 후 [애니메이션] 탭-[애니메이션] 그룹-[나타내기]-'밝기 변화'를 클릭하고 재생 시간을 '01.00'초로 변경합니다.

③ 이어서 [애니메이션] 탭-[고급 애니메이션] 그룹-[애니메이션 추가]-[강조]-'흔들기'를 클릭한 후 '추가 효과 옵션 표시( )'를 클릭하여 [타이밍] 탭에서 시작을 '이전 효과 다음에'로 지정합니다.

Step 03 사용자 지정 애니메이션

사용자 지정 애니메이션을 추가해 봅니다.

① 2 슬라이드를 선택하고 마우스 오른쪽 버튼을 클릭하여 [슬라이드 복제]로 '5'개의 슬라이드를 추가합니다.

② 2 슬라이드를 클릭한 후 [고급 애니메이션] 그룹-[애니메이션 창]을 누릅니다.

③ '버스' 아이콘을 선택한 후 [애니메이션] 탭-[고급 애니메이션] 그룹-[애니메이션 추가]를 클릭하고 [이동 경로]-'사용자 지정..'을 클릭합니다.

GAME 19 마을버스 노선도 _ **121**

④ 마우스로 이동할 곳을 차례로 클릭한 다음 Esc 키를 눌러 경로 애니메이션을 삽입합니다. 이어서 [애니메이션 창]에서 '이동 경로' 애니메이션을 클릭하고 '이전 효과 다음에 시작'을 클릭합니다.

⑤ 3~7 슬라이드마다 '버스' 아이콘을 위치에 맞게 이동한 후 ②~④와 같은 방법으로 사용자 지정 경로 애니메이션을 추가합니다.

1 사용자 지정 경로를 이용하여 '나비가 날아다니는 꽃밭'을 완성해 보세요.

🔑 예제 파일 : 19강_실력예제 폴더   🔑 완성 파일 : 19강_실력1(완성).pptx

Hint
① 배경서식: 그림 및 서식 채우기-
   '꽃밭.jpg'
② 그림: '나비1~3.png'
③ 애니메이션: '사용자 지정 경로'

이해 쏙! TIP!

'사용자 지정 경로' 애니메이션 삽입 시 드래그하면 곡선으로 그릴 수 있어요.

2 자유형 도형을 그리고 사용자 지정 경로를 이용하여 '미로 탈출'을 완성해 보세요.

🔑 예제 파일 : 19강_실력예제 폴더   🔑 완성 파일 : 19강_실력2(완성).pptx

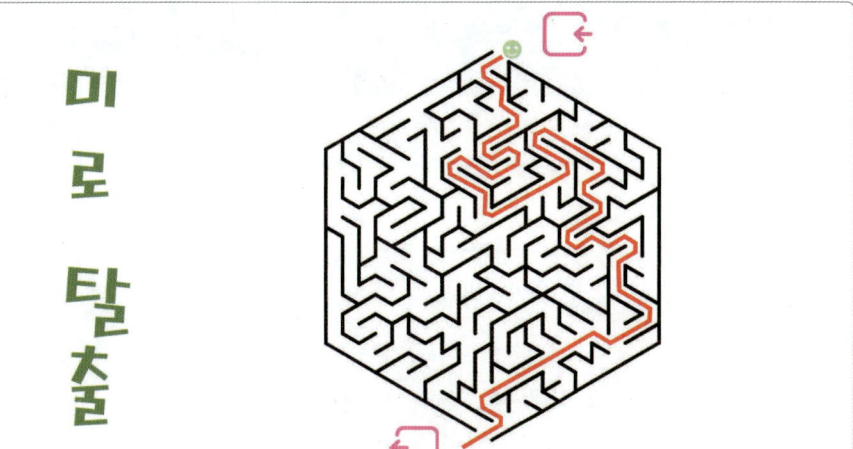

Hint
① 도형: '자유형: 도형', '빨강', '4½pt'
② 애니메이션: '사용자 지정 경로'

GAME 20 마우스 대탈출

| 학습목표 |
- 도형을 삽입할 수 있습니다.
- 하이퍼링크를 실행할 수 있습니다.
- 하이퍼링크를 연결할 수 있습니다.

오늘의 도착지점

예제 파일 : 20강_예제 폴더   완성 파일 : 20강_완성.pptx

도착지 정보

마우스는 컴퓨터에 입력하는 장치로, 어떤 위치를 가리키고 그 위치로부터 다른 곳으로 이동하거나 선택하기 위한 장치입니다. 화살표 모양의 커서로 사용자가 원하는 방향대로 움직일 수 있습니다. 마우스 커서를 움직여 벽에 닿지 않고 탈출하는 마우스 탈출게임을 만들어 봅니다.

Step 01 도형 삽입하기

도형을 삽입하고 변경할 수 있습니다.

① [열기]-[찾아보기]-'20강_예제.pptx'를 불러옵니다.

② 1 슬라이드를 선택한 후 '사각형: 빗면(▭)' 도형을 삽입하고 그림과 같이 텍스트를 입력하고 [도형 서식]을 변경합니다.

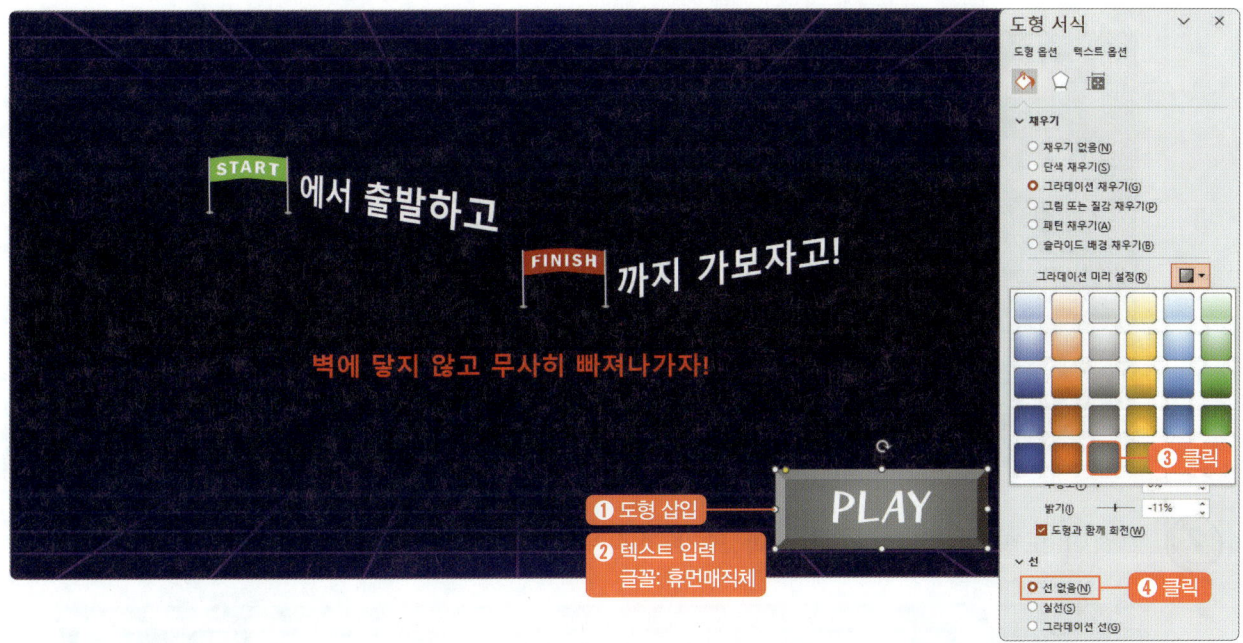

③ '사각형: 빗면'을 복사하여 3 슬라이드에 2번 붙여넣기 한 후 그림과 같이 텍스트를 변경하고 [도형 서식]에서 '그라데이션 미리 설정'을 변경합니다.

Step 02 하이퍼링크 실행 설정하기

마우스를 위에 놓았을 때, 마우스를 클릭할 때 하이퍼링크가 실행되도록 설정해 봅니다.

① 2 슬라이드를 클릭한 후 도형을 선택하고 [삽입] 탭-[링크] 그룹-[실행]을 클릭합니다. [마우스를 위에 놓았을 때] 탭을 클릭하고 하이퍼링크를 '마지막 슬라이드'로 지정합니다.

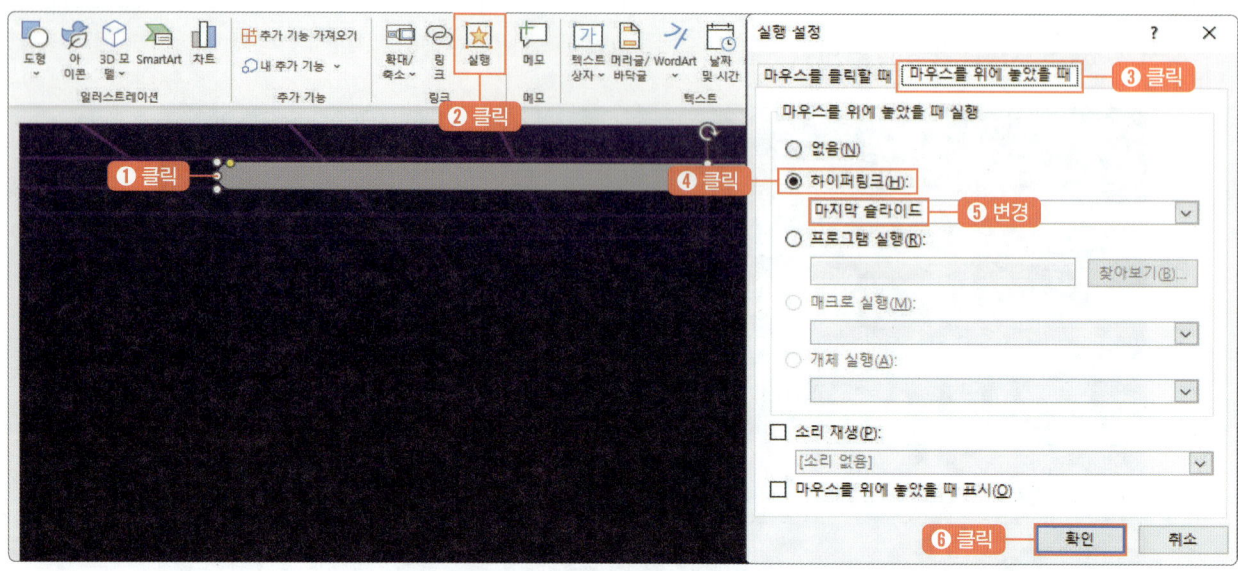

② 설정한 도형을 복사하고 회전과 크기 조절을 하여 그림과 같이 미로를 만듭니다.

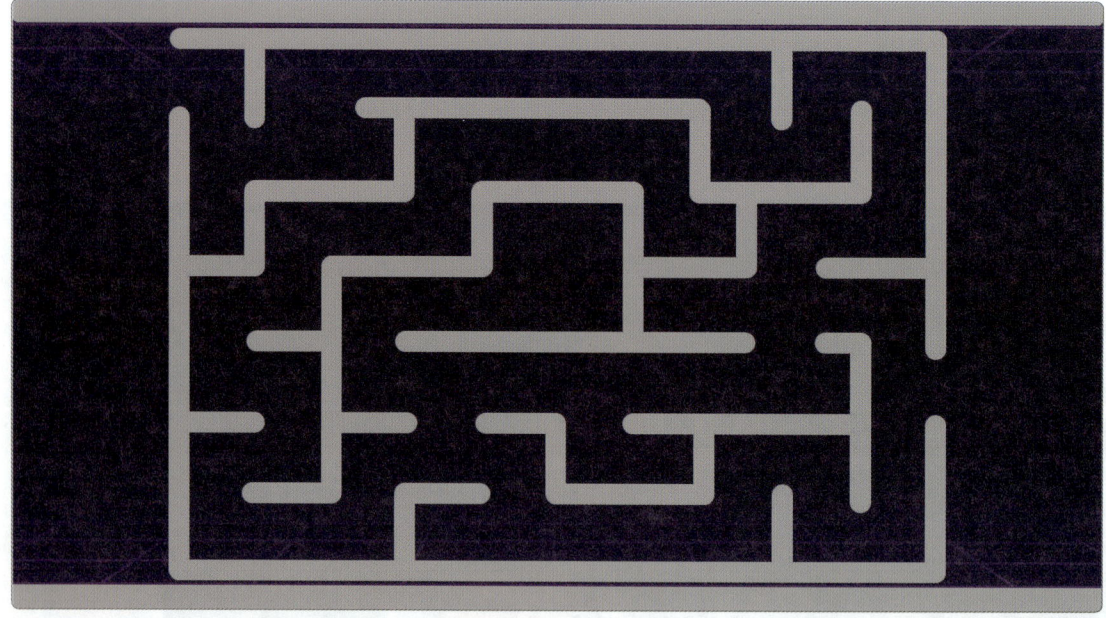

미로를 만들기 어렵다면 예제 폴더 속 '게임배경.png' 파일로 배경 서식을 바꾸고 따라 만들어 보세요.

③ 1 슬라이드의 'START'와 'FINISH' 그림을 복사하여 미로 시작과 끝에 붙여 넣습니다.

④ 'FINISH' 그림을 선택한 후 [삽입] 탭-[링크] 그룹-[실행]-[마우스를 위에 놓았을 때]를 클릭하고 하이퍼링크를 '다음 슬라이드'로, 소리 재생을 체크하여 '박수'로 지정하고 [확인]을 클릭합니다.

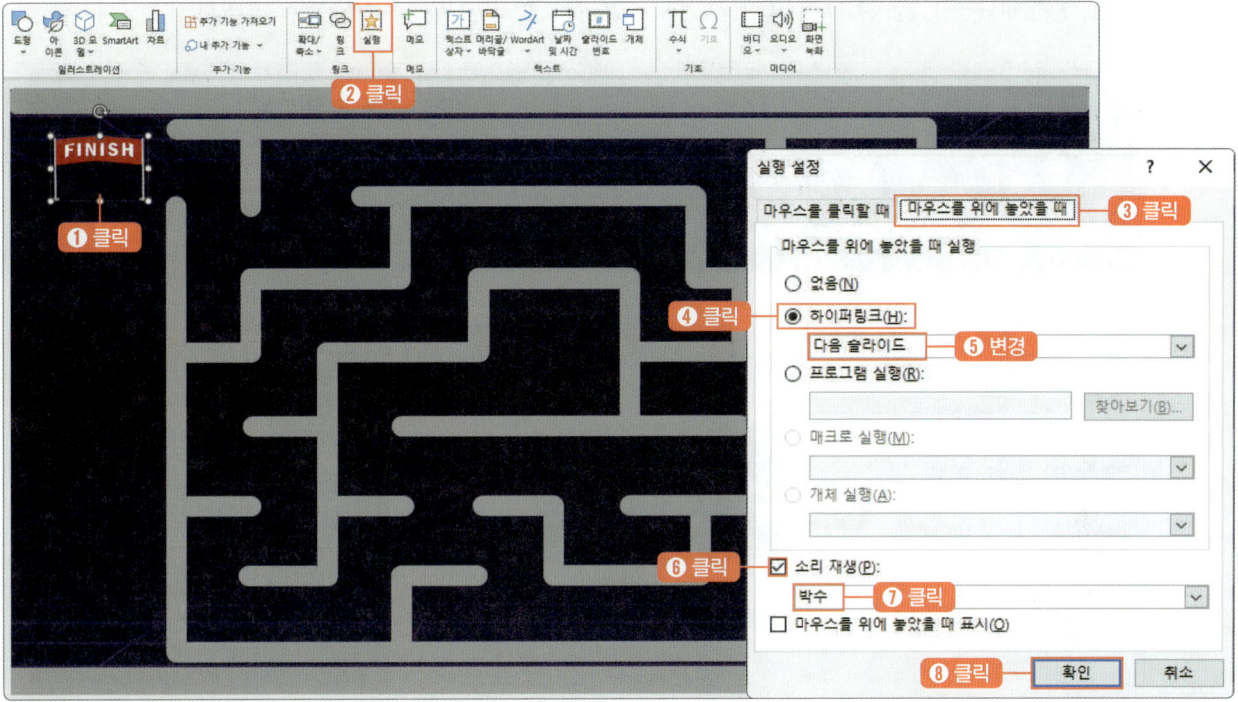

⑤ 3 슬라이드를 클릭한 후 '끝내기' 도형을 선택하고 [삽입] 탭-[링크] 그룹-[실행]-[마우스를 클릭할 때] 탭을 클릭하고 하이퍼링크를 '쇼 마침'으로 지정하고 [확인]을 클릭합니다.

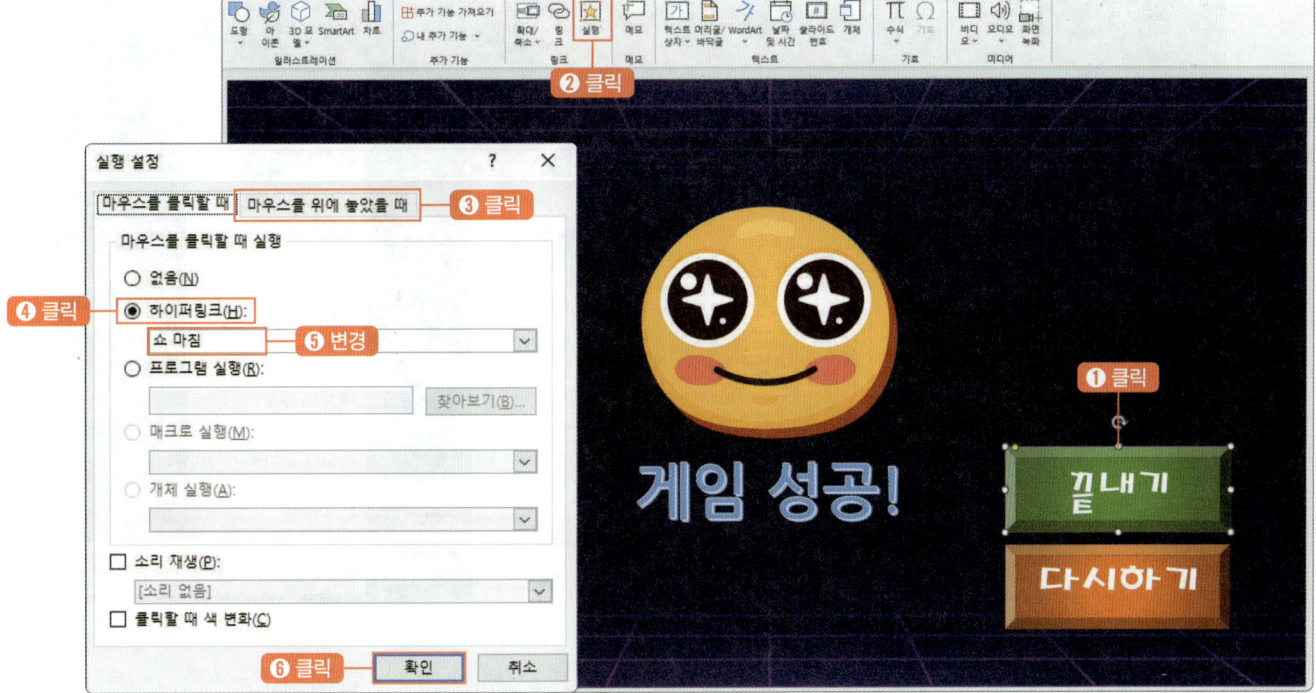

Step 03 하이퍼링크 연결 설정하기

원하는 슬라이드로 하이퍼링크가 연결되도록 설정해 봅니다.

① 1 슬라이드의 'PLAY' 도형을 선택한 후 마우스 오른쪽 버튼을 클릭하여 [하이퍼링크]를 클릭합니다. [현재 문서]를 클릭하고 [슬라이드 2]를 클릭한 후 [확인]을 클릭합니다.

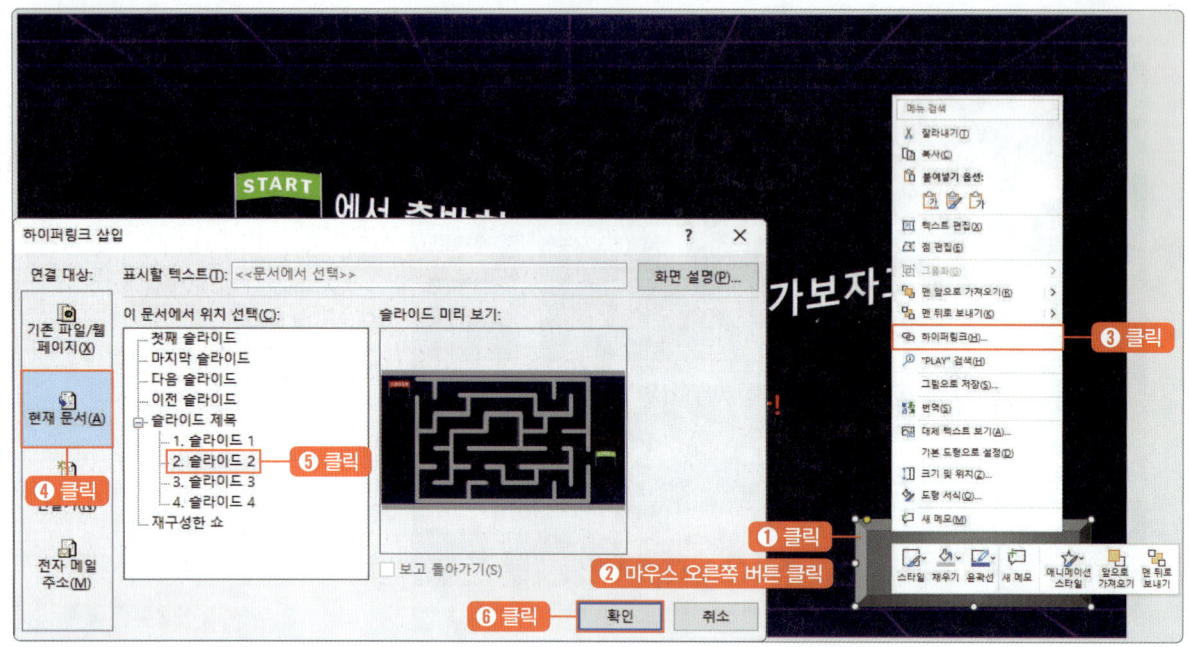

② 3 슬라이드의 '다시하기' 도형도 ①과 같은 방법으로 '슬라이드 2'에 하이퍼링크를 연결합니다.

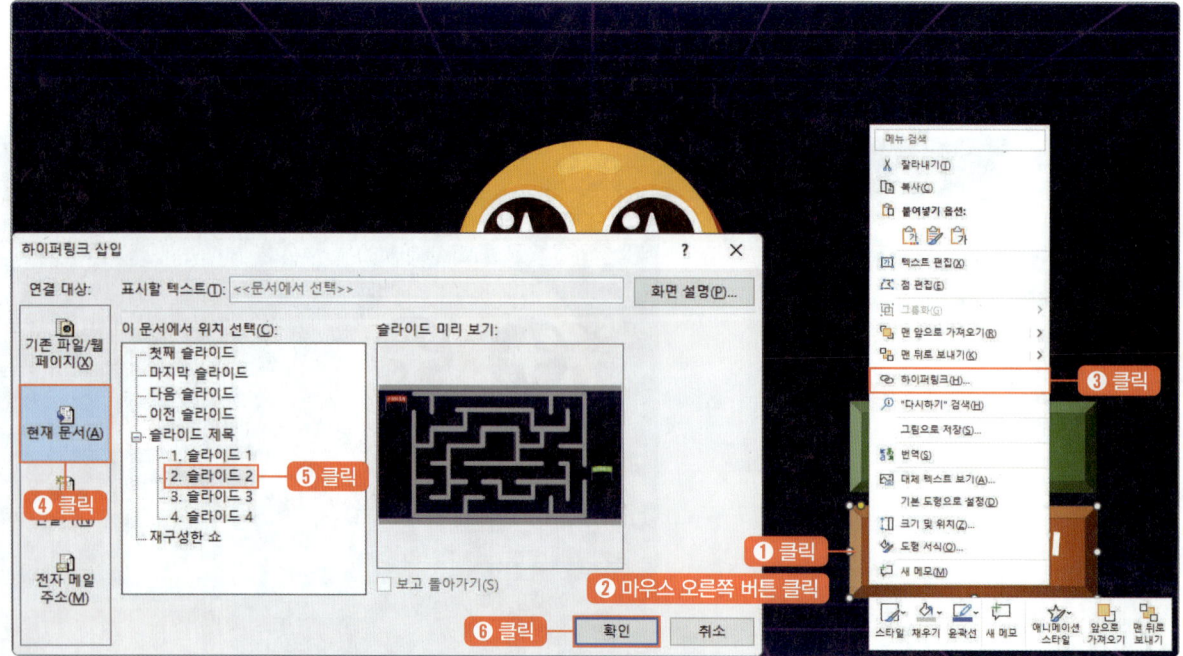

③ '끝내기'와 '다시하기' 도형을 모두 복사한 후 4 슬라이드에 붙여 넣습니다.

1 하이퍼링크 실행을 설정하여 '아이스크림 뽑기'를 완성해 보세요.

Hint
① 빨강 직사각형: 마우스를 위에 올렸을 때 '슬라이드 2'
② 주황 직사각형: 마우스를 위에 올렸을 때 '슬라이드 3'
③ 파랑 직사각형: 마우스를 위에 올렸을 때 '슬라이드 4'

2 하이퍼링크 연결을 설정하여 '우주여행'을 완성해 보세요.

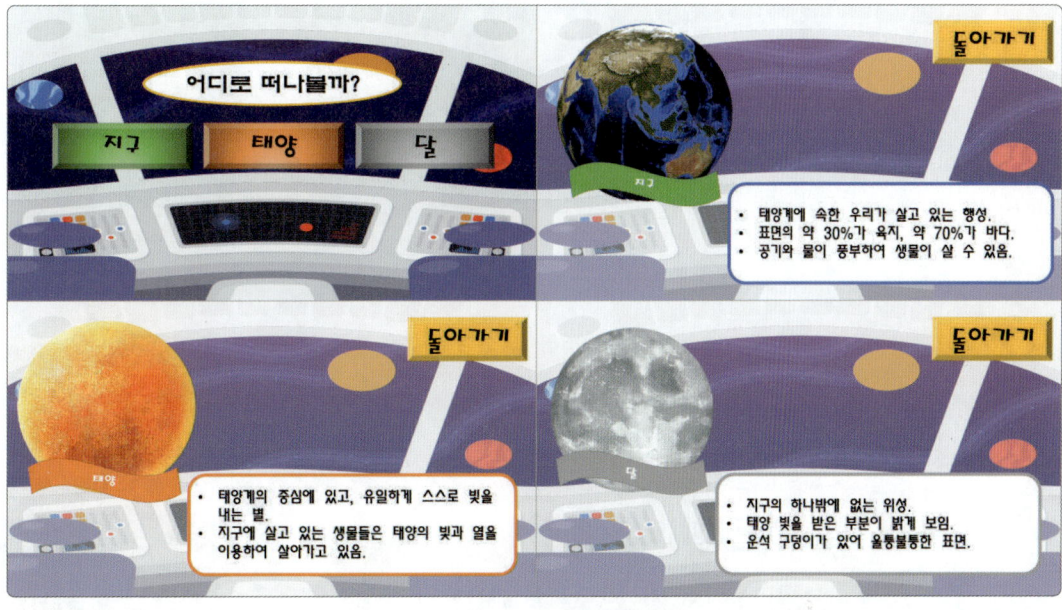

 Hint
① 도형: '사각형: 빗면'-그라데이션 채우기
② 하이퍼링크 연결: '지구'-'슬라이드 2', '태양'-'슬라이드 3', '달'-'슬라이드 4', '돌아가기'-'슬라이드 1'

GAME 21 화면 속 동화책

| 학습목표 |
- 도형을 삽입할 수 있습니다.
- 화면을 전환할 수 있습니다.
- 애니메이션의 옵션을 변경할 수 있습니다.

오늘의 도착지점

예제 파일 : 21강_예제 폴더   완성 파일 : 21강_완성.pptx

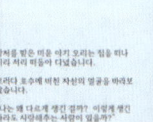

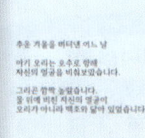

도착지 정보

동화는 글쓴이가 이야기를 상상하여 어린이를 위해서 쓴 이야기입니다. 꿈을 심어주거나 재미있는 상상을 할 수 있는 내용으로 이루어져 있습니다. 화면 속에서 책장을 넘기며 읽는 동화책을 만들어 봅니다.

Step 01 그림과 도형 삽입하기

그림과 도형을 삽입하고 서식을 변경해 봅니다.

① [열기]-[찾아보기]-'21강_예제.pptx'를 불러옵니다.

② [보기] 탭-[표시] 그룹-'안내선'을 체크합니다.

③ 각각의 슬라이드마다 [삽입] 탭-[이미지] 그룹-[그림]을 클릭하여 삽입한 후 그림과 같이 슬라이드 왼쪽에 배치합니다.

④ 1 슬라이드를 클릭하고 화면 중앙 안내선에 따라 오른쪽에 '직사각형' 도형을 삽입합니다. 그 다음 [도형 서식]에서 [그라데이션 채우기]를 클릭하고 방향을 '선형 오른쪽'을 클릭한 후 [선]-'선 없음'을 선택합니다.

5 이어서 그라데이션 중지점을 1개를 삭제한 후 그림과 같이 3개의 중지점의 위치와 투명도, 밝기를 조절합니다.

6 도형을 복사한 후 왼쪽에 붙여 넣고 [정렬] 그룹-[회전]-[좌우 대칭]을 클릭하여 안내선에 맞추어 배치합니다.

7 삽입한 2개의 도형을 복사한 후 2 ~ 6 슬라이드에 각각 붙여넣기 합니다.

Step 02 화면 전환하기

슬라이드 화면 전환 효과를 적용해 봅니다.

① 2 슬라이드를 선택하고 [전환] 탭-[슬라이드 화면 전환]을 클릭하여 [페이지 말아 넘기기]를 클릭합니다.

② [전환] 탭-[타이밍] 그룹에서 소리를 '흡입기, 기간을 '02.00'초로 설정한 후 [모두 적용(🗔)]을 클릭합니다.

이해 쏙! TIP!

[모두 적용]을 클릭하면 설정한 효과가 슬라이드 전체에 적용돼요.

Step 03 애니메이션 효과 옵션

애니메이션 효과 옵션을 적용해 봅니다.

① 1 슬라이드의 텍스트 상자를 선택하고 [애니메이션] 탭-[애니메이션] 그룹-[나타내기]-'나타내기'를 클릭합니다. [추가 효과 옵션 표시(🔲)]버튼을 클릭하고 텍스트 애니메이션을 '문자 단위로'로, 문자 사이 지연을 '0.2'초로 변경하고 [확인]을 클릭합니다.

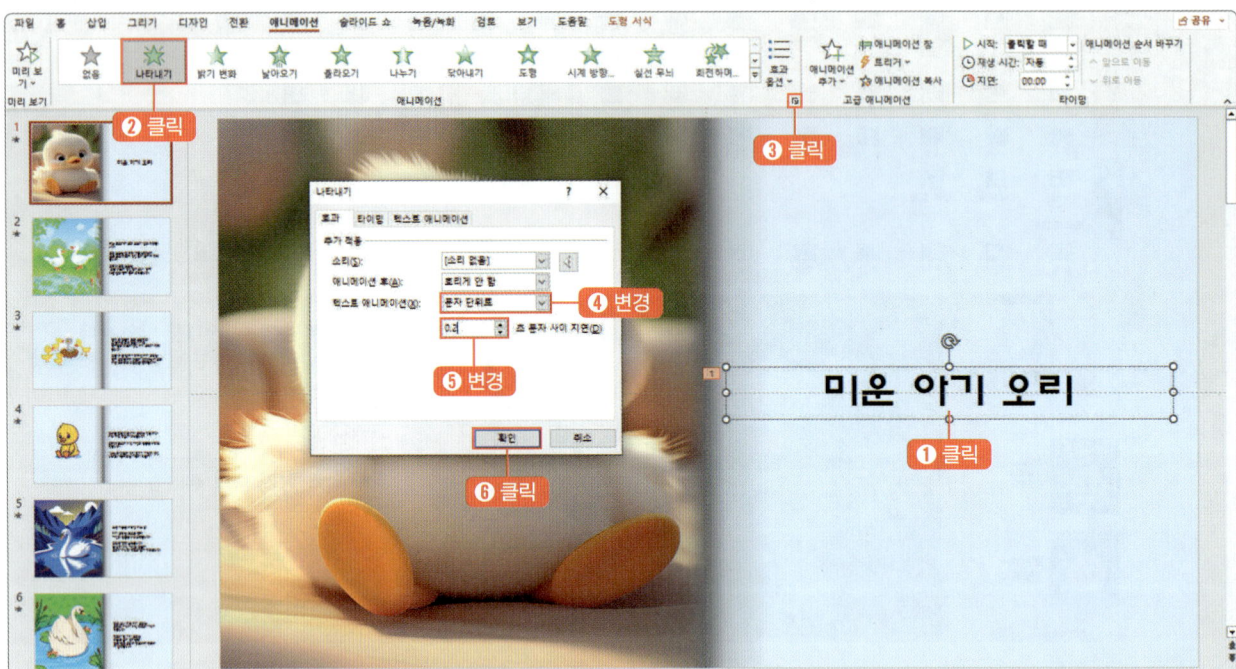

② ①과 같은 방법으로 2~6 슬라이드의 텍스트에 애니메이션을 적용하고 효과 옵션을 변경합니다.

1 화면 전환 기능을 사용하여 '종이비행기'를 완성해 보세요.

예제 파일 : 21강_실력예제 폴더   완성 파일 : 21강_실력1(완성).pptx

Hint

① 2 슬라이드: 화면 전환 '닦아내기'-'왼쪽 아래에서'
② 3 슬라이드: 화면 전환 '닦아내기'-'오른쪽 아래에서'
③ 4 슬라이드: 화면 전환 '닦아내기'-'아래에서'
④ 5 슬라이드: 화면 전환 '닦아내기'-'왼쪽 아래에서'
⑤ 6 슬라이드: 화면 전환 '닦아내기'-'오른쪽 아래에서'
⑥ 7 슬라이드: 화면 전환 '닦아내기'-'위에서'
⑦ 8 슬라이드: 화려한 효과 '비행기'

2 화면 전환 기능을 사용하여 '상상여행'을 완성해 보세요.

예제 파일 : 21강_실력예제 폴더   완성 파일 : 21강_실력2(완성).pptx

Hint

① 2 슬라이드: 화면 전환 '커튼'
② 3 슬라이드: 화면 전환 '상자'
③ 4 슬라이드: 화면 전환 '문'
④ 5 슬라이드: 화면 전환 '시계'
⑤ 6 슬라이드: 화면 전환 '흩어 뿌리기'

GAME 22 뮤직비디오

| 학습목표 |
- 화면 전환 시간을 설정할 수 있습니다.
- 애니메이션을 지정할 수 있습니다.
- 동영상으로 생성할 수 있습니다.

오늘의 도착지점

🔑 예제 파일 : 22강_예제 폴더   🔑 완성 파일 : 22강_완성.pptx

도착지 정보

뮤직비디오는 음악이나 노래를 동반하여 만드는 짧은 영상물로, 미디어끼리 결합된 멀티미디어를 말합니다. 음악의 분위기나 노래 가사에 맞추어 이미지가 변화하거나 영상이 움직이는 모습을 볼 수 있습니다. 동요에 맞추어 이미지가 변화하는 나만의 뮤직비디오를 만들어 봅니다.

Step 01 화면 전환 시간 지정하기

화면 전환 시간을 지정하여 자동으로 화면이 전환되도록 변경해 봅니다.

① [열기]-[찾아보기]-'뮤직비디오.pptx'파일을 불러옵니다.

② 2~9 슬라이드를 모두 선택한 후 [전환] 탭-[타이밍] 그룹에서 '마우스를 클릭할 때'를 체크 해제하고, '다음 시간 후'를 클릭하여 체크한 후 '3.7'초를 입력합니다.

③ 1 슬라이드의 '다음 시간 후'는 '7.5'초, 6 슬라이드의 '다음 시간 후'는 '4.0'초, 10 슬라이드의 '다음 시간 후'는 '14'초로 다시 변경합니다.

화면전환: 다음 시간 후

- 슬라이드 쇼에서 작성한 시간이 흐르면 자동으로 다음 화면으로 넘어가는 방식이에요.
- 책에서는 노래 시간에 맞추어 일부 슬라이드의 시간을 다르게 설정했어요.

Step 02   애니메이션 지정하기

개체에 애니메이션을 지정해 봅니다.

① 2 슬라이드에서 Ctrl 키를 누른 상태로 그림을 차례대로 선택합니다. 이어서 [애니메이션] 탭 –[애니메이션] 그룹–[날아오기]–'날아오기'를 클릭한 후 재생 시간에 '1'초를 입력합니다.

② [애니메이션 창]에서 첫 번째 애니메이션을 클릭하고 '이전 효과와 함께 시작'을 지정합니다. 이어서 두 번째, 세 번째 애니메이션을 선택하고 '이전 효과 다음에 시작'으로 지정합니다.

③ ①~②와 같은 방법으로 3~4 슬라이드에도 그림을 선택하고 애니메이션을 설정합니다.

④ 5 슬라이드에서 그림을 클릭하고 [애니메이션] 탭-[애니메이션] 그룹-'날아오기'를 클릭합니다. [타이밍] 그룹에서 시작을 '이전 효과와 함께'로, 재생 시간을 '3'초로 변경합니다.

⑤ 6 슬라이드에서 Ctrl 키를 누른 상태로 그림을 차례대로 선택합니다. 이어서 [애니메이션] 탭-[애니메이션] 그룹-[끝내기]-'날아가기'를 클릭한 후 재생 시간에 '1'초를 입력합니다.

⑥ [애니메이션 창]에서 첫 번째 애니메이션을 클릭하고 '이전 효과와 함께 시작'을 지정합니다. 이어서 두 번째, 세 번째 애니메이션을 선택하고 '이전 효과 다음에 시작'으로 지정합니다.

⑦ ⑤~⑥과 같은 방법으로 7 슬라이드와 8 슬라이드에도 애니메이션을 지정하고 시작 및 재생 시간을 변경합니다.

⑧ 9 슬라이드에서 그림을 클릭하고 [애니메이션] 탭-[애니메이션] 그룹-'날아가기'를 클릭합니다. [타이밍] 그룹에서 시작을 '이전 효과와 함께'로, 재생 시간을 '3'초로 변경합니다.

⑨ 축소판 창에서 2 ~ 9 슬라이드를 선택하고 복사한 후 10 슬라이드 위치에서 붙여넣기 합니다.

⑩ 18번 슬라이드를 선택하고 [전환] 탭-[타이밍] 그룹에서 '다음 시간 후'를 '10'초로 변경합니다.

Step 03 동영상 생성하기

파워포인트 파일을 동영상으로 생성해 봅니다.

① [파일]-[다른 이름으로 저장]-[찾아보기]를 클릭합니다. 저장할 경로를 지정하여 파일 형식을 'MPEG-4 비디오'로 선택하고, 파일 이름을 입력한 후 저장합니다.

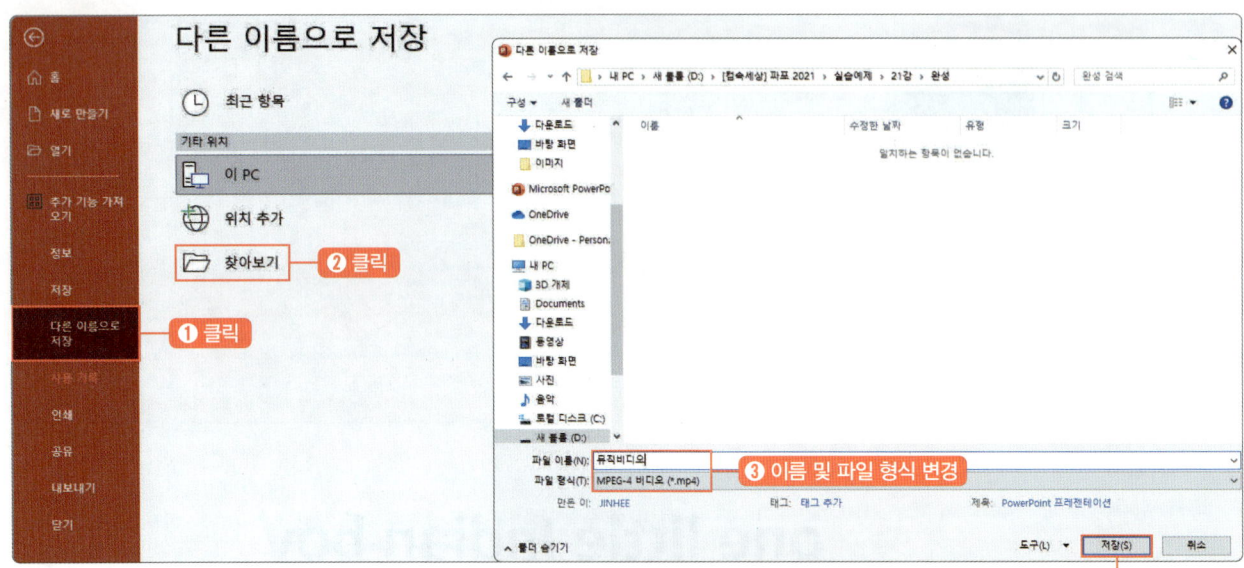

② 화면 하단의 상태표시줄에서 비디오로 만들어지는 것을 확인합니다.

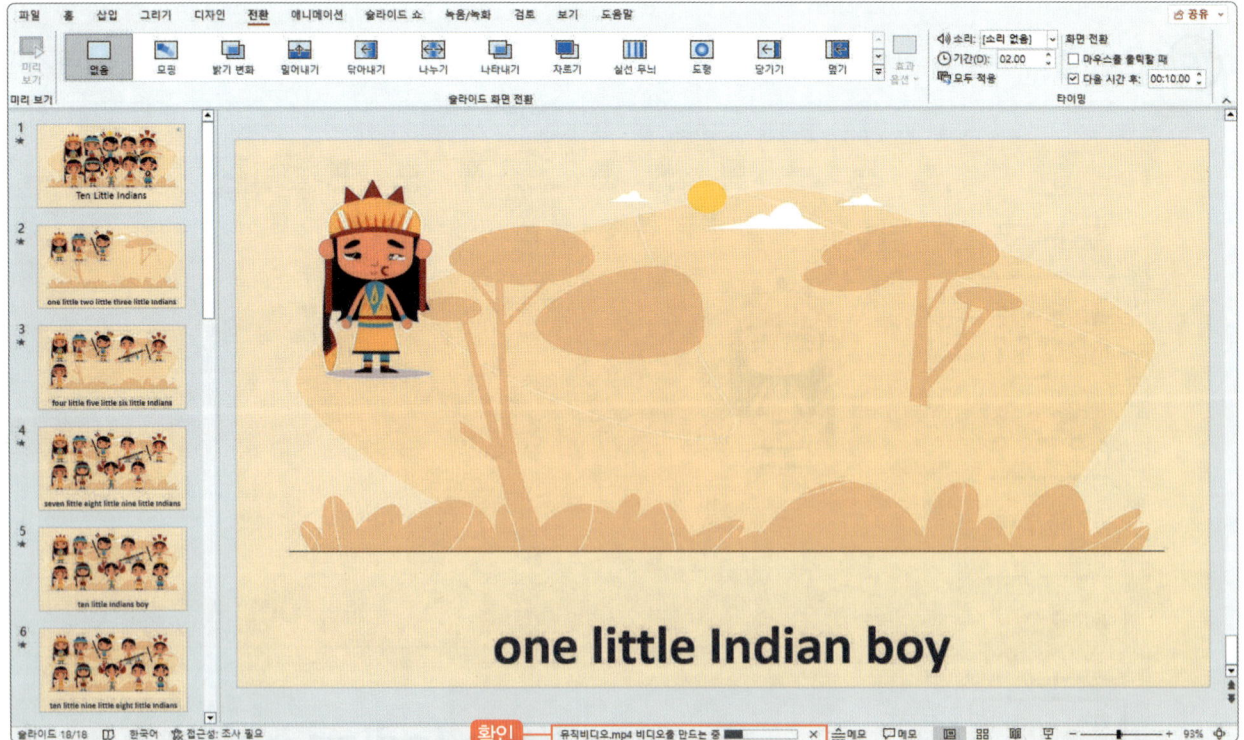

③ 완성된 동영상 파일을 비디오 플레이어에서 확인합니다.

1 소리 삽입과 화면 전환시간을 조절하여 '아리랑 응원가' 동영상을 완성해 보세요.

🔑 예제 파일 : 22강_실력예제 폴더　　🔑 완성 파일 : 22강_실력1(완성).pptx

 **Hint**

① 소리: '아리랑 응원가', '자동 실행', '모든 슬라이드에서 재생'
② 그림: '아리랑응원가1'~'아리랑응원가5'
③ 화면 전환– 다음 시간 후: 1 슬라이드–'15.30'초, 2 슬라이드~5슬라이드–'07.00'초

2 소리 삽입과 화면 전환시간을 조절하여 '애국가' 동영상을 완성해 보세요.

🔑 예제 파일 : 22강_실력예제 폴더　　🔑 완성 파일 : 22강_실력2(완성).pptx

 Hint

① 소리: '애국가', '자동 실행', '모든 슬라이드에서 재생'
② 그림: '애국가1'~'애국가5'
③ 화면 전환– 다음 시간 후: 1 슬라이드–'18.00'초, 2 슬라이드~4슬라이드–'14.00'초, 5 슬라이드–'16.00'초

GAME 23 명화 감상 중

| 학습목표 |
- 슬라이드 마스터 보기를 할 수 있습니다.
- 슬라이드 마스터를 편집할 수 있습니다.
- 주석을 사용하여 발표할 수 있습니다.

오늘의 도착지점

🔑 예제 파일 : 23강_예제 폴더   🔑 완성 파일 : 23강_완성.pptx

도착지 정보

명화란 아주 잘 그린 그림 또는 유명한 그림을 말합니다. 명화를 감상하는 것은 그림의 색채나 형태뿐만 아니라 작품이 가지고 있는 주제 등도 함께 즐길 수 있습니다. 세계 여러 나라의 명화를 골라 내가 좋아하는 미술작품들을 소개하는 자료를 만들어 봅니다.

Step 01 슬라이드 마스터 보기

슬라이드 마스터 보기로 마스터를 편집해 봅니다.

① '미술관.pptx'파일을 불러온 후 [보기] 탭-[마스터 보기] 그룹-[슬라이드 마스터]를 클릭합니다.

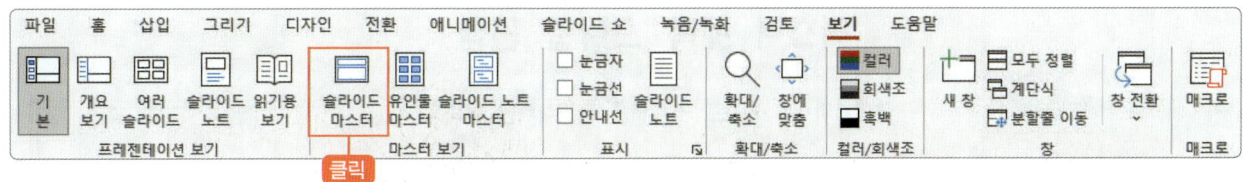

② 축소판 창에서 '제목 슬라이드 레이아웃: 슬라이드 1에서 사용'을 선택한 후 [슬라이드 마스터] 탭-[배경] 그룹-[배경 스타일]-'배경 서식'을 클릭합니다. 그 다음 '그림 또는 질감으로 채우기'를 통해 '미술관배경1.jpg'을 삽입합니다.

③ '마스터 제목 스타일 편집' 상자와 '클릭하여 마스터 부제목 스타일 편집' 상자의 위치와 크기를 조절한 후 [홈] 탭-[글꼴] 그룹에서 글꼴과 크기를 변경합니다.

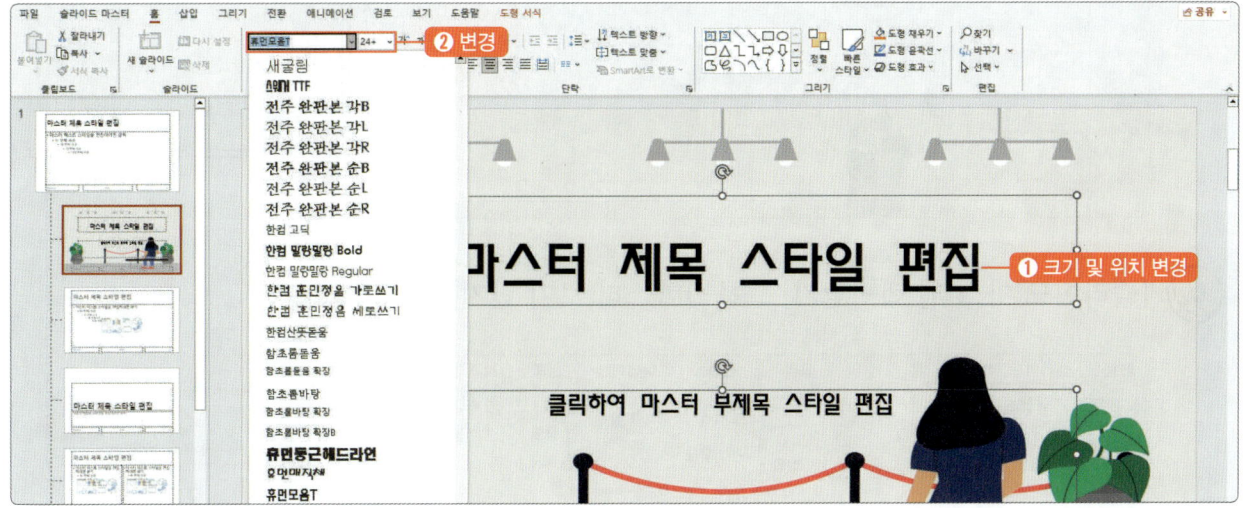

④ 축소판 창에서 '제목 및 내용 레이아웃: 슬라이드 2-6에서 사용'을 선택한 후 ❷~❸과 같은 방법으로 배경 서식(미술관배경2.jpg)과 스타일 편집 크기, 글꼴을 변경합니다.

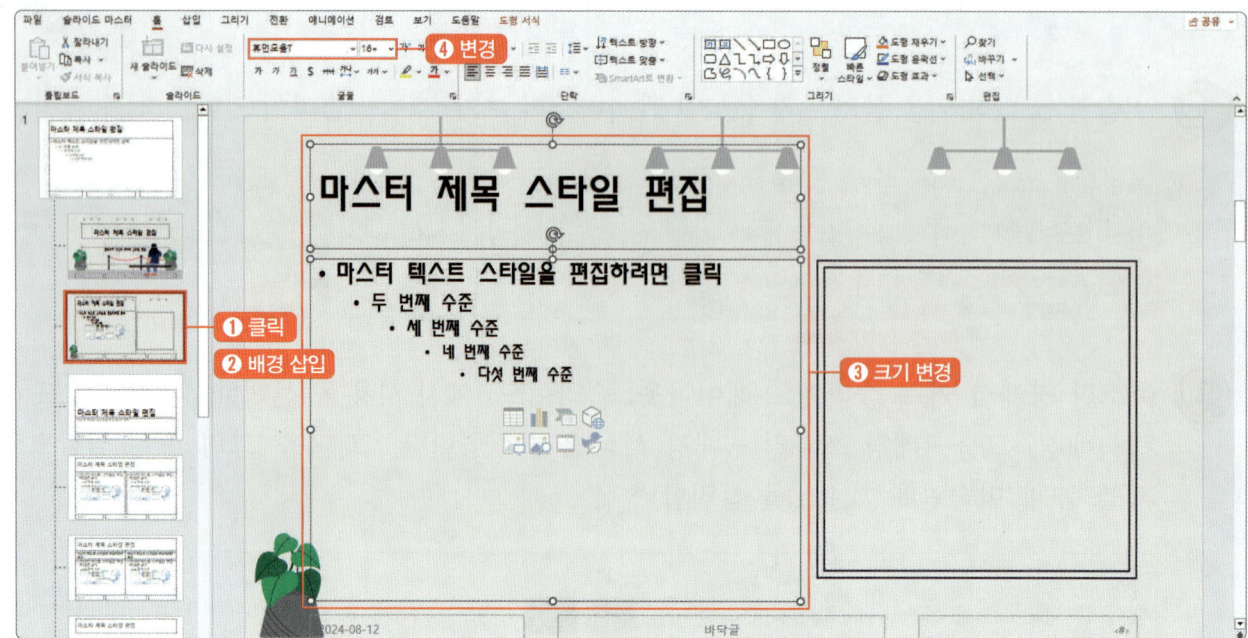

⑤ [슬라이드 마스터] 탭-[마스터 레이아웃] 그룹-[개체 틀 삽입]-[그림]을 클릭한 후 슬라이드에 드래그하여 배경 그림에 맞는 사이즈로 개체를 삽입합니다.

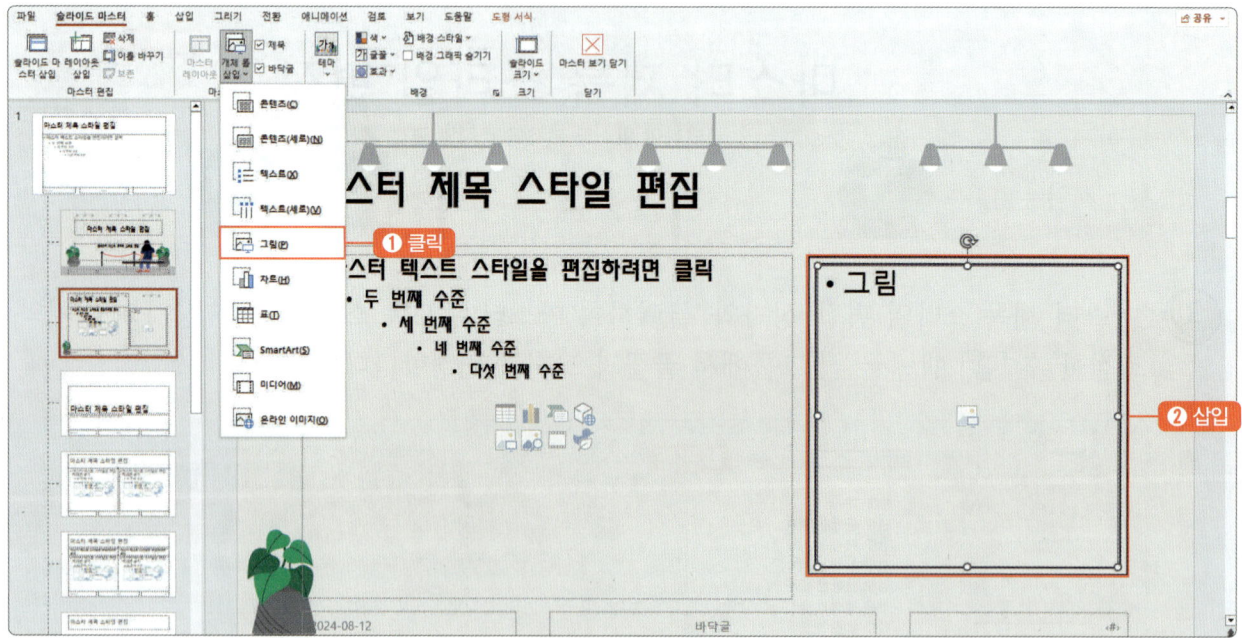

⑥ [슬라이드 마스터] 탭-[닫기] 그룹-[마스터 보기 닫기]를 클릭합니다.

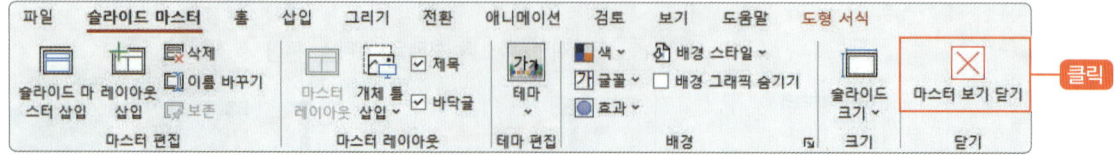

Step 02 슬라이드 작성하기

슬라이드에 텍스트 및 그림을 작성해 봅니다.

① 1 슬라이드를 클릭하여 '제목' 상자와 '부제목' 상자에 텍스트를 입력합니다.

② 2 슬라이드를 클릭한 후 제목과 같은 이름의 그림을 삽입하고 텍스트를 입력합니다.

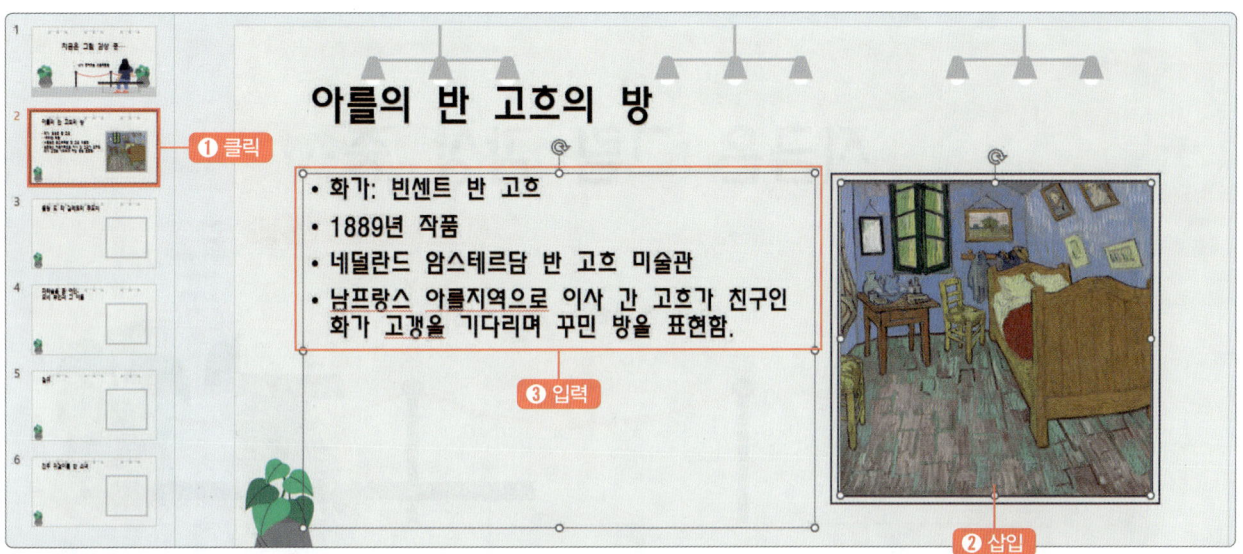

③ 3 ~ 6 슬라이드도 아래 그림과 같이 작성합니다.

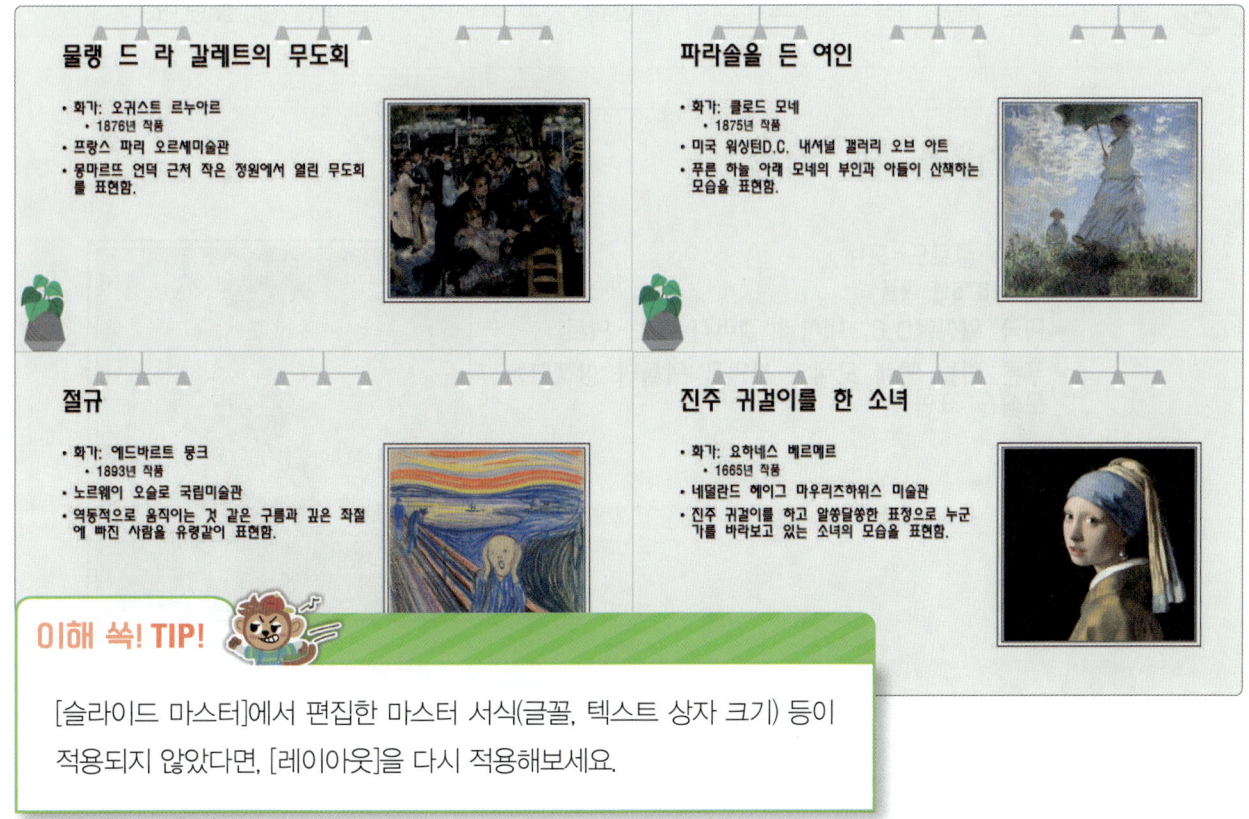

이해 쏙! TIP!

[슬라이드 마스터]에서 편집한 마스터 서식(글꼴, 텍스트 상자 크기) 등이 적용되지 않았다면, [레이아웃]을 다시 적용해보세요.

Step 03 주석 사용하기

주석을 사용하여 슬라이드 쇼를 실행해 봅니다.

① [슬라이드 쇼] 탭-[슬라이드 쇼 시작] 그룹-[처음부터]를 클릭하여 슬라이드 쇼를 실행한 후 마우스 오른쪽 버튼을 클릭하여 [포인터 옵션]-[펜]을 클릭합니다.

② 슬라이드 쇼 위에 마우스를 드래그하여 선을 긋고 표시하며 발표를 해 봅니다.

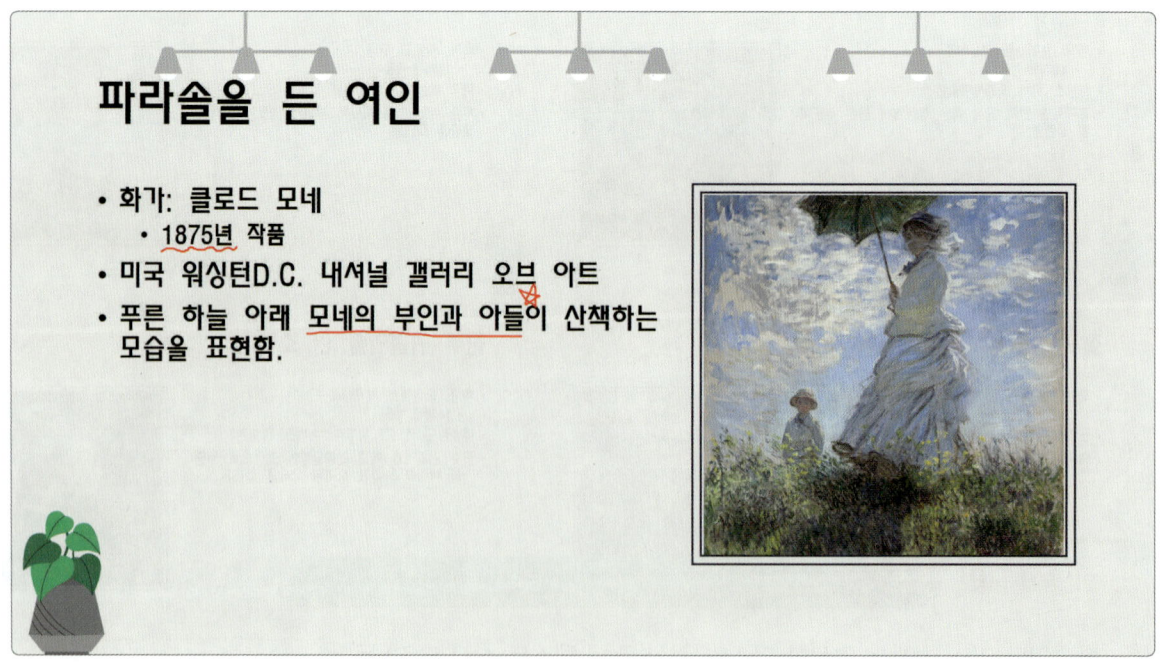

③ 슬라이드 쇼를 마친 후 [잉크 주석을 유지하시겠습니까?] 질문에 [아니요]를 선택합니다.

실력 UP! 한 칸 더 GO! GO!

1 슬라이드 마스터로 '세계 손씻기의 날'을 완성해 보세요.

예제 파일 : 23강_실력예제 폴더　　완성 파일 : 23강_실력1(완성).pptx

Hint

① 슬라이드 마스터: 제목 슬라이드 레이아웃, 제목 및 내용 레이아웃　　② 개체 틀 삽입: 그림

2 슬라이드 마스터로 '로블록스 게임 사전'을 완성해 보세요.

예제 파일 : 23강_실력예제 폴더　　완성 파일 : 23강_실력2(완성).pptx

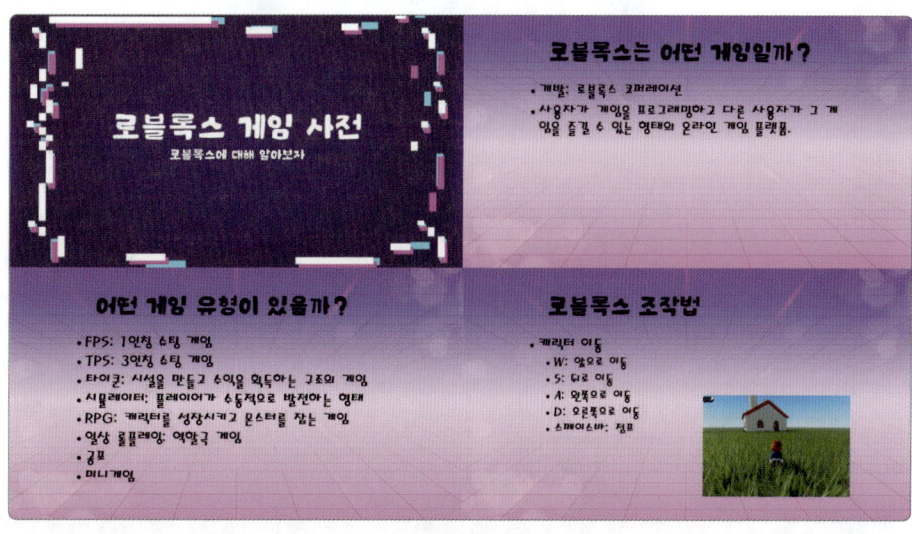

Hint

① 슬라이드 마스터: 제목 슬라이드 레이아웃, 제목 및 내용 레이아웃　　② 개체 틀 삽입: 그림

작품 전시회

| 학습목표 |
- 프레젠테이션에 외부 개체를 삽입할 수 있습니다.
- 화면을 전환할 수 있습니다.
- 프레젠테이션을 녹화할 수 있습니다.

오늘의 도착지점

🔑 예제 파일 : 24강_예제 폴더   🔑 완성 파일 : 24강_완성.pptx

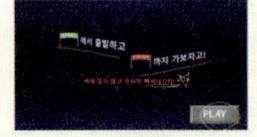

도착지 정보

작품 전시란 내가 만든 작품을 한 곳에 펼쳐 놓고 외부에 보이는 것을 의미합니다. 내가 지금까지 만들었던 파워포인트 작품을 떠올려보고 다른 사람들에게 보여주고 싶은 작품들을 골라 나의 작품 전시회를 만들어 봅니다.

Step 01 외부 파일을 삽입하기

슬라이드에 외부 파일을 삽입해 봅니다.

① [열기]-[찾아보기]-'작품전시회.pptx'를 불러옵니다.

② 2 슬라이드를 선택하고 [삽입] 탭-[텍스트] 그룹-[개체]를 클릭합니다. 개체 삽입 창에서 [찾아보기]를 클릭하고 경로를 지정하여 파일을 선택하고 [확인]을 클릭합니다.

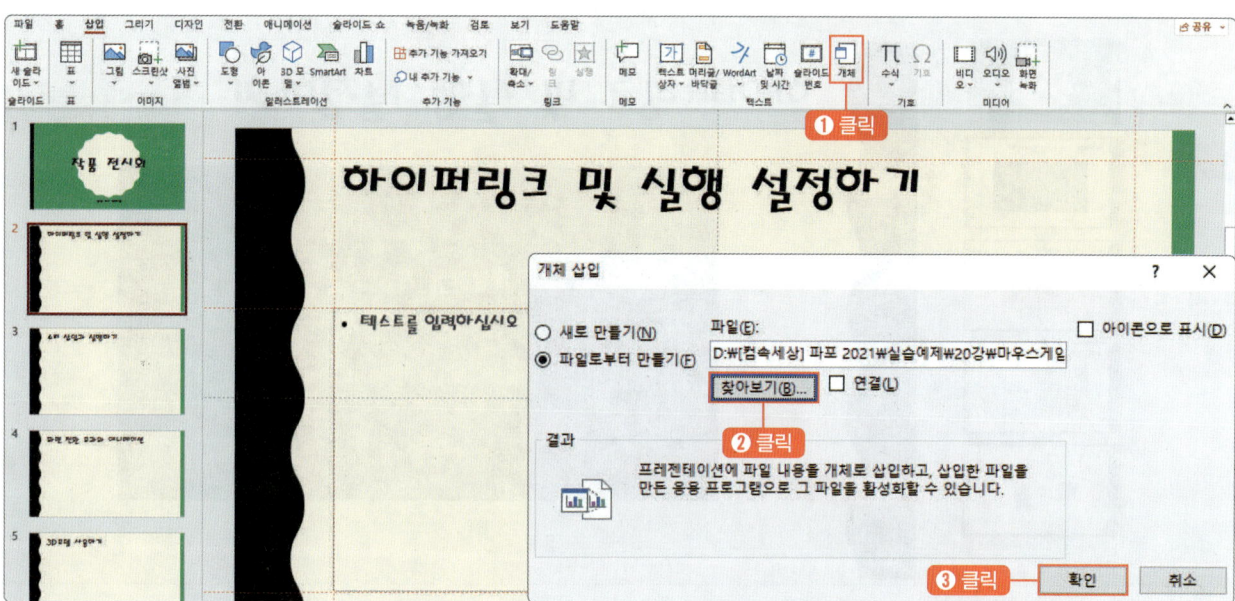

③ ②와 같은 방법으로 그림과 같이 3~5 슬라이드에 개체를 삽입합니다.

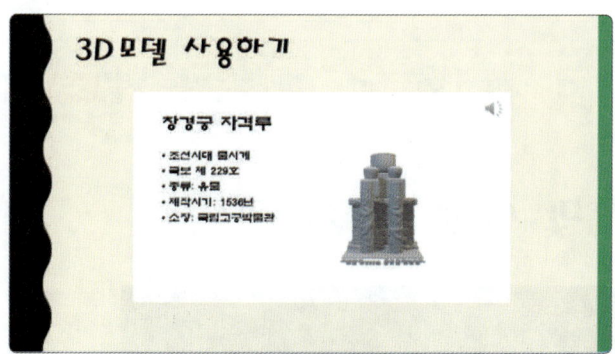

이해 쏙! TIP!

직접 만들었던 파일을 삽입하기 어렵다면, 예제폴더 속 파일을 활용해보세요.

Step 02 화면 전환 적용하기

화면 전환을 적용하고 전환 시 소리를 설정해 봅니다.

① Shift 키를 이용하여 2~5 슬라이드를 모두 선택하고 [전환] 탭-[슬라이드 화면 전환] 그룹-'큐브'를 클릭합니다.

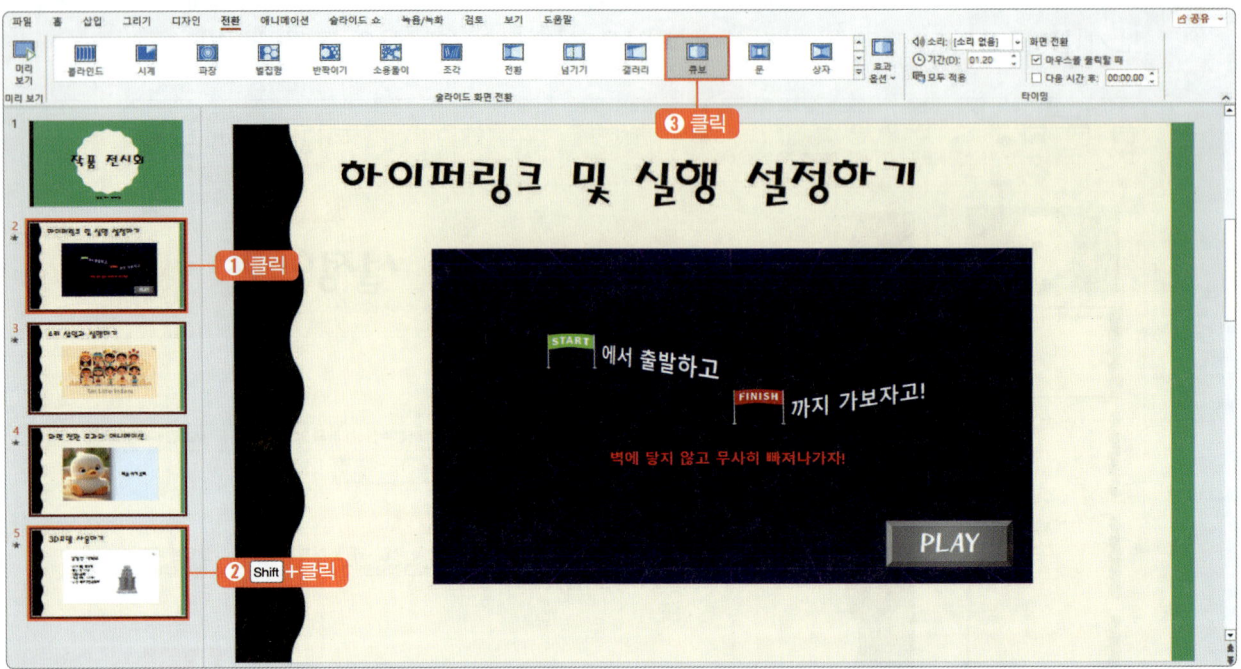

② 계속해서 2~5 슬라이드를 모두 선택한 상태로 [전환] 탭-[타이밍] 그룹의 소리를 '요술봉'으로, 기간을 '3.00'초로 변경합니다.

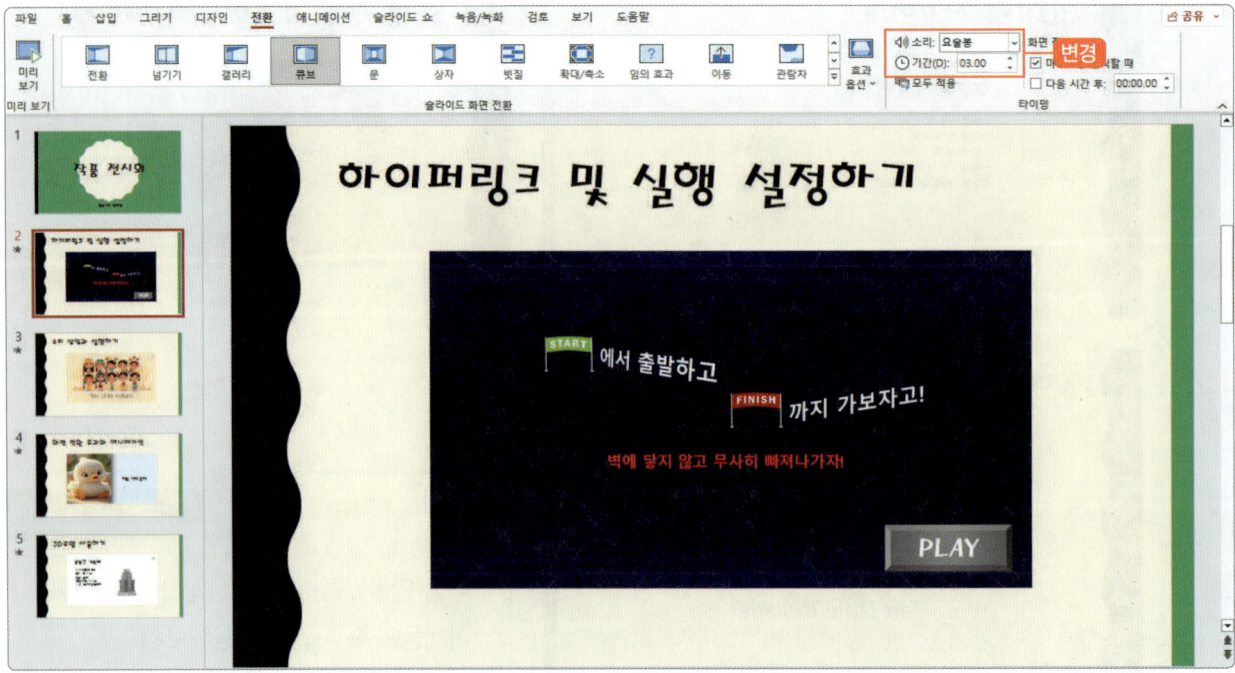

Step 03 발표 녹화하기

슬라이드 발표를 녹화해 봅니다.

① [녹음/녹화] 탭-[녹음/녹화] 그룹-[레코드]를 클릭하고 '처음부터'를 클릭합니다.

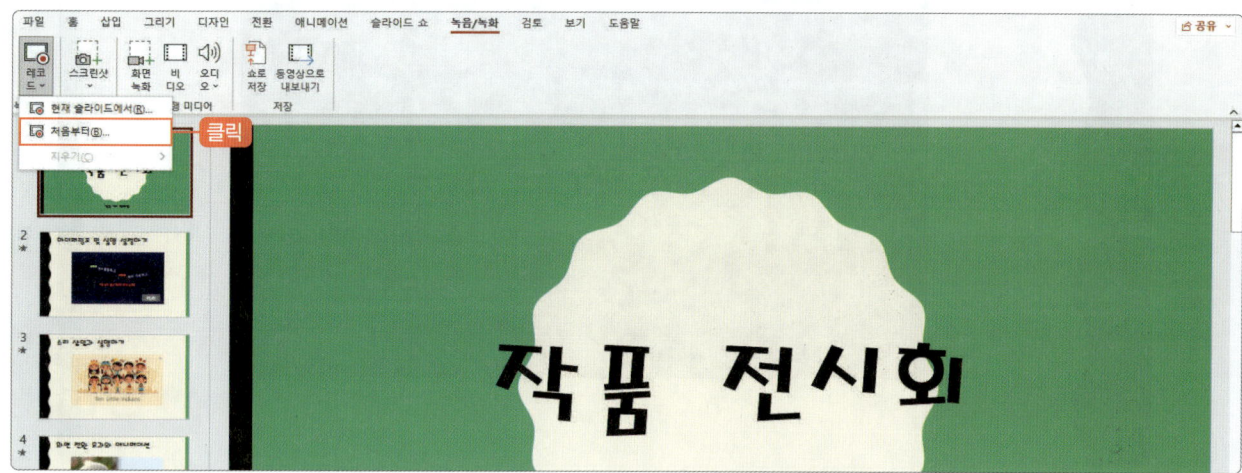

② 실행된 창에서 '녹음/녹화'를 클릭하고 아래 펜을 사용하여 발표를 시작합니다.

이해 쏙! TIP!

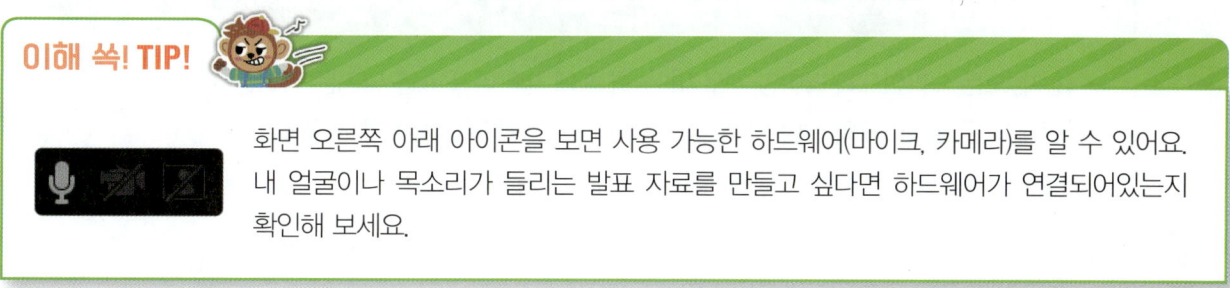

화면 오른쪽 아래 아이콘을 보면 사용 가능한 하드웨어(마이크, 카메라)를 알 수 있어요. 내 얼굴이나 목소리가 들리는 발표 자료를 만들고 싶다면 하드웨어가 연결되어있는지 확인해 보세요.

③ 슬라이드 쇼를 처음부터 시작해보고 녹화한 속도에 맞추어 슬라이드가 전환되며, 펜으로 그린 주석이 나타나는지 확인합니다.

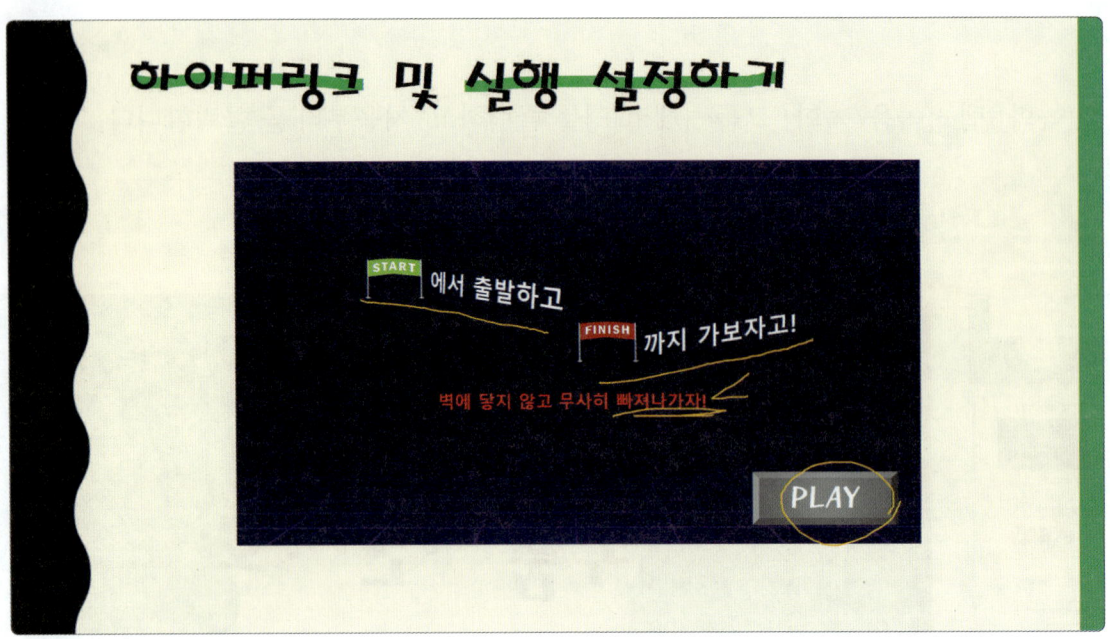

④ [녹음/녹화] 탭-[녹음/ 녹화] 그룹-[레코드]에서 '지우기'를 통해 '모든 슬라이드의 타이밍 지우기'와 '모든 슬라이드의 설명 지우기'를 클릭합니다.

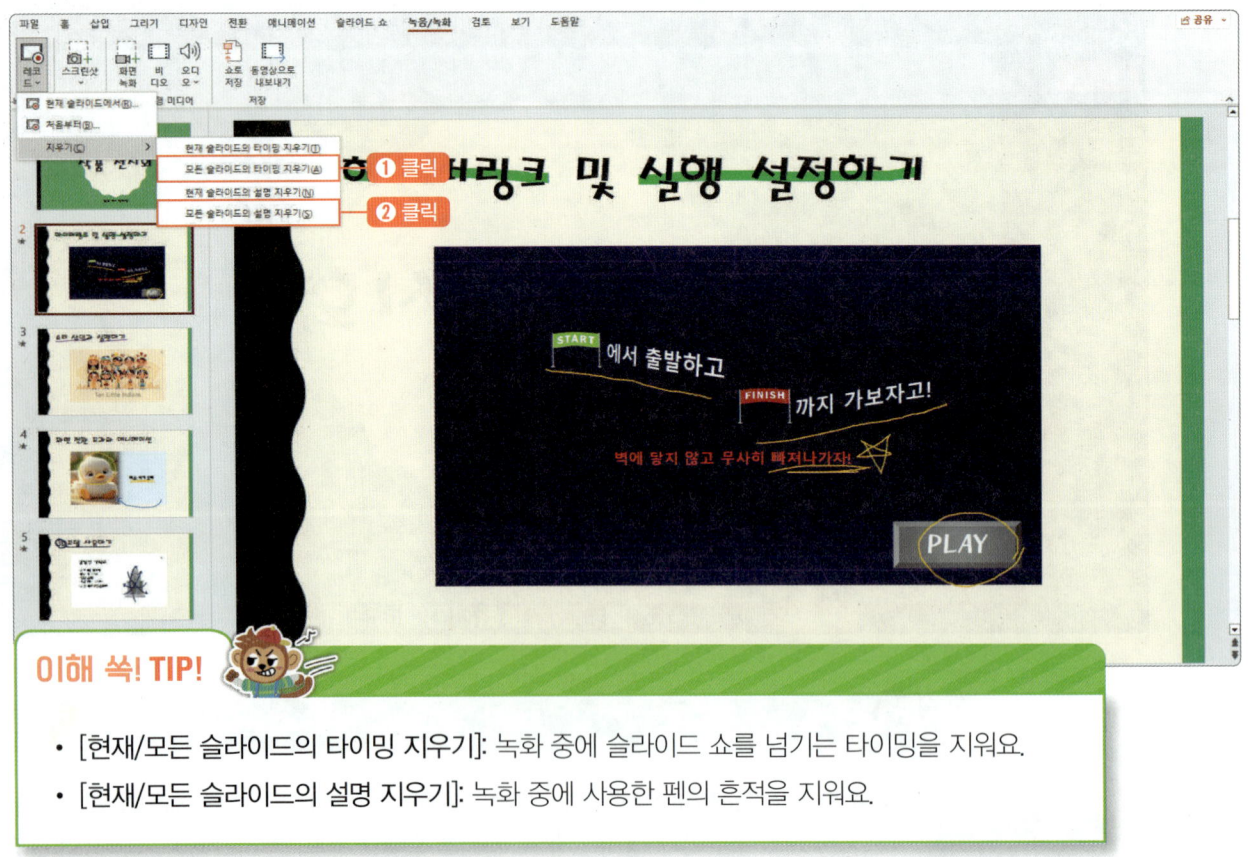

이해 쏙! TIP!

- [현재/모든 슬라이드의 타이밍 지우기]: 녹화 중에 슬라이드 쇼를 넘기는 타이밍을 지워요.
- [현재/모든 슬라이드의 설명 지우기]: 녹화 중에 사용한 펜의 흔적을 지워요.

⑤ 타이밍과 설명이 모두 지워진 슬라이드 쇼를 다시 실행하여 발표해봅니다.

1 파워포인트의 다양한 기능을 활용하여 '보드게임 소개'를 완성해 보세요.

🔑 예제 파일 : 24강_실력예제 폴더　　🔑 완성 파일 : 24강_실력1(완성).pptx

Hint
① 디자인: '어린이'
② 전환 및 소리: '나누기', '클릭'
③ 그림: '보드게임1~2.jpg'
④ 동영상: '보드게임.mp4'

2 외부 개체 삽입을 활용하여 '취미활동 소개'를 완성해 보세요.

🔑 예제 파일 : 24강_실력예제 폴더　　🔑 완성 파일 : 24강_실력2(완성).pptx

 **Hint**
① 디자인: '아틀라스'
② 전환 및 소리: '덮기', '바람 가르는 소리'
③ 개체 삽입: '박해람.pptx', '김파포.pptx', '김북스.pptx'

보너스 게임! 레벨업 끝판왕 퀘스트

● 첫 번째 슬라이드 (제한시간 10분)

《슬라이드 마스터(공통조건)》
▶ 도형 ⇒ 기본 도형: '구름', 도형 스타일('보통 효과 – 주황, 강조 2'), 글꼴(바탕체, 20pt, 굵게)

《작성조건》
▶ 도형 1 ⇒ 기본 도형: '사각형: 빗면', 도형 채우기(그라데이션 미리 설정 – '방사형 그라데이션 – 강조 2',
    종류 – 방사형, 방향 – 가운데에서), 도형 윤곽선(실선, 색: 주황, 너비 : '2pt'),
    도형 효과(그림자 – 오프셋 대각선 왼쪽 아래), 글꼴(돋움, 36pt, 굵게, 텍스트 그림자, 노랑)
▶ 도형 2 ⇒ 순서도: '순서도: 대조', 도형 채우기('파랑, 강조 5'), 도형 윤곽선(윤곽선 없음),
    도형 효과(그림자 – '안쪽: 위쪽', 반사 – '근접 반사: 4 pt 오프셋')
▶ 도형 3 ⇒ 순서도: '순서도: 순차적 액세스 저장소', 도형 스타일('미세 효과 – 녹색, 강조 6')
▶ 그림 삽입 ⇒ 그림 1 삽입, 크기(높이: 7cm, 너비: 10cm)
▶ 텍스트 상자(생활습관 서구화로 당뇨병 환자 증가) ⇒ 글꼴(궁서, 24pt, 기울임꼴, 밑줄)
▶ 애니메이션 지정 ⇒ 도형 1: 나타내기 – 확대/축소

보너스 게임! 레벨업 끝판왕 퀘스트

● 두 번째 슬라이드 (제한시간 10분)

《작성조건》

(1) 제목
▶ 도형 1 ⇒ 블록 화살표: '화살표: 오각형', 도형 채우기(연한 파랑), 도형 윤곽선(실선, 색: 녹색, 너비: '3pt'), 도형 효과(그림자 – '안쪽 가운데', 네온–'네온: 8pt, 파랑, 강조색 5'), 글꼴(궁서체, 36pt, 굵게, 텍스트 그림자, '황금색, 강조 4')

(2) 본문
▶ 도형 2 ⇒ 기본 도형: 십자형, 도형 채우기('황금색, 강조 4, 25% 더 어둡게', 밝은 그라데이션 – '선형 오른쪽'), 도형 윤곽선(실선, 색: '녹색, 강조 6', 너비: 3pt, 겹선 종류: 이중), 글꼴(굴림, 22pt, 굵게, 텍스트 그림자, 자주)
▶ 도형 3~6 ⇒ 별 및 현수막: '물결', 도형 채우기('밝은 회색, 배경 2, 25% 더 어둡게', 밝은 그라데이션 – 왼쪽 아래 모서리에서), 윤곽선 없음, 도형 효과(입체 효과 – '디벗'), 글꼴(궁서체, 20pt, 굵게, 기울임꼴, 진한 파랑)
▶ 실행 단추 ⇒ 실행 단추: '실행 단추: 홈으로 이동', 하이퍼링크: 첫째 슬라이드, 도형 스타일('강한 효과 – 황금색, 강조 4')
▶ SmartArt 삽입 ⇒ 주기형: 기본 주기형, 글꼴(돋움, 20pt, 굵게, 텍스트 그림자, 가운데 맞춤), SmartArt 스타일(색 변경 – '색상형 범위 – 강조색 2 또는 3', 3차원 – 광택 처리), (반드시 SmartArt 기능을 이용하여 작성할 것)
▶ 애니메이션 지정 ⇒ SmartArt: 나타내기 – 바운드

보너스 게임! 레벨업 끝판왕 퀘스트

● 세 번째 슬라이드 (제한시간 10분)

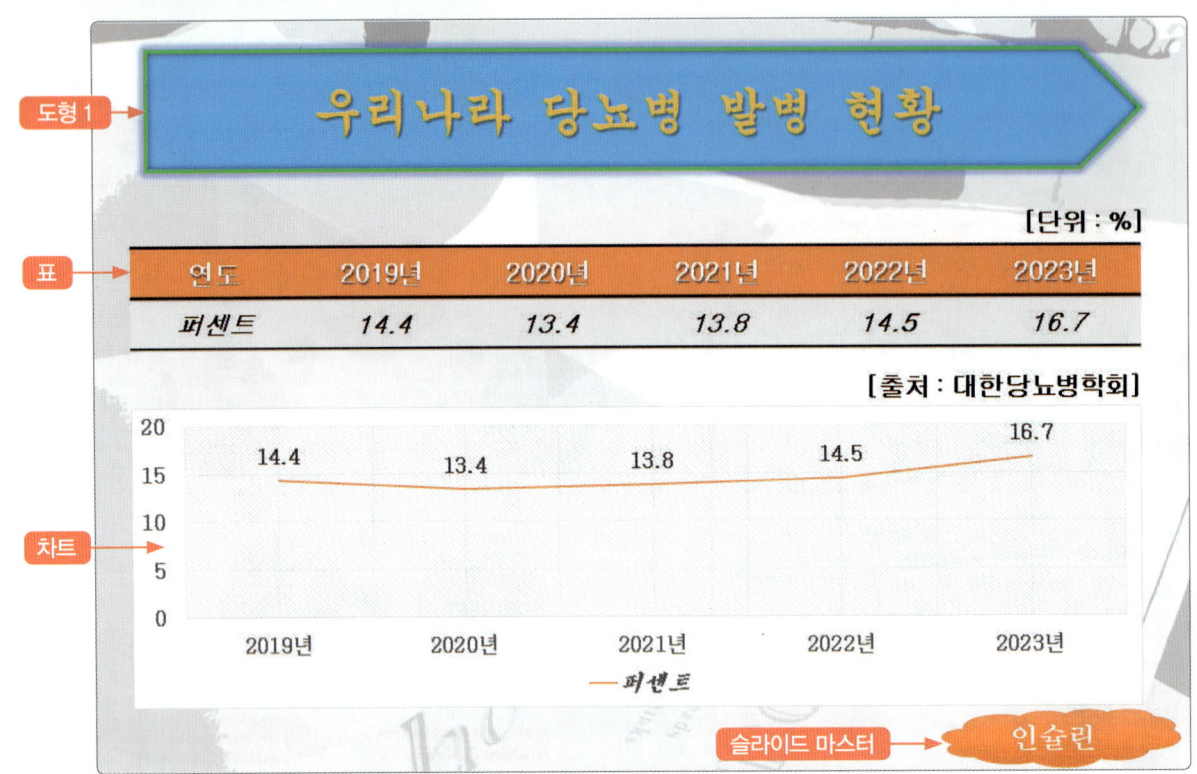

《작성조건》
(1) 제목
▶ 도형 1 ⇒ 블록 화살표: '화살표: 오각형', 도형 채우기(연한 파랑), 도형 윤곽선(실선, 색: 녹색, 너비: '3pt'), 도형 효과(그림자 – '안쪽 가운데', 네온 – '네온: 8pt, 파랑, 강조색 5'), 글꼴(궁서체, 36pt, 굵게, 텍스트 그림자, '황금색, 강조 4')

(2) 본문
▶ 텍스트 상자 1([단위 : %]) ⇒ 글꼴(굴림, 18pt, 굵게)
▶ 표 ⇒ 표 스타일(보통 스타일 3 – 강조 2), 가장 위의 행 : 글꼴(돋움, 18pt, 굵게, 텍스트 그림자, 가운데 맞춤), 나머지 행 : 글꼴(돋움, 18pt, 굵게, 기울임꼴, 가운데 맞춤)
▶ 텍스트 상자 2([출처 : 대한당뇨병학회]) ⇒ 글꼴(굴림, 18pt, 굵게)
▶ 차트 ⇒ 꺾은선형 : 꺾은선형, 차트 스타일(색 변경 – '다양한 색상표 3', 스타일 6), 축 서식/데이터 레이블: 글꼴(바탕, 16pt, 굵게), 범례 서식: 글꼴(궁서, 16pt, 굵게, 기울임꼴), 데이터는 표 참고
▶ 배경 ⇒ 배경 서식(채우기 – 그림 또는 질감 채우기)에서 그림 2 삽입(현재 슬라이드만 적용)
▶ 애니메이션 지정 ⇒ 차트: 나타내기 – 실선 무늬

보너스 게임! 레벨업 끝판왕 퀘스트

● 네 번째 슬라이드 (제한시간 10분)

《작성조건》

(1) 제목
▶ 도형 1 ⇒ 블록 화살표: '화살표: 오각형', 도형 채우기(연한 파랑), 도형 윤곽선(실선, 색: 녹색, 너비: '3pt'),
　　　　　도형 효과(그림자 – '안쪽 가운데', 네온 – '네온: 8pt, 파랑, 강조색 5'), 글꼴(궁서체, 36pt, 굵게,
　　　　　텍스트 그림자, '황금색, 강조 4')

(2) 본문
▶ 도형 2~4 ⇒ 순서도: '순서도: 데이터', 도형 채우기(질감: 밤색 대리석), 윤곽선 없음,
　　　　　　　도형 효과(반사 – '1/2 반사: 터치'), 글꼴(돋움체, 24pt, 굵게, 노랑)
▶ 도형 5~7 ⇒ 순서도: '순서도: 대체 처리', 도형 채우기('녹색, 강조 6', 그라데이션 – 선형 아래쪽),
　　　　　　　윤곽선 없음, 도형 효과(그림자 – 원근감 대각선 오른쪽 위),
　　　　　　　글꼴(바탕, 20pt, 굵게, 기울임꼴, '파랑, 강조 5, 50% 더 어둡게')
▶ 도형 8 ⇒ 블록 화살표: '화살표: 톱니 모양의 오른쪽', 도형 채우기(진한 빨강, 그라데이션 – 선형 대각선 – 오른쪽
　　　　　아래에서 왼쪽 위로), 윤곽선 없음, 도형 효과(네온 – '네온: 8 pt, 황금색, 강조 4')
▶ 도형 9 ⇒ 별 및 현수막: '폭발: 14pt', 도형 채우기(그림 또는 질감 채우기) 기능을 사용하여 그림 3 삽입,
　　　　　도형 윤곽선(실선, 색: 연한 파랑, 너비: 3pt, 겹선 종류 : 단순형, 대시 종류: 사각 점선),
　　　　　도형 효과(그림자 – 오프셋 가운데)
▶ WordArt 삽입(생활습관 교정을 통해 예방 가능) ⇒ WordArt 스타일('채우기: 파랑, 강조색 1, 그림자'),
　　　　　　　　　　　　　　　　　　　　　　　　　　글꼴(궁서, 30pt, 굵게, 텍스트 그림자)

초등 전과목
디지털학습 플랫폼

디지털 초끄

첫 달 100원
무제한 스터디밍

지금 신규 가입하면
첫 달 ~~9,500원~~ → 100원!

초등 전과목
교과 학습

AI 문해력
강화 솔루션

AI 수학 실력
향상 프로그램

웹툰으로 만나는
학습 만화

초중고 교과서 발행 부수 1위 기업 **MiraeN**